近現代の空間を読み解く

Key Concepts in Historical Geography

ジョン・モリッシー/デヴィッド・ナリー/
ウルフ・ストロメイヤー/イヴォンヌ・ウィーラン［著］

上杉和央［監訳］
阿部美香/網島　聖/春日あゆか/島本多敬［訳］

古今書院

KEY CONCEPTS IN HISTORICAL GEOGRAPHY

©John Morrissey, David Nally, Ulf Strohmayer and Yvonne Whelan 2014
Originally published by Sage Publications Ltd
in United States, United Kingdom, and New Delhi.
Japanese language edition published by arrangement with
Sage Publications Ltd, London through Tuttle-Mori Agency, Inc., Tokyo

目　次

著者紹介　v
謝　辞　vi

序　章　歴史地理学の現在(いま) ───────────────── 1

I　コロニアル／ポストコロニアルな地理 ─────── 13

第1章　帝国主義と帝国 ──────────────── 14
はじめに　14／帝国主義を定義する　14／帝国主義と言説　16／帝国主義を理解するためのアプローチ　18／おわりに　19

第2章　植民地主義と反植民地主義 ─────────── 21
はじめに　21／植民地主義を通じて考える――言説と実践　21／植民地主義を位置づける――スケール，フロンティアとコンタクトゾーン　24／植民地主義と反植地主義　25／植民地／帝国の現在　26／おわりに　27

第3章　開　発 ───────────────────── 29
はじめに　29／開発はいかにしてその目標を定めるのか　32／貧民を更生させる　35／世界を作り直す　37／おわりに　38

II　国家(ネイション)／民族建設と地政学 ─────────── 41

第4章　領域と場所 ──────────────────── 42
はじめに――「領域」の範囲を位置づける　42／争われた領域と都市景観　45／おわりに　49

第5章　アイデンティティとネイション ────────── 51
はじめに　51／ネイションを構築する　51／ネイションを物語る　54／同一性，差異，そしてアイデンティティ・ネットワークの複雑性　61／おわりに　62

第 6 章　心象地理と地政学 ——————————————— 64

　　　はじめに　64／心象地理と情動　64／アメリカ中央軍による対テロ戦争——地政学とジオエコノミクス（地経学）の論理——　67／軍事地理学，批判地政学，対抗地理　69／おわりに　72

III　歴史的ヒエラルキー ——————————————— 73

第 7 章　階級，ヘゲモニー，抵　抗（レジスタンス） ——————————————— 74

　　　はじめに　74／「階級」と地理　75／「階級」から「支配」と「抵抗」へ　76

第 8 章　人　種 ——————————————— 79

　　　はじめに　79／人種という思想　80／人種の脱構築　82／差異の認識論　84／おわりに　86

第 9 章　ジェンダー ——————————————— 88

　　　はじめに　88／ジェンダーの社会的構築　89／性別とジェンダーの区別を歴史化する　90／ジェンダー化された歴史地理学　91／ジェンダーと依存　93／おわりに　95

IV　建造環境 ——————————————— 97

第 10 章　自然と環境 ——————————————— 98

　　　はじめに　98／景観それ自体　99／プロセスとしての景観　100／生産物としての自然　101／表象される自然　102

第 11 章　都市を読み取る ——————————————— 105

　　　はじめに　105／都市の地理　105／都市の土地利用モデル　107／おわりに　109

第 12 章　都市形態学の地理 ——————————————— 111

　　　はじめに　111／都市形態の歴史地理　111／おわりに　114

V　場所と意味 　　　　　　　　　　　　　　　　　　　　117

第13章　景観／風景と図像学 　　　　　　　　　　　　118
はじめに——景観／風景の理解　118／風景に関わる新しい文化地理学　120／景観，記憶，アイデンティティ　121／おわりに　124

第14章　遺産(ヘリテッジ)の概念化 　　　　　　　　　　　　　　126
はじめに　126／遺産とは？　126／飢饉の遺産を描く　129／おわりに　132

第15章　パフォーマンス，スペクタクルそして権力 　　134
はじめに——スペクタクルとパフォーマンスの歴史地理学　134／帝国権力の公共のスペクタクル　137／おわりに　139

VI　モダニティと近代化 　　　　　　　　　　　　　　　　143

第16章　資本主義と産業化 　　　　　　　　　　　　　144
はじめに　144／歴史地理的事象の時期を定める　144／資本主義を空間化する　146／資本主義と都市　148／おわりに　149

第17章　科学と技術 　　　　　　　　　　　　　　　　151
はじめに　151／近代科学　152／近代技術　154

第18章　モダニティと民主主義(デモクラシー) 　　　　　　　　　　　157
はじめに　157／「モダニティ」を区別する　157／モダニティと公共圏　159／モダニティと統治性　161／おわりに　162

VII　境界を越えて 　　　　　　　　　　　　　　　　　　165

第19章　グローバリゼーション 　　　　　　　　　　　166
はじめに　166／世界のフラット化　168／グローバリゼーションと新自由主義の覇権　171／国家の退場？　172／反グローバリゼーションとその不満　173／おわりに　175

第20章　統治性(ガバメンタリティ) ——————————— 176
はじめに　176／規律権力　176／統治技術　179／社会の空間編成　180／おわりに　183

第21章　自然－文化 ————————————— 185
はじめに　185／自然を歴史化する　186／分子化する自然　189／人新世における自然　193／おわりに　194

Ⅷ　歴史地理的知の生産 ————————————— 197

第22章　歴史地理学の伝統 ——————————— 198
はじめに　198／学問分野と下位分野　198／歴史地理の学史へ向けて　199／「チェック・リスト」としての風景／景観　200／歴史地理学と「空間論的転回」　202／人間主義，政治と歴史地理学　203

第23章　視覚化された地理 ——————————— 205
はじめに　205／地図学の伝統における地図と地図作製　205／景観／風景の視覚化　207／歴史地理学における視覚資料の使用　208／視覚イメージの方法論　209／おわりに　211

第24章　証拠と表象 ————————————— 213
はじめに　213／フィールド／研究分野　213／資料　214／解釈　216／語り　217／おわりに　219

参考文献　221
索引　262
訳者あとがき　265

著者紹介

ジョン・モリッシー
アイルランド国立大学ゴールウェイ校上級講師。アイルランド国立ダブリン大学トリニティ・カレッジを卒業し，エクセター大学でPhDを取得。エクセター大学とニューヨーク市立大学で勤めた後に現職。主な研究分野は帝国主義，地政学，抵抗であり，主な著作に『Negotiating Colonialism』（単著，2003），『Spatial Justice and the Irish Crisis』（共編著，2014）がある。2012年に研究と教育の統合に関してアイルランド・ナショナル・アカデミー賞を授与された。現在，ケンブリッジ大学フィッツウィリアム・カレッジとエマニュエル・カレッジで客員研究員も務めており，アメリカ中央軍の地政学史に関して執筆をおこなっている。

デヴィッド・ナリー
ケンブリッジ大学地理学部上級講師，同大学フィッツウィリアム・カレッジ，フェロー。ユニバーシティ・カレッジ・コークで歴史と地理の学位を取得後，バンクーバーのブリティッシュコロンビア大学でPhDを取得。アイルランド西部クレア州で育つ。主な研究関心は農業の変化に関する政治経済，生存最低生活の危機に関する歴史，災害援助の政治。主な著書に『Human Encumbrances: Political Violence and the Great Irish Famine』（単著，2011）があり，現在は「食糧安全保障」問題に取り組んでいる。

ウルフ・ストロメイヤー
アイルランド国立大学ゴールウェイ校地理学教授。ミュンヘン工科大学で学士号と修士号を取得したのち，ペンシルベニア州立大学でPhDを取得。ウェールズ大学ランピーター校で教鞭をとった後に現職。ドイツ，スウェーデン，アメリカ，フランスで教育を受けており，ポー・エ・デ・ペイ・ドゥ・ラドゥール大学，ドレスデン工科大学，ビンガムトン大学，パリの人間科学館の客員教授，研究員も務めてきた。社会理論や哲学とともに，西ヨーロッパ近代化の歴史的過程の条件と結果に関心があり，これらは彼の幅広い業績を覆うものである。加えて，社会理論と地理思想史に関する多くの本の編者となっている。

イヴォンヌ・ウィーラン
ブリストル大学上級講師（人文地理学）。アイルランドの文化景観について幅広い研究を発表しており，主な著書に『Reinventing Modern Dublin』（単著，2003），『Ireland: Space, Text, Time』（共編著，2005），『Heritage, Memory and the Politics of Identity』（共編著，2006），『Ireland Beyond Boundaries』（共編著，2007）がある。

謝　辞

　歴史地理学が豊かで平等主義的な世界であることは幸運であり，本書を執筆するにあたっても支援と忍耐を多くの素晴らしい仲間たちから得たことをここに記したい。実際，色々な理由で本書の出版が遅れ，忍耐を強いてしまった。ようやく謝辞を書くまでに至り，喜ばしい気持ちである。

　ジョン・モリッシーからは，このプロジェクトを最初から支えてくれた多くの仲間に感謝の意を表したい。特に，ダン・クレイトン，デボラ・カウエン，ゼイネップ・ガンベッティ，デレク・グレゴリー，ゲリー・カーンズ，スティーブン・レッグ，アラン・レスター，マリリン・ヤングには，各章へのコメントと長年にわたる友情，幅広い知的な支えに対して謝意を表する。アイルランド国立大学ゴールウェイ校の同僚にも，活気に満ち協力的な思考，教育，執筆の場を提供してくれたことに感謝したい。担当章のほとんどはニューヨーク市立大学大学院センターでリサーチフェローをつとめていた際に書かれたものであり，そこの同僚であったジェフ・ブッソッティ，グレゴリー・ドノバン，ティーナ・ハリス，デヴィッド・ハーヴェイ，シンディ・カッツ，ロス・ペチェスキーにも心から感謝したい。

　ニューヨーク市立大学の前同僚の中でも，最近この世を去ったニール・スミスに特に謝意を表したい。ニールは同世代，いや全ての地理学者のうちで最も素晴らしく刺激的な人物の一人であり，彼がこの世を去ったことが未だに信じられない気持ちである。学界内外における彼の痛烈な政治的著述や活動は，社会正義の問題に対する変わりない関与を反映していた。数ある彼の追悼記事の中には，彼が秀でた素晴らしい歴史地理学者でもあったことを忘れているものもあった。彼の『アメリカ帝国』は，近年書かれた歴史地理学の研究書のうちの真に素晴らしい本の1つである。ニールは本書の出版に立ち会うことを楽しみにしてくれていたし，また，存命だったなら私たちに急ぐよう鼓舞していただろう。世界を思想や行動で作り変えるプロジェクト（アイディア）は，いつの時代でも最も急を要するプロジェクトなのだよ，と。

　デヴィッド・ナリーからは，ケンブリッジ大学の地理学部とフィッツウィリアム・カレッジの同僚に感謝の意を表したい。特に，アッシュ・アミン，デヴィッド・ベッキンガム，チャイ・ブルックス，サイモン・ダルビー，サイモン・リー

ド=ヘンリー，スティーブン・テイラーには草稿についてコメントを頂いた。その中でもフィル・ハウエルは，貴重なサバティカルの時間を費やして詳細なコメントと助言を与えてくれた。加えて，ジム・ダンカンとナンシー・ダンカン，マット・ファリッシュ，デレク・グレゴリー，ゲリー・カーンズ，ウィリー・スマイスとは過去，現在，未来の歴史地理学について建設的な議論を何年にもわたって積み重ねてきたことを記しておきたい。

ウルフ・ストロメイヤーからは，アイルランド国立大学ゴールウェイ校の同僚に，仕事量の平等という認識を共有し，支え続けてくれていることを感謝したい。これは個々人の研究活動を，それと同等の重要性を持つ教育や能率的な職場環境と結びつけるのに非常に重要なものである。加えて，担当章で示した実証研究遂行の助けに対して，学問上の謝意を海外の仲間であるジョージ・ベンコ，ドロシー・ブランツ，ポール・クラヴァル，セライ・クレス，ティム・クレスウェル，マット・ハンナ，デヴィッド・ハーヴェイ，イルセ・ヘルブレヒト，ジュディス・ラーザー，ジュリア・ロッサウ，グンナル・オルソン，アイヌ・サイモン，ニール・スミス，オラ・ゼーダストレーム，ベンノ・ヴェルレンなどに贈りたい。

イヴォンヌ・ウィーランからは，本書に含まれている概念の多くを最初に教わり，歴史地理学への興味を搔き立ててくれたユニバーシティ・カレッジ・ダブリン（UCD）の地理学部の元同僚に感謝したい。特に，アングレット・シムズ，ウィリー・ノーラン，ジョー・ブレイディーに謝意を表したい。またUCDに加え，アルスター大学，モントリオール大学，トロント大学，ブリストル大学の学生たちは歴史地理学についての考え方を洗練させるのを助けてくれた。

ジョン，デヴィッド，ウルフ，イヴォンヌの全員からは長年の友人や同僚である，デヴィッド・アトキンソン，アリソン・ブラント，マーク・ボイル，ケイト・ブレース，マット・コールマン，ネッサ・クローニン，フェリックス・ドライヴァー，パディ・ダフィー，デイブ・フェザーストーン，ディアミッド・フィネガン，ジェニファー・フルーリ，ブライアン・グレアム，デイブ・ハーヴェイ，マーク・ヘニシー，マイク・ヘファナン，ニック・ヘイネン，アレックス・ジェフリー，リース・ジョーンズ，イネス・キースレン，ロブ・キッチン，ジェイムズ・ニール，デヴィッド・ランバート，シャロン・レーヒー，マイク・レイション，デニス・リネハン，ヘイドン・ロリマー，ゴードン・マクラウド，アナレイ・マーゲイ，エマ・モーズレィ，シェリル・マキューアン，キャサリン・ナッシュ，サイモン・ネイラー，パット・ニュージェント，マイルズ・オグボーン，サラ・ラドクリフ，ジェイムズ・ライアン，リチャード・スミス，トム・スレイター，ニコラ・トマス，カレ

ン・ティル，ジェラド・トール，バスカー・ヴァイラ，チャーリー・ウィザーズに対して感謝の意を表する。著者は彼／彼女らから多大な支援を得たが，本書の誤りは著者の責任であることは明記しておきたい。

また，SAGE社のロバート・ローイェック，キャサリン・ホー，ケリー・ディケンズにも感謝したい。彼らの専門的かつ協力的な助言と忍耐によって本書を完成させることができた。

最後に，本当に大事なことを日々思い出させてくれた私たちの家族たち——ジョンはオリヴとダラ，デヴィッドはエステル，ファーガス，イライザ＝メイヴ，ウルフはクリスティアンヌ，セバスチャン，ベンジャミン，そしてイヴォンヌはリアムとオゥシーン——に心からの感謝を。

序章　歴史地理学の現在(いま)

はじめに

　「過去を忘れてしまう者は，過去を繰り返す宿命(さだめ)にある」。これは，スペイン系アメリカ人哲学者で詩人のジョージ・サンタヤーナ（Santayana, 1980［1905］: 284）が1世紀以上も前に説いた言葉である。また，カール・マルクスも『ルイ・ボナパルトのブリュメール18日』（Marx, 1979［1852］: 103）の中で，歴史は繰り返すと語っている。ただし「はじめは悲劇として，次は笑劇として」と付け足して（Žižek, 2009 参照）。いずれにせよ，彼らの言わんとしているのは，過去を無視したり忘却したりすることが，逆に過去の虜になってしまうことにつながる，ということだろう。

　一方，アイルランド人小説家ジェイムズ・ジョイスは，代表作『ユリシーズ』で，このテーマを少し違った角度から取り上げている。同時代の者たちが近代の激しい動きを何とかして捕えようと苦しんでいた中にあって，ジョイスはダブリンを活動麻痺の空間，つまり過去が現在に重くのしかかる場所――ジョイスは「どの金曜日も木曜日をしまい込んでいる」と独創的に表現した――，社会関係が過去からの便りで形作られている場所として描き出した（Joyce, 1992［1922］: 138）。そして，主要登場人物の一人スティーブン・ディーダラス――ある程度，ジョイス自身をモデルとしている――に，「歴史とは私がそこから目覚めようともがき続けている悪夢だ」と語らせるのである（Joyce, 1992［1922］: 42）。

　この点だけをみれば，マルクスたちの結論とあまり変わらないように思える。しかし，ジョイスのダブリン像にはもう1つ，大事だがあまり言及されていない側面がある（Kearns, 2006a 参照）。モダニズムの作家の中で，ジョイスほど日常的な出来事の内に変化をもたらす契機を見出した作家は，おそらくいない。『ユリシーズ』で描かれるのは，日常的な慣習の多方向性や不確定性，もしくは無秩序さといったものによって，ヒエラルキーや権威が妨げられ，侵食される様である。確かに，そこにはジョイス流の「悲劇」や「笑劇」が十分過ぎるほどに織り込まれている。しかしその中に，個別のことに対する認識，ありふれた日常への賞賛も含まれているのだ。そしてジョイスには，そのような認識や賞賛とともに，普通の人々の考えや行動が過去から導かれた類型へと単純化されてしまうことな

どない，という深い理解もあった。ジョイスが描いたのは，繰り返す「歴史の悪夢」ではなく，普通の人々の白昼夢（デイドリーム）——彼らの希望や不安，願望や欲望——だったのである。

　さて，本書の目的は過去の多様性を理解することにある。特に，歴史と歴史的表象との非対称性は，常に立ち戻るべき中心的な課題である。そのためには，過去の考えや慣習，規範の様式，権威のかたちといったものが，いかに現在に入り込んでいるかという点に，注意を払わねばならない（Wacquant, 2009：20）。

　一方で，E.P. トムスンは，「成功する者（次に起こる進歩を先取りした人々）だけが記憶される。反対に，失敗に終わった運動，行き詰まったもの，そして敗者は忘れ去られるのだ」と指摘し，それは「後代による，ひどく偉そうな態度」だと評した（Thompson, 1963：12）。このような，歴史的考察においてほぼ無視されてきた周縁的な社会集団の行動にも意味を見出すよう，意識する必要がある。過去を「下から」とらえる試みは，「歴史の襞（ひだ）」に落ち込んでしまった人々の考えや展望，野望を復原するための第一歩となる。そういった考えや行為に古臭さがないことを知る時，私たちは現在が疑いようもなく偶然の産物であることに気づかされるのである。ヴァルター・ベンヤミンは，遺稿となった 1940 年の「歴史の概念について」（Benjamin, 1992：247；Kaye, 2000 参照）の中で「過去の中に希望の光を送り込むのは歴史家の特権だ」と述べているが，強力な利益集団やイデオローグが「歴史の終焉」を叫び，危険なまでに還元的な地理概念が構築されている今こそ（Kaplan, 2012），この言葉が重要となるだろう。

　よって，歴史的証拠を空間的に問いかけ，状況に応じて意味を位置づけることが，この本全体の方法論的な課題となる。マット・スパーク（Sparke, 2007b：346-347）が言うように，「歴史に敏感な地理」は現代社会の理解を豊かにしてくれる。例えば，「中東の独裁主義は，地球規模の不均等な結びつきや開発，圧迫といった歴史地理」の遺産が現れたものととらえられる。スパークによれば，そのような歴史地理を強調することで，それまでの「強奪の地理空間」という見方は変性し，「独裁主義」は単なる「ネイティブ」の特徴や「部族」の地理の結果ではなく，西洋の地政学の中で生み出されたものとして，とらえられることになる。

　また本書では，「歴史に敏感な地理」だけではなく，「地理的に文脈化された歴史」にも等しく注意を払っていきたい。そこには私たちの立場性（ポジショナリティ）——言い換えれば歴史的表象に対する自身の政治性（ポリティクス）——が様々に反映されることになるが，それは私たちの意図しているところである。結局のところ，フェリックス・ドライヴァー

が鋭く指摘するように，歴史的な学知は「ポリティクスや価値体系といった世俗的関心から」切り離されることはないのだから（Driver, 2006：1）。

　過去の世界を調査し記述する長い伝統のもと，歴史地理学は広範で比較可能な文脈の中で局所的な事象を考える能力を培ってきた。ブライアン・グレアムとキャサリン・ナッシュによれば，歴史地理学の強みは「地域の特性と，より広い範囲の経済的，文化的，政治的プロセスや制度的な構造」（Nash and Graham, 2000：1）という，2つの関心を持っている点にある。加えて，歴史地理学は（明示的でないことが多いものの）理論ないし主題に基づく関心も幅広く包摂してきた経緯がある（Baker, 1987；Heffernan, 1997）。そして近年は，新たな研究領域や幅広い創造的な方法論的アプローチに基づく，より一層活力に満ちた「多元的な学知文化」が登場してきた。それは地理学内の既存の下位分野の強みを増大させるだけでなく，「現代地理学の新たなアジェンダの多くを展開させる営力にもなっている」（I. B. Tauris Publishers, 2009；Gagen et al., 2007 も参照）。

　調査対象が多岐に渡る中で，歴史地理学を支える生命線とは何だろうか。歴史地理学の批判的な学知が，ポリティクスを希釈したり，単なるテキスト分析に終わったりするのでは意味を持たない。批判的な学知の矛先は，空間や地理的知識の歴史的生産につながる幅広い関心を呼び起こす，学知のポリティクスにも向けられねばならないのである（Lefebvre, 1991；Smith, 2003；Gregory, 2005）。

　今では，ポリティクスに対して自由に言及し，それを強調することが，地理学の知の構築と利用に必要不可欠となっている。そこには，過去30年余りの間に，学知は構築されたものだという認識が人文学全体に広く浸透したことが反映されている（Heffernan, 2014 参照）。確かに，地理学の下位分野としての歴史地理学は，当初から幅広い経験主義的実践の最前線におかれてきたのであり，いくつもの物質的な証拠へ意識的に関与することで，学としての存在やその拡大を正当化してきた。本書の様々な場面で，私たちはこの伝統が歴史地理学にもたらした多くの豊かな成果に出会うことになるだろう。しかし同時に，歴史地理学を人文学や社会科学のより広い潮流の中でとらえようとする理論的実践や方法論的実践の中にも，本書のささやかな試みを位置づけたい。それゆえ，モノ資料や文字資料，その他の歴史的証拠を利用する際，時間は「能動的」な要素，空間は「受動的」な要素となるといった還元主義的な見方は取らない。これは，よく知られたフランス『ヘロドトス』誌の編者によるフーコーへのインタビュー記事の中ではっきりと強調された点でもある。私たちのなすべきは，そういった見方ではなく，知の生産や知それ自身を文脈化する見方によって，過去の空間的な配置や過程，実践

を説明することである。

　もし歴史地理学がその知の中で実証的な経験主義を頼りにしていたというのならば，歴史地理学者が自己批判的に様々な理論的土台に触れ，それらを厳格に，一貫した態度で，言説上の透明性をもって展開させていくことが，喫緊の課題ということになろう。このような方法によって初めて，歴史地理学の研究成果を分野の枠を越えて伝えうるものとなる。また批判歴史地理学のレンズを通すことで，記憶（Alderman and Inwood, 2013），抵抗（Featherstone, 2008），正義（Schein, 2011）といった規範的な関心事が，より豊かに映し出されるようになる。逆に言えば，これらを幅広く考慮する人文学全体に対しても，歴史地理学から知の提供が可能なのである。

　このような思いを持ちつつ，本書では歴史地理学という豊かで力強い分野における，最も有意義で重要ないくつかの概念，実践，系譜を概観している。私たちの目的は，批判歴史地理学の妥当性や，事象を複数の時間軸・空間軸の中で検討することの意義を描き出すことにある。あらゆる歴史地理学は，過去の世界の知を伝え表すこと，そしてその物語を語ることを成果とせねばならない。当然ながら，これは簡単なことではない。しかし，過去の地理を批判的に可視化し，その複雑性を記述し，そしてその遺産をとらえていくことは，驚くほど有益で，また非常に重要な学問的冒険となるだろう。

セクション1：コロニアル／ポストコロニアルな地理

　セクション1では，近代の歴史地理的現象の中で最も重要で包括的，長期的な現象の1つ，コロニアリズム（植民地主義）を扱っている。

　第1章では，帝国主義（imperialism）と植民地言説（colonial discourse）という2つの主要概念の探究を通じて，コロニアリズムのもつイデオロギーや想像力が整理される。特に焦点が当てられるのが，権力，政治経済的支配力，文化的従属関係の概念やシステムとしての帝国主義である。それは軍事力，法的権限，地政学的権力のネットワークに深く関わっていた。また，帝国主義的思考の標準化や，植民地拡大の正当性の維持をはかった支配的な言説に関する記録の調査を通じて，帝国主義がいかに想像され，練られていったかについても注意が向けられている。そして，エドワード・サイードに影響を受けた歴史地理学者たちによって，過去の帝国主義国家による植民地言説が本来的に含んでいる差異化の複雑なメカニズムや，権力，人種，ジェンダー，セクシュアリティの意図的な関係性が追究されてきたことが紹介される。最後に，帝国主義の展開に果たした地理学や

地理的技術，さらに地理学者自身の歴史的役割についても言及されている。

　第2章は，コロニアリズムが正当化される際の言説の重要性を認識するところから始まる。その上で，言説がコロニアルな実践（practice）や統治性を通じて操作されていく過程が探究されている。ここで強調されているのは，根拠にもとづきつつ，還元主義に陥らない方法で分析をおこなう歴史地理学研究は，コロニアリズム研究で重要な役割を果たしうるという点である。また，現地の植民地的実践を通じて結果的に形成され，争われることになった新たな地理に注目する中で，反コロニアリズム（anti-colonialism）の政治的，経済的，文化的な実践にも焦点を当てている。それはコロニアリズムの影の下で生まれた新しい複雑な空間を体現したものである。そして，コロニアルな暴力と反コロニアルな抵抗の空間や実践を歴史的に説明することで，コロニアルな現在（colonial present）の中に見出せるコロニアルな過去の名残についても指摘される。

　セクション1の最後のテーマは開発（development）であり，開発の名のもとで是認された現代西洋諸国の干渉主義にみえる帝国主義的でコロニアルな遺産がとらえられる。ここでは，ヴォルフガング・ザックス（Sachs, 2010 : x）が述べた「社会進化の最前線を代表すると思われる（歴史の）ペースメーカーたち」に追いつこうとする「立ち遅れた人々」にとって必要なものを，開発の概念がいかに内面化しているかが明らかにされている。ヨーロッパ諸国が植民地獲得を争う中で，開発の理念は海外に運ばれた。そして，「改良への意志」（Li, 2007）は帝国が「人道主義的」であることを示すアリバイとなっていった。現在，開発は技術的・科学的な革新という意味で確かに定着している。それでもなお，典型的な西洋の言葉遣いにおいては，開発の語が「社会進化」を定式化しようとする傾向をもつことが示され，章が締めくくられる。

セクション2：国家／民族(ネイション)建設と地政学

　セクション2には，ナショナル・アイデンティティの歴史的構築や地政学的計算による国民国家の拡張に果たした，地理的想像力，領域性，空間性の役割に関する重要な論評が含まれている。

　第4章では，領域性（territoriality）の概念が探究される。歴史地理学者たちは領域性の語を使って，特定の場所やその一部に関わる支配や管理を実践するために，人々や集団，組織が利用する戦略を示してきた。ここでは，激しく衝突し，深く分裂してしまった北アイルランドの領域を事例とし，争いのるつぼの中で広まった領域性に関するいくつかの象徴的な表現が検討されている。

続く第5章では，世界中のナショナル・アイデンティティの歴史的な構築（construction），遂行（performance），再生産（reproduction）にあたって，地理が重要な役割を担ってきたことが明らかにされる。最初にネイションの公共空間（public space）に焦点が当てられ，いくつかの事例を用いつつ，公共空間はナショナル・アイデンティティにとって優先的・選択的なメタ物語が語られ，演じられる重要なキャンバスとなることが明らかにされる。また章の後半では，過去の地理的世界の微妙な，しかし重要な差異を覆い隠してしまう還元主義的ナショナリストによる歴史表象に問題関心を寄せる。そして，ナショナル・アイデンティティの本質主義的モデルがいかに他者性（Otherness）を広めているかを強調しつつ，社会の排他的な慣習や政治的，文化的ヘゲモニーを促進した空間的メカニズムを描き出している。最後に，あらゆるナショナル・アイデンティティは優先的なメタ物語が選択されたうえで，歴史的，社会的に構築されたものであることが説かれている。またアイデンティティを突き詰めれば，人種差別やその他の差別，対立がしばしば含まれていることからして，あらゆるアイデンティティの形態は，歴史的相対主義の中で考えることが重要だとも述べられる。

　この最後の部分がさらに掘り下げられるのが第6章である。地政学や敵意，戦争の想起や表象に心象地理（imaginative geography）が使われることの歴史的な背景が検討され，近年の対テロ戦争を事例に，地政学的な計算（geopolitical calculation）が情動的な（affective）な心象地理をいかに動員するのかが論じられる。この情動的な心象地理が，恐怖や脅威に関する日常的な言説の背後に，歴史的不正義やかつての西洋の干渉，近年のジオエコノミクス（地経学）上の権益（geoeconomics interests）を隠すのだ。その後，議論は歴史地理学者の果たす役割にうつり，抽象化された空間や事象を歴史化したり地−図化したりする際，歴史地理学者が中心的な役割を果たしうることが説かれる。とりわけ，地政学を対象とする批判的歴史研究は，近年の西洋による地政学的権力／知の正当化や実践に対する効果的な異議申し立てとなり，過去や現在の地理における空間性や物質性を強調する，還元主義に陥らない対抗地理（counter-geography）の提示につながることが強調される。

セクション3：歴史的ヒエラルキー

　セクション3の各章では，共通して，アイデンティティ形成の歴史地理に関する3つの主要な主張を扱っている。
　第1に，人種，階級，ジェンダーの概念が論じられる。それらは他の修辞やモ

チーフと接続する中で，またそれらが展開した特定の歴史的条件の下で，意味づけられている。言い換えれば，この議論は，多様な「差異の認識論(エピステモロジー)」の歴史的出現を明らかにし，それらが往々にして互いに増長し，強化し合う過程を説明するものである。例えば人種の概念は，それらが展開する時代や場所，また状況によって異なる意味やニュアンスを帯びる。階級やジェンダーと同様に，人種は時代や場所とともに展開してきた概念だと言えよう。

　第2に，これら3つの「差異の認識論」がいかにして人文地理学，とりわけ歴史地理学に影響を与えてきたかが例証されている。例えば，男性のものとして伝統的にとらえられてきた地理学——そして「男の仕事」として観念化されてきたフィールドワーク——は，フェミニズム地理学者から徹底的に批判されてきた。能動的で自律的な男性という自己（科学的知を生み出す無比の主体であり，地理学的調査の対象として扱われる従属的で受動的な女性という他者より常に優れた主体）の神話に立ち向かいながら，フェミニスト研究者たちは過去の地理に関する理論的な研究が学問を刷新し，より包括的な地理学を創造するために不可欠な土台となることを示してきた。人種，階級，ジェンダーの研究は空間形成に関する研究に大いに寄与してきたが，それと同時に——そして重要なことに——，それらは地理学者がいかにして地理学という営みを自己了解するかという点についての理解の進展にも，大きな貢献をしてきたのである。

　第3に，本セクションでは現在の差異をめぐる枠組みが歴史的な思考パターンにいかに規定され，正当化されているのかについても，積極的に探究している。この中で主張されているのは，歴史的ヒエラルキーは現代のポリティクスと交わり重なっているのみならず，現代のポリティクスに極めて大きな意味で変化を与え続けているという点である。「現在の歴史地理」（Johnson, 2000）という視点を考慮しつつ，各章では，「自然な」主張，「当たり前の」主張と思われているものが，実は歴史的に形成された見方であり，それは取りうる世界の見方の一つにすぎないという点を明らかにしようとしている。その意味で，忘却や抑圧，従属の歴史は，現在を改めて考えるための資料を提供しうるのである。

セクション4：建造環境

　セクション4での検討対象は，人々と空間との関係である。最初の第10章では，自然が歴史地理学研究のトピックになってきた過程が調査され，自然世界に対する見方に変化が起きたことを明らかにしている。とりわけ，この章では自然(nature)という概念を，社会関係のジェンダー化からコロニアル，ポストコロニ

アルなアイデンティティの構築に至る，幅広い文脈の中で作り出されたものとしてとらえている。

　残る2つの章では，対象が都市領域に移る。そして，都市空間（urban space）のモデル化や都市形態学（urban morphology）の記述など，都市空間の複雑さを探究しようとしてきた歴史地理学者の試みに焦点が当てられている。第11章では，都市化を特徴づける過程やパターンに関心が寄せられる。また，都市化の主たる副産物——すなわち，都市や都市景観——を理解するために，地理学や社会学，あるいは類似の分野でこれまでに取り組まれてきた都市研究の様々なアプローチが紹介されている。中でも特に強調されるのは，都市の土地利用に関する先駆的ないくつかのモデルである。

　第12章では，1960年代にM.R.G.コンツェンによって都市の歴史地理学に導入された都市景観に関する研究を取り上げている。そして，彼の形態学的方法論をレビューしつつ，彼が展開した建築構造や都市形態に関する重要概念や方法論的テクニックは，都市や町の歴史地理的特徴の検討に今なお有効であることが確認されている。

セクション5：場所と意味

　セクション5には，場所と意味に関する幅広いテーマが含まれている。特に取り上げられるのは，歴史地理学と文化地理学の境界領域で活躍する地理学者が検討してきた景観／風景や記憶，遺産といった概念である。

　第13章で取り上げられるのは，景観／風景（landscape）である。いくつもの事例を用いながら，景観／風景の検討方法と概念化の過程が概説されているが，とりわけ，1990年代に「新しい文化地理学」から展開した景観／風景研究に焦点が当てられ，文化景観の象徴をめぐる地理学研究や，風景，記憶，アイデンティティなどを一体的に扱った研究の豊富な接合領域が紹介される。

　過去の政治的，経済的，文化的な利用については，遺産（heritage）をめぐる第14章でも引き続き検討されている。ここでは，私たちが遺産について話すときに真に意味しているものは何かが問われ，遺産の概念化に関する方法のいくつかに焦点が当てられる。遺産の言説に潜む政治的，経済的，社会的側面がレビューされるとともに，アイルランドの大飢饉に関する遺産が事例として取り上げられ，故郷を離れた者たちがアイデンティティの語りを形成する際に，遺産が極めて重要な役割を果たしていることが明らかにされる。

　このセクション最後の第15章では，スペクタクルやパレード，公的パフォー

マンスの歴史地理が検討対象であり，追悼儀礼として，もしくは権力の演出的な表現としての公的パレードの役割に関する歴史地理学研究の足跡が辿られている。本章で強調されるのは，公的パレードやパフォーマンス（performance）の持つ多面的なインパクトである。このようなインパクトは，過去の出来事を巧妙に利用することを通じて，もしくは野外劇やイルミネーション，ファンファーレや音楽などを通じて，物質的にも軍事的にももたらされた。章の末尾では，そのような公的なスペクタクルの1つ，1900年のヴィクトリア女王によるアイルランド訪問のエピソードが論じられている。

セクション6：モダニティと近代化

　直近の過去に関するあらゆる分析において，「モダニティ」やその形容詞形である「モダン」は，重要な概念となっている。それらは歴史地理学や歴史関連の学問の中で長らく注目を浴びてきたものであり，たとえ，その概念に正確さや演繹的な内容が欠如していたとしても，その文脈的な魅惑が人を惹きつけ続けている。セクション6の関心は，まさにこの魅惑に引き寄せられている。

　最初の第16章では，「モダニティ」に意味を与えたと慣例的に考えられてきたいくつかの物質的，ないし観念的な変容に関する歴史地理の形成が取り上げられる。その中でも，まず分析されるべきは資本主義に関連する，もしくはそれに特徴づけられるプロセスということになるが，ここではその重大な展開を，歴史的経路と空間的特異性においてとらえている。同じく，産業革命と都市化についても，相互関係的なプロセスとして歴史－地理の視点から論じている。

　続く第17章では，実経済の中に埋め込まれた生産のプロセスから，知識や科学が生産されるプロセスへと焦点を変えている。知識や科学もまた，今に続くモダニティの歴史において重要な貢献をしているためである。ここでは「科学革命」「啓蒙運動」といった人口に膾炙した観念や，モダニティの記述における目的論的前提の一般的な使用を問い直している。このような議論の中核となっているのは，様々な「ネットワーク」に注目した研究である。つまり，書くことや想像力，経済的実践の間の結びつき，またその結びつきに必要な場や技術が，地理学の探究対象となってきたのだ。

　最後の第18章では，モダニティの観念に随伴する規範的なプロジェクト，すなわち「民主主義」や「公共圏」といった見出しの下に簡潔にまとめられるようなプロジェクトに焦点が当てられる。実際的な研究をもとに，モダニティ概念の拡大の必要性が論じられ，また，明確に「モダンな」正当性の形の構築には空間

や場所，地点といった地理的要素が深く関わることが明らかにされている。

セクション7：境界を越えて

　セクション7では，歴史地理学全体にかかわる「見取り図」的なテーマを扱う。

　最初の第19章のテーマはグローバリゼーションである。話は時代区分の難問——グローバリゼーションはいつ始まり，そして私たちはその進化のステージをどのように定義すべきか——から始まる。これらの問題に歴史地理学者（や他の社会科学者たち）は長年取り組んできたが，いまだコンセンサスは得られていない。ここでは，近年のグローバリゼーションには重要な過去の「前身」や「根源」があり，そのような先例を深く理解して初めて，現在のグローバル・スケールの変化の特徴や動態についての合意に達することができるという，アルジュン・アパデュライ（Appadurai, 1996）の説に沿って議論が進められている。

　グローバリゼーションが歴史地理学者を長年夢中にさせてきたものであるならば，次の第20章のテーマ「統治性」は，最近になって歴史地理学者が関心を寄せ始めたものである。フランスの思想家ミシェル・フーコーの議論に依りつつ，歴史地理学者は権力の「空間的存在論」（Philo, 2000a：218）と呼ばれてきたものについての分析を始めている。空間を社会関係が「演じられる」舞台としてしかみない西洋哲学者が多い中にあって，フーコーは空間を社会関係における構成要素とした特異な思想家である。ここでは，この重要なアイデアを歴史地理学者が実証研究を通じてどのように展開させてきたかが述べられている。

　第21章では「社会的自然」が取り上げられ，物質世界が時代の中でいかに調整，変化させられてきたかが論じられている。このような課題は地理学という学問の核心に及ぶが，とりわけ歴史地理学者にとっては中心的な関心の1つとなっている。というのも，歴史地理学者は，景観に「社会－文化的」な解釈を与え，自然環境（エコロジー）——人間と非－人間の営為による世界の変化に極めて敏感に反応する「自然」の歴史的枠組みの1つ——を「政治的」に読み解いてきたからである。

セクション8：歴史地理的知の生産

　本書最後のセクションでは，歴史地理学という学問が立ち現われる条件が探究される。本書のタイトルや目的からして，歴史地理学それ自体の概念（とそれに関する実践）が検討されねばならない。地理学の下位分野として，歴史地理学の関心は確かに極めて広範で多方面に渡っている。たとえそうであっても，その範囲は包含と排除の実践を通して定義され，特定の知の形態が追究されることへの

違和感を持たないまでに自然化されている。このセクションでは，歴史地理学の知的生産を特徴づける概念の認識論的創造に注目する一方で，歴史地理学における主要な技術や言説，思考方法について，より一般的に文脈化や脱構築をはかっている。その際，歴史地理学を支えている「証拠」の観念が中心的な話題となるのは驚くにあたらないだろう。証拠がいかにして構築され，理論的に形成されるかを詳細に分析するのは価値あることである。

　そのため，地理学なる学問の規範的実践という文脈におけるフィールドワーク，資料，地図の問題点も検討されている。歴史地理学では，視覚的な方法論的実践が特に強調されてきたが，それは偶然によるものではない。この下位分野は長い間，コミュニケーションの手段として「視覚的なもの」を利用し，そして批判してきたのである。

　そしてこのセクションでは，歴史地理的批判の重要性についても，様々な点から検討をおこなっている。時間と空間の両方への関心を考えると，歴史地理学はおそらく，過去の世界を文脈化して批判的に分析することに最も適している。だからこそ，現在の世界にある過去の遺産について重要な解釈を提示することもまた可能なのである。

（訳：上杉和央）

I　コロニアル／ポストコロニアルな地理

第 1 章　帝国主義と帝国

ジョン・モリッシー

はじめに

　15 世紀のアメリカ大陸遠征から 21 世紀の中東への介入に至るまで，帝国主義は，全ての大陸で人と地理的事象との関係を作り出した。そしてそれは近代の遺産として今なお影響を持っている。「全世界は主に西洋が開発し支配してきた経済システムによって制御されており，政治，経済，軍事，文化的な西洋の支配が，帝国主義の歴史に今も重要性を与え続けている」とロバート・ヤングはいう（Young, 2001 : 5）。さらに，現代において西洋文明の名の下におこなわれている戦争を考え合わせれば，デレク・グレゴリーがいうように「我々の大多数が植民地権力の影響の下で考え，行動していることを自覚すべき」だろう（Gregory, 2004 : xv）。

　本章では帝国主義のイデオロギーと言説の流動性，そして歴史地理学の帝国主義へのアプローチを紹介する。なお，現在も世界中で構築され，争われている植民地主義と反植民地主義とが織りなす複雑な地理的事象については，次章で扱うことにしたい。

帝国主義を定義する

　帝国主義は，国民国家の中枢で想像され，世界中の植民地化された空間で様々に作用する権力，政治経済的支配力，そして文化的従属関係のシステムと定義できる。概念の定義は常に難しいものだが，時代とともに様々な歴史・文化的な意味と，政治的な現実を含意してきた帝国（empire），帝国の（imperial），帝国主義（imperialism）といった用語の複雑さを理解することが重要である（Loomba, 1998）。一般的にいって，帝国主義は歴史とともに様々な形をとってきた。ダン・クレイトンが概説しているように，「有史以来, 70 以上の帝国」があった（Clayton, 2009a : 189）。歴史的には古代，中世，近世，近代，そして現代のそれぞれに帝国がみられ，地理的にもインカやギリシア，ローマ，中国，オスマン，スペイン，イギリス，日本，そしてソビエトといった帝国が含まれる。例えば，植民地の拡大に対する国家の主導的役割について，大変な量の議論がなされてきたように（Hardt and Negri, 2000），帝国を類型化することは容易ではない。とはいえ，国

家が主導するグローバルスケールの帝国主義には 3 つの主要なバリエーションがあるとされている。すなわち，(a) 近世スペイン帝国モデル，(b) 19 世紀後半の主要ヨーロッパ列強によるよりグローバル化して進んだ形態，(c) 新帝国主義あるいはネオ帝国主義と呼ばれる現代アメリカの軍事・経済的優位の 3 つである (Johnson, 2000 ; Young, 2001 ; Harvey, 2003 ; Smith, 2003 ; Gregory, 2004)。

中世やそれ以前には，ヨーロッパやアジアなどで植民地化が起こった。ただ，ギリシア，ローマ，中国，そしてイスラムの帝国は地理的に版図を拡大しつつも，明確な商業や国家主導の拡大論理はほとんど働いていなかった。一方，15 世紀末からのスペインの征服軍がアメリカ新大陸に形成したものは，国家が作った最初の近代的で大洋をまたぐグローバルな帝国となった。もっとも，新大陸におけるスペインの官僚的統治機構は，頭抜けた軍事力と先住民に対する直接の徴税に依存しており，少なくとも当初は後のヨーロッパ諸帝国のような資本家の海外事業からなる帝国のネットワークには統合されていなかった (Young, 2001)。

19 世紀の帝国主義は，フランスが文明化の使命 (mission civilisatrice) の考えに依りつつ発展させたものである。文明化の使命とは，いずれ同化する予定だが，いまだ文明化，啓蒙化されていない人々に，キリスト教とともにフランスの文明，文化，言語をもたらすという考え方で，技術の革新によって可能となった攻撃的な領土拡大をイデオロギーにより正当化するものとなった。我々の文化と価値を彼らに押し付けることを巧妙に正当化するこの考えは，同時代のイギリスにおける文明化の使命 (civilizing mission) でも重要な特徴となった。しかし，どちらの帝国のイデオロギーも，16 〜 17 世紀の改革と同化をめぐる近世スペインとイングランドの植民地言説が祖型なのである。

19 世紀末頃になると，フランス，イギリス，そして他のヨーロッパ帝国列強は，「征服を通じて国際的な舞台で国家の威信を高め，閉じた市場を作り出すことで，国内の政治と経済を安定させること」が密かな主目的となり，「競争的なグローバル経済と政治のシステムにだんだん巻き込まれ」ていった (Young, 2001 : 30-31)。ヤングによれば，20 世紀初頭のイギリス，フランス，ドイツなどの帝国主義国家によるアフリカの争奪戦は，帝国主義的対立のクライマックスを示し，生産と消費の増大により拡大された資本主義的世界経済が反映されたものであったとされる。ただし，ヤングは帝国の成長をほとんど国家によるものとしてしかみないが，こうした見方は個々のヨーロッパ人が追求した利益や事業の多様性を無視してしまう。これらの営みこそが公式，あるいは非公式な帝国主義を生み出した根源なのかもしれないのだ。例えば，清教徒によるアメリカ入植，

宣教師による太平洋諸島の植民地化，あるいは東インド会社のインドにおける活動には，全く（少なくとも直接的には）国家の論理は働いていなかった（Lambert and Lester, 2004）。

　公式な意味での帝国主義は，20世紀以降のヨーロッパ諸帝国の撤退により事実上終焉している。その原因は，ロシアのボルシェビキ共産主義革命と西洋帝国主義に抗する強力な国家の登場，世界中の植民地住民による抵抗，第二次世界大戦の消耗と犠牲によりヨーロッパ列強が効果的に植民地を統治できなくなったこと，そして帝国主義的な貿易構造を自らの海外における経済活動を妨げるものとみなすアメリカ合衆国が新たな超大国として出現してきたことなど，多岐にわたる（Young, 2001；Larsen, 2005）。特に，最後の論点は，帝国主義に代わる新世界秩序が西洋の押し付ける都合のよい経済支配構造を，より巧妙に非公式化したものだったことを示している。その秩序を新帝国主義と呼ぶ由縁である。

帝国主義と言説

　帝国主義は，言説による意図的なイメージ化，同一化，帰属化によって正当なものとされ，維持されてきた。このような言説は，植民地言説（colonial discourse）と呼ばれる（帝国主義言説［imperial discourse］とも呼ばれるが，この章と次章では明瞭化のために植民地言説という語を用いる）。植民地言説の分析は，帝国主義がどのように作用するのかを理解する上で極めて重要である（植民地における実践への植民地言説の関わりについては次章を参照のこと）。植民地言説とは，帝国主義権力が帝国主義的発想や植民地への介入と支配を当然のものにしようとする際に用いる表象である。

　ニコラス・トーマスがいうように，帝国主義は政治的，経済的論理によってのみ働くものではない。それは「文化の作用でもあり，象徴や隠喩，語りを通じて植民地の発見と侵入がイメージ化され，活発になるのだ」（Thomas, 1994：2）。言いかえれば，帝国主義の文化的言説は植民地に対する様々な形態の抑圧を隠し，あいまいにし，正当化するばかりでなく，本質的に宗主国と植民地との関係の一部を構成するものでもある（Thomas, 1994：2）。アーニャ・ルンバによる「権力とは言語，文学，文化，そして日常生活を規律づける制度によって作用するものなのだ」という主張も，まさにこのことを示している（Loomba, 1998：47）。

　こうした植民地言説の問題を検討するには，エドワード・サイードの啓発的で影響力の大きい著作『オリエンタリズム』が根本的な出発点となる（Said, 1978）。『オリエンタリズム』は，ミシェル・フーコーの権力と知の本質的な関係

についての研究に着想を得て，19世紀から20世紀における，小説家や，学者，その他の人々による西洋から見た東洋の表象が広汎に検討された書である。サイードはこれらの表象が二元論的な見方によって，西洋が文明化しており，優れていて，合理的で権威あるものであるのに対して，東洋は野蛮で劣っていて，非合理的で従属すべきものであるという心象を作り出したことを示した。サイードにとって，帝国主義とは，これらの強力な言説や，彼が他者性と呼ぶ表象によって支えられるものであった。

　サイードは，オリエンタリズムの植民地言説に心象地理（imaginative geographies）（本書第6章も参照）という考え方が本来的に備わっていることを示した。このことは彼の1993年の著作『文化と帝国主義』の中でさらに詳しく説明されている。カレン・モーリンが強調するように，この重要な概念は「我々がローカルな事実を不当に扱い，我々自身の意識や態度の周りに境界線を引いて，でたらめな地理的空間を創り出しているということを明らかに」するもので，植民地研究とポストコロニアル研究では「空間の問題に敏感である」ようにうながす非常に重要なものとされてきた（Morin，2004：239）。

　言説の様式（modalities）が他者性を識別するためにいかに機能しているかを検討する上で，サイードの文化的帰属意識の考えは特に有効である。例えば，文字通り「客観的事実や出典に帰属させる」学術の表現や方法によって，オリエンタリズムから発せられた言葉や表象的実践を重視してつなぎ合わせることで，人間の「諸類型」が自然なものとされたことをサイードは示してきた（Said，1978：321）。植民地言説は，アイデンティティや差異を特定の空間や場所，そして人々に帰属させることで，支配的で植民地化した知識（この知識は権力を強化しもする）を生み出し，維持してきたのである（Gregory，2001；本書第5章も参照のこと）。植民地言説における自己と他者の二項対立は，結局のところ人間の「諸類型」を慣習的に特定の環境や文化的背景に帰するために，揺るがしがたいものとなっている（植民地の歴史において，地図作製と学問としての地理学が果たした役割に関する議論は，本書第23章を参照のこと）。

　サイードのポストコロニアル批評に学んで，様々な地理学者がかつての帝国列強諸国の植民地言説に内在する，権力，人種，ジェンダー，セクシュアリティーの複雑な差異化のメカニズムや意図がこめられた関係性に注意を喚起してきた（Blunt and Rose，1994；Lester，2001；Morrissey，2003；Clayton，2004；Kumar，2006）。最近では，地理学の歴史も検討の対象になっており，「探検，地図製作，景観表象，気候と人種の二元論的言説」における，地理学の制度，手法，そして

大学それ自体の役割が強調されている（Clayton, 2009a : 190 ; Ploszajska, 2000 と Heffernan, 2003 も参照のこと）。多くの地理学者は特に「過去と現在両方における植民地言説の地理的構成や表現を，そして大学の内外で作られる地理的知識を脱植民地化」しようと努めてきた（Blunt and McEwan, 2002 : 1）。しかし，それに加えて，地理学者は「帝国主義を言説の問題のみに還元する」ことに警鐘を鳴らし，「帝国主義の活動を具体的に理解する必要がある」とも主張してきた（Clayton, 2009b : 374；この点は次章における議論の焦点となる）。

帝国主義を理解するためのアプローチ

　帝国主義と植民地主義の間に，概念上の区別を引くことは，植民地の地理を研究する上でやっかいな問題となる。ロバート・ヤングの見識深い『ポストコロニアリズム』は，この根本的問題に対して特に示唆的である。帝国主義が領土拡張，経済的支配，文化的優越といった概念やイデオロギーと同じものとみなしうるのに対して，植民地主義は異質な人々を支配する実践——それは帝国主義に支えられたものであることも多い——として理解できる。ヤングにとって，帝国主義とは「主として宗主国の中枢から発せられるイデオロギーによって突き動かされるもので，国家権力の［体系的な］表出や拡大に関わるもの」である。それに対して植民地主義とは，元来，移民コミュニティや投資家，あるいは貿易会社によって「経済的に突き動かされる」もので，特定のローカルな領域や経済の管理に関わるものであった（Young, 2001 : 16-17）。

　また，ルンバは両者が「空間的な用語」として違いを持つことに注意すべきだと指摘している。帝国主義は「宗主国を起因」として，「統治と支配」のプロセスを引き起こす。一方，植民地主義とはその結果であり，「帝国の統治の結果として，植民地で起こる」事象なのだ（Loomba, 1998 : 6）。もちろん，全ての理論的モデルと一緒で，こうしたルンバの実際的で有用な区分は，「ローカル」なものによって複雑になる。歴史地理学の研究や著作においては，コンテクストに注目する必要があり，理論化に際しては「ローカル」なものだけではなく，帝国主義の「国家をまたぐ（transnational）」要素に注意を払うことも同様に重要になる。スティーブン・レッグがいうように，これは更なる理論的な挑戦につながる（Legg, 2010a）。

　クレイトンによれば（Clayton, 2009b : 373-374），歴史地理学には帝国主義に対する3つの批判的アプローチがある。第1に，帝国主義は「経済と政治の観点から分析されてきたが，そこでは資本主義の進化と国民国家に主眼があっ

た」（レーニンは帝国主義を資本主義の最高次の段階として理論化した（Lenin, 1969））。第 2 に，1980 年代以降，「イメージ，語り，表象によってたきつけられ，資本や階級，ジェンダー，セクシュアリティ，人種，民族／国家，宗教のようなカテゴリーによって形作られた支配の言説，あるいは文法」として分析されるようになった。そして最後に，より最近では「『帝国ネットワーク』アプローチ」によって検討されるようになってきた。これは「本国と植民地を相互に構築しあうもの」として扱う考え方である。これら 3 つのアプローチは，帝国権力の多様な論理を効果的に区別し，分解しているかという観点から批判を受けている。例えば，ハリスは言説としての帝国主義に焦点を当てるアプローチが帝国主義の文化に関する論理を過度に強調しており，「その他の形式の植民地権力を見えにくくしている」と批判している（Harris, 2004：165）。

現代世界については，2 つの相互に関係するアプローチによってネオ帝国主義が特定され，研究されている。(a) 世界に占める西洋の覇権的な位置と関連した，経済的支配システムとみなすマルクス主義的アプローチ，そして (b) 9.11 後の世界における，いわゆる対テロ戦争という口実のもとで加速して進んだアメリカの軍事的，経済的な軽い帝国（empire lite）あるいは否定の帝国（empire in denial）という概念を通したアプローチである（Agnew, 2003；Harvey, 2003；Ignatieff, 2003；Gregory, 2004；Larsen, 2005；Smith, 2005）。ネオ帝国主義を検証するなかで，多くの歴史地理学者は現代における西洋の海外への介入を入念に空間化，歴史化し，洞察にとんだ批評を提供してきた。これら全ての批判的歴史地理学に共通する重要な視角は，過去を認識することによって現代をコンテクスト化するということにつきる。それは過去の遺産を認識し，世界中で人々と場所を縛り続けている歴史的な権力と政治の関係を説き起こすことなのだ（例えば Kearns, 2006 を参照）。

おわりに

結論を述べるにあたり，いま一度サイードの著作に立ち戻ってみたい。この分野の中心的論者であるサイードの帝国主義とその言説の解釈は極めて重要である。その議論がほとんど高尚な文学テキストに集中しており，美術や写真といった様々な視覚文化の言説や，紀行文のようなその他の表象を捉え損なっているとの批判はできるだろう。また，サイードがジェンダーに対してあまり関心を示しておらず，植民地支配に抵抗する作用に対しても限定的な認識しか持っていない点は，明確に批判されてきた（Lester, 2000；Young, 2001）。

しかし，歴史上の言語，権力関係，そして西洋の自己に対する外部の他者という従属的地位を脱構築するサイードの試みは，未だに色あせない重要な成果である。現代世界に蔓延している対テロ戦争についての言説は，我々と彼らの間におおざっぱで本質主義的な差異があるとする見方をもたらしている。こうした世界に対して，彼の著作は重要な妥当性を持ち続けているのだ。残念なことに，今日ではかつてないほどステレオタイプ化した表象が知識を象徴し，権力と暴力の執行を下支えしているのだから。

キーポイント

- 帝国主義は，拡大する国民国家の中枢から想像され，世界中の植民地化された空間で様々に作用している，権力，政治経済的支配力，そして文化的従属関係のシステムとして定義できる。
- グローバルスケールでの国家が動かす帝国主義は，歴史的に 3 つの主要な形態で機能してきた。すなわち，(a) スペイン帝国モデル，(b) 19 世紀後半のヨーロッパ列強によるよりグローバル化して進んだ形態，そして (c) 新帝国主義，あるいはネオ帝国主義と呼ばれる現在におけるアメリカの軍事的，経済的優位である。
- 19 世紀中頃になると，フランスやイギリスの「文明化の使命」という考え方は他のヨーロッパ帝国主義列強にも定着し，20 世紀初頭のアフリカ争奪戦は拡大した資本主義的世界経済における帝国主義による対立のクライマックスを示した。
- 帝国主義は植民地言説を通じて想像され，正当化され，維持される。植民地言説とは，帝国の価値観や植民地の拡大と支配の権利を当たり前のものにしてしまおうとする帝国主義権力の流布された表象と同じものなのだ。
- サイードのポストコロニアル批評に学び，ヒントを得て，歴史地理学は植民地言説が本来的に備えている，権力，人種，ジェンダー，そしてセクシュアリティーの間に存在する意図を秘めた関係や目立たない差異化のメカニズムに注意を呼びかける。
- 批判的な地理学史研究は，帝国主義の進展の中で地理学の制度，手法，そして大学が果たした役割を明らかにする。

さらなる理解のために

Clayton, 2004 ; Lester, 2000 ; Said, 1978 ［サイード，1993］; Young, 2001

（訳：網島　聖）

第2章　植民地主義と反植民地主義

ジョン・モリッシー

はじめに

　帝国主義列強と一まとめにしてしまうが，そのうちの一国の中にも様々なイデオロギーがあったし，植民地の統治手法も地理的，歴史的なコンテクストによって様々であった。そのため，植民地主義の理論を単一のものへと還元して語ることはできない。しかし，たとえ帝国主義が多様な論理や言説によって想像され，正当化されたとしても，帝国主義の結果として実際に現れるのは，収奪，暴力，そして異質な人々への政治的，文化的な価値の押しつけに対する抵抗であったことに変わりはない。本章は植民地主義の歴史地理学として，植民地言説（discourse）と植民地実践（practice）との関係をさぐり，また植民地への介入が全ての大陸の場所と人々にかつて与え，そして今も与え続けている深い影響を検証する。

植民地主義を通じて考える——言説と実践

　植民地主義は西洋に独特な権力の様式であり，本質的に搾取的で人間性を奪う支配のシステムとみなすことができる。ダン・クレイトンがいっているように，それは「近代西洋社会の中心に存在する認識論的な不安感——何を正しく，正常で真であるものにするかという理解を独占し，押しつけることで，他の理解や生活の方法を傷つけ，否定してしまう傾向——」（Clayton, 2009：94）と考えることができる。前章で検討したように，このシステムは言説を通じて想起された。しかし，植民地言説については，帝国主義の正当化のために取り入れられたということを認識するだけでなく，植民地実践との実際のつながりを検討することも重要である（表2.1ではこうしたつながりのいくつかについて概略を示した）。ここでは例として，近世期イングランドの最初の植民地，アイルランドを取り上げたい。

　16世紀のアイルランドにおけるイングランドの植民地事業の開始には，長期にわたる特定の地理的言説が先にあり，それが開始を下支えした。その言説のなかでは，ゲール系アイルランド人は野蛮で無法であり，何としても文明化されることが必要な者として，効果的に他者化された（Othered）。このような動きは，当時の主導的なイングランド政府当局者やアイルランドの旅行作家によって進め

表 2.1　帝国主義，言説，植民地主義

帝国主義
　― 帝国と干渉政策
　― 帝国と経済学
　― 帝国と国家建設

帝国／植民地　言説
　― 権力／知の対句
　― 表象と行為の二元論
　― 真実の体制

植民地主義
　― 収奪，入植と資本蓄積
　― 差別，生政治と規制
　― コンタクトゾーン，抵抗と暴力

られた。例えばその一人にジョン・デリケがいる。彼は1581年におけるゲール系アイルランド人の無法さ，牛の略奪，放火を絵と文章を用いて描写した（図2.1参照）。彼の描写は同時代の言説的な表象の一部となり，ゲール系アイルランド人を悪魔のような存在として描き，アイルランド南部におけるミュンスタープランテーションにエリザベス朝の宮廷からイデオロギー的，経済的な援助を得るのに一役買った。このわずか数十年後には，暴力と没収，そして入植によって引き起こされ，新しい軍事，政治的秩序によって支えられた新たな植民地経済が完成をみるのである（Morrissey, 2003）。

　19世紀（高次植民地主義［high colonialism］の時代とも言われる）にヨーロッパ帝国列強が文明を各地に伝える際も，西洋の秩序と真理の観念に基づいた本質主義的な地理的言説が重要性を持ち続けた（Mitchell, 1991）。もちろん，現代世界でも帝国主義的介入は起こっており，それらは未だに単純化された地理の表現に依拠している。エドワード・サイードは2003年に亡くなる直前，イラク戦争の際に使われた最も新しい文明化の使命（mission civilisatrice）に善悪二元論の地理的知識が持ち込まれていたことを指摘し，読者に「アラブとイスラム世界全体にアメリカの政策を遂行するべく，一握りの国防総省の文官エリートによって定式化され，単純化された世界の見方を決して侮ってはいけない」と訴えている（Said, 2003:xx）。サイードにいわせれば，西洋の勝利至上主義者が長きにわたって築き上げた我々（us）と彼ら（them）という言説がもたらした恐ろしい結果が，イラク戦争なのである。「あっちの人々は『我々』と違っていて『我々の』大切なものを評価しなかった――これこそ伝統的なオリエンタリスト［あるいは西洋植民地言説］が抱く教条の核心である――という，巧妙にまとめられた感覚がな

図2.1　悪魔のように描かれるゲール系アイルランド人
出典：ジョン・デリケのアイルランド描写（アイルランド国立図書館による転載許可）

ければ，戦争は起こらなかったであろう」（Said, 2003：xv）。

　サイードは植民地地理の研究を強く後押しし，決定的な影響を与えたが，彼の研究には西洋帝国主義列強の言説と実践を平準化し，一般化してしまう傾向がある。アラン・レスターが主張するように，サイードの議論が持つ「他の土地や民族に関する宗主国全体としての表象，あるいはヨーロッパ全土に等しく当てはまる課題というようなイメージは解体されなければならない」（Lester, 2000：102）。

　地理学における多くの研究も，西洋の宗主国の優位を断言する傾向がある。それは植民地主義的なヨーロッパ中心主義の考えを具現化し，中心と周辺の空間的，イデオロギー的な分離を誇張する恐れがある（主に宗主国に焦点を当てたものとして，例えば Godlewska and Smith, 1994 参照）。これに対して，レスターは，19世紀南アフリカにおける英国のケープ植民地の例を用い，英国——宗主国であり帝国主義国家の中心——とケープ——植民地であり植民地実践の現場——の間の帝国横断ネットワークをまたいで作用する人種，階級そして文化的従属に関する新たな植民地言説が，宗主国と植民地の共同作業として様々に結びつき，構築されていたということを丁寧に解明した（Lester, 2002）。近年では，植民地化され

た地域自体で作られた植民地言説や植民地実践の特徴を分析する研究もみられるようになった（例えば Morrissey, 2003 ; Raju et al., 2006 参照）。これらの研究は，ジム・ダンカンとデニス・コスグローブが主張した，帝国主義と植民地主義の複雑さを「地理的，歴史的に特定される具体的な点から解きほぐす」（Duncan and Cosgrove, 1995 : 127 ; Clayton, 2003 も参照）必要性をしっかりと意識したものである。

植民地主義を位置づける——スケール，フロンティアとコンタクトゾーン

　植民地主義研究の中で空間的な分析の意義を具体的かつ明確に示す役割は，地理学が果たしている。特に 1990 年代より展開した，歴史地理学と文化地理学におけるポストコロニアル批評は，植民地主義の下で人種化し，ジェンダー化した空間に特別な注意を払いつつ，植民地時代の多様な遭遇の地理（geographies of encounter）の流動性(フルーイディティ)と異種混交性(ハイブリディティ)を示してきた（Blunt and Rose, 1994 ; Lester, 2001 ; Blunt and McEwan, 2002）。これらの研究の概念的着想にはホミ・バーバの著作，特に彼が第三空間（third space）や中間の空間（in-between spaces）として言及した理論がある（Bhabha, 1994）。そこでは，サイードにより検討されてきた自己と他者の単純な二元論的対立よりも，異種混交性，相反する感情の交錯，そして模倣が植民地の文化を特徴づけていると述べられている。

　植民地での遭遇にみられる複雑な社会，文化地理的事象を理解しようと，多くの重要なテーマが議論されてきた。その中には，植民地化された主体，中間の空間としての植民地主義の微妙な意味合い，植民地の中心と周辺との相互規定といったテーマを含む（Kearns, 1984 ; Lester, 2002）。こういったテーマはスケールと位置に関する重要な方法論上の問題を提起するが，歴史地理学者はこれらの問題にも積極的に取り組んできた（Clayton, 2008 ; Legg, 2010a）。例えば，都市コルカタがインドのスケールでは帝国の中心だったが，大英帝国のスケールでは周辺に位置する植民地だったように（Legg, 2007），一口に中心－周辺の関係といっても，実際は一連の地政学的，地理経済的そして象徴的なヒエラルキーとネットワークによって，たいていの場合その関係は地理的に複雑なものとなった。

　また，地理学者はフロンティアの概念も問題視してきた。植民地における遭遇の地理を考える際，フロンティア概念というレンズを通して過去を思い描くと，地理的境界が存在するという考えが強化され，自己完結した地域と民族性の存在を断定することにつながる。その結果，多様で相互につながりのある文化的な接触(コンタクト)という点は理解できなくなっていた。しかし，デヴィッド・ウィシャートが

考えるように，地域の特質として「共通点よりも相違点が強調される傾向にあり，一般化できる範囲は狭い」(Wishart, 2004：305)。こうしたなかで，歴史的な社会，文化に関する地理的事象の分析に有用な概念として，フロンティア概念に代わってコンタクトゾーン（contact zone）の概念が登場した。(Pratt, 1992；Routledge, 1997；Morrissey, 2005)。コンタクトゾーンの考えを用いることは，過去のものであれ現在のものであれ，植民地主義によって優先順位をつけられた地理的知の還元主義的な性質をポストコロニアルに批判し，融解することになる。

植民地主義と反植民地主義

　一般に，どんな状況の植民地拡張でも，軍事的，戦略的，そして経済的な計画（体系的とはとてもいえない，その場しのぎのものであることが多かったが）には，たいていの場合，実地の運用様式が含まれていた。すなわち，軍事的征服と占領，植民地の暴力や資産の経済的な収奪と没収が法に則っておこなわれたことを保証するための新たな法記録の確立，植民地化された土地の地図化，新たな政治的，経済的，文化的事業を築き上げるための開拓者の入植といったものである。こうした植民地の運用法（modi opperandi）は常に用いられたわけではないし，無数にある地理的コンテクストにおける植民地主義の多様な実践の全てに共通する手順があったわけでもない。しかし，一度様々なメカニズムを通して築き上げられると，その後の植民地の秩序は，法的，軍事的，政治的コントロールを進める権力のネットワークに依存するようになった。

　もちろん，植民地権力は世界中で抵抗を受けた。反植民地主義は，主に領域回復の構想に焦点を絞った対抗イデオロギーのレベルに現れた。サイードが言及するように，反植民地主義の政治的，文化的想像力は土地に重きを置いている。

> 先住民にとって，植民地での隷属状態が始まるのは，よそ者に対するロカリティ（locality）を喪失した時である。それ以降，地理的アイデンティティは探し求められ，どうにかして回復されねばならないものとなる。ただし，植民地化を進めるよそ者がいるために，土地の回復は想像力によってのみ可能なのである（Said, 1993：271）。

　オーラルヒストリーから急進的印刷文化（radical print cultures）に至るまで，マリー・ルイーズ・プラット（Pratt, 1992, 1994）が自己民族誌（autoethnography）と呼ぶ反植民地言説は抵抗の戦略と実践を下支えし，正当化した（ここにも言説と実践の繋がりがある）。特に19〜20世紀のインドやアイルランド，アルジェ

リア，ベトナムといった多くの地域で——政治的，経済的な不服従から暴力に至る——多種多様な実践を伴った抵抗がみられ，独立という目的を心に描きつつ，全てが植民地体制による軍隊や生政治の支配に対抗するよう動員されていた。

反植民地主義の政治的，経済的そして文化的な実践は，植民地主義の影の下に現れた新しい複雑な空間を具現化することにつながった。ここで，植民地の支配者と被支配者，すなわち植民地研究のいう中心と周辺とが共同で構築したものを思い起こすことが重要である——フーコーはこれを「ブーメラン効果」と呼んだ（Foucault, 2003：103）。例えば，19世紀型の帝国主義は「植民地における解放運動が実体化し始めたまさに同じ時期に，帝国における支配者層のイデオロギーとして現れた。……実は，帝国主義それ自体が解放運動への防衛的反応の一部であったのだ」（Young, 2001：28）。別の言い方をすると，植民地化された世界は植民地事業の性質そのものを特徴づけており，その構築に不可欠なものであった（Lester, 2001）。

しかし，植民地に関する議論の多くは，反植民地主義の実行者（agency）や実践に関して十分検討してこなかった（Morrissey, 2004）。実は，この点が植民地研究とポスト植民地研究の立場からの歴史編纂に重要なずれをもたらしている。植民地の過去と現在に対する我々の考えに脱植民地化と反植民地抵抗の歴史地理を組み入れるために，まだまだやらなければいけない作業が残っている（Clayton, 2008）。西洋の軍事，政治，イデオロギーが，イラク，アフガニスタン，そしてその他の対テロ戦争の戦場で起こる暴動の性質を見抜き，概念化することに失敗し続けている状況を考えると，反植民地主義の歴史地理学的知見から現状になにがしかを述べることが早急に求められる。

植民地／帝国の現在

公式な植民地主義は20世紀の途中で終焉を迎えたにもかかわらず，多くの地理学者が政治，経済的な国際情勢における西洋，特にアメリカの帝国的権力が未だに覇権的な地位をもっていることに対して注意を呼びかけてきた（Harvey, 2003；Smith, 2003）。こうした流れのなかで，20世紀に関する歴史地理研究は，西洋による海外の利権の操作とそれに関わって取られた空間的戦略，現代における西洋の軍事介入の地政学的，地経学的論理といった多様なテーマに取り組んできた。植民地主義の過去が現在に影響を与えている点を認識することにより，地理学は現代のグローバルな権力構造が植民地時代の搾取的な経済，空間の配置を未だに反映し続けていることを明らかにしてきた。また，歴史的文脈に位置づけ

られた現代地理学研究は，オリエンタリズムの中で帝国が確立した言説（特に友と敵，善と悪というロジックの二元論的な論理）が今なお継続して導入されていることを暴いた。

　一方，植民地主義がもった近代化，文明化を進める効果を引き合いに出し，その遺産を擁護する様々な見解も近年になって現れてきた（特にニーアル・ファーガソンの著作を参照）。潜在的な帝国主義時代への郷愁に支えられたこれらの著作は，植民地主義が文明を伝導する中で起こした暴力，死，そして破壊について全く批判的な検討を加えず，植民地主義の空間を維持するのに従属的社会集団（サバルタン）が用いられてきたことへの認識も全く持たないまま，植民地の試みの肯定的な（そして一見したところ血を流さない）遺産を示している。こうした議論の多くは，9.11以降におこったより強いアメリカ帝国を求める喧しい声と結びつく（Ferguson, 2004 ; Ignatieff, 2004）。もちろん，この帝国（empire）はとても不穏なものとみなされてきた。対テロ戦争（war on terror）遂行のなかで，例外的（exceptional）だった非常時権力の発動がいつの間にか普通のもの（norm）となり，国際法とジュネーブ協定から免れて，個人から最も基本的な人権と市民権の保護をはぎ取っているからだ（Minca, 2005）。

おわりに

　『植民地の現在』の中で，デレク・グレゴリーは現代の西洋によるアフガニスタン，パレスチナ，そしてイラクへの介入における特定の戦略をたどり，それらを「植民地の現在におけるもう一つのひどい事例」として描き出している（Gregory, 2004 : 145）。グレゴリーの研究は対テロ戦争とそこでの過去の植民地主義に対する恥ずべき忘却，そして実際は我々と彼らという感覚が際限なく継続していることを理解させてくれる。過去における植民地主義的暴力と反植民地主義的抵抗の実践と空間に注意することは，植民地の歴史を複雑なものとするだけでなく，現代におけるグローバルな危機とそれに関する表象と実態の分裂を明確に語ることでもある。しばしば西洋の主要メディアから取り除かれているのは，まさにこの点である。

キーポイント

- 植民地主義は，法と軍と政治の権力ネットワークに依拠し，本質的に搾取的で人間性を奪う支配のシステムとみなすことができる。
- 植民地言説については，帝国主義の正当化のために取り入れられたということを認

識するだけでなく，植民地の統治と実践とのつながりを検討することも重要である。
- 植民地主義研究のなかで地理学は，空間的な分析の意義を具体的かつ明確に示す役割を果たしうる。この目的のために，植民地における遭遇のニュアンスをふるい分ける上で，コンタクトゾーンの概念は有用である。
- 反植民地主義の政治的，経済的そして文化的な実践は，植民地主義の影のもとに現れた複雑で新たな空間を具現化することにつながった。
- 植民地主義的暴力と反植民地主義的抵抗の実践と空間についての歴史的な議論は，現代におけるグローバルな危機の動向と共鳴し，それを写し出す。
- 地理学者は，植民地主義の過去が現在に影響を与えていることを認識することにより，現代のグローバルな権力構造が，植民地時代の搾取的な経済的，空間的な配置を未だに反映し続けていることを明らかにしてきた。

さらなる理解のために

Blunt and McEwan, 2002 ; Godlewska and Smith, 1994 ; Gregory, 2004 ; Harvey, 2003

（訳：網島　聖）

第3章　開　発

デヴィッド・ナリー

はじめに

　ヴァルター・ベンヤミンの著名な『歴史の概念について』（Benjamin, 1992：249；英語での初版は1968）を繙いてみよう。彼はパウル・クレーの絵画「新しい天使（Angelus Novus）」（1920）を引き合いに出して，人間の歴史がはっきりと望ましい方向へ進んでいると考える解釈，すなわち「進歩」と名付けた歴史観を全て強く拒絶した。

　　「新しい天使」と題するクレーの絵は，それまでじっと見つめていた何ものかからまさに離れようとしている天使が描かれている。目は凝視し，口は開いており，羽は広がった姿で，歴史の天使は描かれる。天使の顔は過去を振り返っている。私たちが様々な出来事の連なりを感じるところに天使は一つの破滅を見る。挫折に次ぐ挫折が積み上がって破滅となり，足下に投げ出されているのだ。天使はそこにとどまり，死者を蘇らせ，粉々になったものを元に戻したい。しかし，嵐が楽園から吹いてくる。天使の羽が把えた風は荒々しく，もはや羽を閉じることはできない。嵐のせいで天使は背を向けてきた未来へと抗い難く駆り立てられる。その間に天使の前にある瓦礫の山は空に向かって積み上がる。この嵐こそ私たちが進歩と呼ぶものである。

　進歩の概念は歴史の理解を支えるものと広く考えられているが，ベンヤミンにとってそれは文明社会の向上を特徴づける恐ろしい破壊と「挫折の積み重ね」を認識しそこなったものである。ドイツにおける国会議事堂放火事件の発生とヒトラーによる全権掌握の後にあって，ベンヤミンはファシズムの脅威や恐ろしい規模の近代戦争が起こる可能性に誰よりも意識的であった。さらにいえば，『歴史の概念について』はユダヤ系ドイツ人ベンヤミンの遺作となった。執筆後すぐ，西－仏国境でナチスから逃れようと，ベンヤミンは自害したのである（Arendt, 1968）。

　ロナルド・ライトは「コロッセウムや強制収容所の門に立って，文明が道徳的な進歩を保証するなどといった希望をもつことができるはずがない」と記している（Wright, 2005：34）。しかし，ライトが求める進歩の放棄は決して実現して

こなかった。第二次世界大戦の終結から5年の間に，第33代アメリカ合衆国大統領ハリー・トルーマン（1884-1972）は進歩の概念を世界全体に適用可能な普遍的綱領に変えてしまったのだ。

> 世界の半分以上は，いまや貧窮に直面しています。食料は十分ではありません。……また，貧困は低開発国にとって脅威であるばかりでなく，より繁栄した地域にとっても脅威であります。産業と科学技術の開発において，合衆国は各国の中でも卓越しております。……平和を愛する人々のより良い生活水準を達成したいという願いを助けるために，我が国の蓄える技術的知識を彼らが手にすることができるようすべきであると思われます。そのためには，関係各国とも連携を深め，開発を必要とする諸地域への資本投下を促進すべきであります。……我々の目指すところは，かつての帝国主義，すなわち海外からの経済的搾取とは全く異なるものであります。我々は，民主的で公正な取引の考えに則った開発プログラムを計画しています。世界の繁栄と平和のためには，より大きな生産力が必要であります。そして，より大きな生産力を実現するには，近代的な科学的，技術的知識をより幅広く，精力的に利用することが肝心であります。……以上の目的のために，我が国が力を尽くし，資源と断固たる決意を捧げることをお約束いたします（Perkins, 1997：144 より引用）。

このトルーマン大統領の就任演説は象徴的な瞬間であった。ここで初めて，人類全体が「開発を必要とする」ものと特徴づけられた。また同時に，西洋の科学と技術に依拠した楽観的計画が——「かつての帝国主義」（第1章も参照のこと）と異なる——全体の改善を企図した崇高な事業として推し進められることになった。進歩に関する言説は，将来の繁栄に向けた規範的方針を具体的に述べる，開発の基本方針へと変化した。ベンヤミンによる「歴史の天使」の解釈とは対照的に，ここでは歴史が全てを一方向に押し流す崇高な潮流と考えられている。

世界が全面戦争による滅亡の淵から引き返したばかりだという事実も，新たな開発を実現しようとする政治権力の規範的な力をくじくには至らなかった。実際，トルーマンが見守る中，開発は平和の持続を保証するための唯一の希望として計画された。「貧困が低開発国にとって脅威であるばかりでなく，より繁栄した地域にとっても脅威」である限り，この状況は中断しないのだ。イングランドの哲学者トマス・ホッブス（1588-1679）は世俗世界の崩壊状態を「万人の万人に対する闘争（bellum omnium contra omnes）」として，とても印象的に描いた。これ

を避けるには，社会の集合的な努力を大規模な生産性向上計画へと結び付け，振り向けなければならない。それが達成されれば，全世界の平和と経済的な繁栄は自然とそれに続くだろうというわけである。

最も広い意味での開発とは，たいへんな数の政策構想に活力を与えたビジョンであったといえる。すなわち，「オスマンのパリ改造計画」（Harvey, 2005），スターリンによって主導された共産主義（Westad, 2007），ロバート・モーゼスによって構想された近代的大都市，20世紀中葉におけるブレトンウッズ体制の確立（Peet, 2009），サミュエル・P・ハンチントンによって提示され，ベトナムに適用された「強制的近代化」の計画（Berman, 2010），第三世界の脱植民地化計画，緑の革命（「赤化」を防ぐため明示的に計画された。Cullather, 2010 参照）の促進，中国の一人っ子政策，インドの強制的産児制限，経済的自立を目指したが大失敗した金日成の主体思想による政策（Haggard and Noland, 2007），発展途上国に押し付けられる大量の構造改革プログラム等々。まだまだ挙げられようが，ここでは以下のようにいうにとどめておこう。つまり，ビジョンとしても実践としても，「開発」は世界中の地域に壮大なプランと，そしておそらく，その結果である失敗を刻印してきたのだ。

ベンヤミンとトルーマンの異なる見方から先に示したように，「開発」という言葉は矛盾と逆説で穴だらけである。この曖昧さはモンティ・パイソンのユーモラスな映画，「ライフ・オブ・ブライアン」（1979）の中で驚くほど見事に描き出されている。反帝国の煽動者達が，名ばかりの圧制者であるローマ人の遺産について討論するシーンで，ジョン・クリーズ演じる共謀者の1人があっという間に我慢できなくなりこう述べる。「わかった，わかった。でもなあ，良い衛生施設と薬や教育，用水路に公衆衛生，道路に水道，風呂やら治安，この他にローマ帝国が一体何してくれたって言うんだ」。もちろん，ここのポイントは，「抵抗者」が植民地宗主国によってもたらされた物質的恩恵をあくまで無視することから発生したおかしさにあるのだが，それは同時に植民地開発に対する風刺にもなっている。確かに，ローマ人達は商業，政治体制，コミュニケーション，消費の新たな形式といった驚くべき社会的変化をもたらした。しかし，ローマ人はパクス・ロマーナの概念によって空間的に発達させようとしていた「文明（civility）」の一部となる様々な地域に，流血を伴うスポーツ，浪費，極端な排外主義，そして破壊をも導入したのである。「古代世界」の輝ける大都市群は，人間性の最も悪い衝動を体現する暗い大規模な墓場と成り果てた。そこには，後世のヨーロッパ人が学んだものがたくさんつまっていた（Mumford, 1961）。

マーシャル・バーマンは，カール・マルクスを引用しつつ，皆が揃って進歩を喧伝することが希望と危機を共に生み出すのは，まさに「全てのものがその反対のものをはらんでいるように見える」（Berman, 2010 : 20 よりの引用）ためであるとした。実際，テリー・イーグルトンが印象的に記すように，「弁証法の思考が起こってきたのは，人間の潜在性を引き出そうとする中で，文明も他者をひどく抑圧するという事実を否定することがだんだんできなくなったからである」（Eagleton, 2000:23）。我々が解放しようとする力は，ヴィクター・フランケンシュタインのモンスターのようなものであり，主人だと思っている人間に反乱を起こす可能性を秘めている。したがって，イーグルトンやバーマンは変化を求める意思には，常に大失敗の可能性が含まれていると考えた。

以上をふまえると，社会的変化の方向性や速度，その様々な結果を分析するだけでなく，公共圏において「進歩」と「開発」の概念が正統化されていることについて批判的に考察することも重要であると思われる。フレデリック・ジェイムソンの「間断なく歴史化する」（Jameson, 1981）という有名な警句は，ゲリー・カーンズ（Kearns, 2006 : 125）が思い出させてくれるように，「特有の意味を持つ歴史を歴史化してしまおう」とする要求が存在することを示すものだ。同様の視点をキャサリン・ナッシュも強調している。「過去の表象が権力とアイデンティティの問題と一緒になる時，何を過去として認めるか，どのような種類の歴史が価値を持つのかが，深く争われる」（Nash, 2000 : 27）。このような点について，ここではいかにして開発の概念が多様な人物達——毛沢東，ダライ・ラマからミルトン・フリードマンに至るまで——に支持される社会的ビジョンを含む普遍的真実として現れるに至ったのかを考えてみたい。

開発はいかにしてその目標を定めるのか

開発は論争含みの信条から形而上の真実へと徐々に高められていった。アイルランドの歴史家，J. B. バリー（1861-1927）は，進歩という考えが最初は宗教的観念とみなされていたとする。将来——この世界においてではなく，あえて言えば，死後の世界（もしくは未だおとずれない神の再臨）で——の幸福な状態を最も頻繁にアピールし，魂の解放と救済のために他者を気遣う「義務」があることを最も納得できる形で首尾一貫して語るのは，宗教の信者と神学者であろう。すなわち，進歩の考えが「時代の心象（idolum saeculi），つまり西洋文明を活性化させ，支配する概念」（Bury, 1920 : i）として現れる前に，まず死後の幸福という考えを「子孫への義務」に改造し，そして次に，善きサマリア人の物語（堕落した人々

への同情を含む）や聖マルティヌスの伝説（物乞いに施す必要を説明する）といったよく知られた寓話を，他者の生活を改善したいという完全に世俗的な衝動に変換する必要があったのだ。

　社会哲学者のマリアンヌ・グレーネマイヤー（Gronemeyer, 2010）によれば，開発が宗教的概念から世俗的概念へと進んだのも，まさにこの置き換えと結びついてのことであったとされる。すなわち，彼女が「援助の近代化」と呼ぶ現象である。グレーネマイヤーは中世における施しのシステム（彼女はそれが死後の自分自身に降りかかるだろう「恐ろしい予感」から逃れるためにおこなわれるのだと言及している）と，「自己中心的」ではなく「他者に重点のある」援助の近代的評価を対比させる。ヴィクトリア朝時代の建築家であり社会評論家であったオーガスタス・ピュージン（1812-1852）は，論争を巻き起こした著書『対比（Contrasts）』（Pugin, 1836）の中で，このような慈善の世俗化は，本当の責任を不信心にも放棄することだと述べた。ピュージンの議論は，「進歩」に対する信念を中世における信仰と共同体のエトスへと立ち返らせなければならないと信じる声高な批判を生んだのだ（Schmiechen, 1988：292）。

　現実のものであれ想像上のものであれ，ヨーロッパの中世はモダニティを測る尺度の役割を果たした。援助は，もはや自分自身を救済するために無条件におこなわれるものとは考えられなくなった。むしろ，他者の生活の中にみられる「欠陥（deficit）」を改善するよう企てられ，計算された行動であると考えられるようになったのだ（Li, 2007）。さらに，中世のシステムの下では，

　　施しを受けることは，屈辱を感じるやり方や差別に結びつけられるようなものではなかった。援助はそれを受ける人にとって教育的であることはなかった。むしろ，何であれ援助しようとする教育的目的は，施す人の救いと結びついたものであったのだ（Gronemeyer, 2010：57-58）。

しかしながら，援助は，完全に世俗的な概念となるにしたがって，進歩と改善といった概念を採用して取り込んでいった。つまり，これらの概念は援助しようという意思に組み込まれたのである。以降，援助は「施す側の文化的，精神的な優越をほのめかすようになる。援助は今後も魂の救済をもたらすだろうが，それは今や施しをする側の魂にではなく，受容者の側の魂にもたらすのである」（Gronemeyer, 2010：60）。これについて，「人道という神はキリスト教の神と同じくらい，厳格な監督者であることが証明された」とガートルード・ヒメルファーブは記している（Himmelfarb, 1977：51）。

援助を受容する者の生活に「欠如」しているものを明確にすることが，近代的な援助の推進力の中心的特徴である。そこでは，欠陥とみなされるような他との差異のある生活や場所が対象となる（Pogge, 2002）。こうした現代版の援助は気高い「後進性との戦い」となり，同時に援助したいという欲求は「過去と決別したいという意思を意識的に働かせる」ものとなる（Gronemeyer, 2010：62）。言い換えれば，救援を必要とする人々が今や「遅れた」前近代の状態にあるとみなされるようになったことで，歴史的な時間に関する新たな概念が呼び起こされたのである。彼らは進歩していく歴史の行列の末尾にあって，何もせず無気力にただ待っているのだ。彼らは一種の麻痺状態にある。こうした時，援助というのはある種の社会的電気ショックとされ，彼らに「ショック」を与えて気力を奪う麻痺状態から立ち直らせ，現実に立ち返らせるというのだ。この近代的な援助の見方は――ヨハネス・ファビアンの言葉を借りれば――，他者の「同時代性」を否定するものである（Fabian, 1983）。ここにおいて，改善の概念は，社会的な差異を際立たせ，位置づける役割を果たすのであり，ヘンリー・ジョージ（1839-1897）が古典的著作『進歩と貧困』の中で述べているように，これ以降，「より高度な文明」とは「成長が妨げられ」るか「硬直化するかした文明」に対置して評価されるようになった（George, 1966：186-187）。

　これこそ，「探検の時代」（Driver, 2001）にヨーロッパ人旅行者がしつこく空間の「中」の旅を，時間を「通じた」旅として描いた理由である。「最暗黒のアフリカ」に滞在するということは，「人類」の先史時代の証人になるということである。これは「文明化の使命（civilizing mission）」と植民地支配が手に手をとって進められた理由も説明している。現地民の生活がヨーロッパの生活と同時代におこなわれたものとはとても思えない。そのような主張が，ヨーロッパの支配に立派なものという体面を与えた。実態はとてもそうした評価に値するものではなかったのだが（第2章も参照）。ベルギーのレオポルド王が，自らのコンゴにおける残酷な搾取的政策を「人道的」と自賛することができたのは，まさにこの援助の意志――そしてそれに付随する進歩と改善という概念――による。レオポルド王の理屈に異議が唱えられるまでには何十年もかかった。ほとんど全ての人が，ヨーロッパの援助こそ，後進のアフリカを発展させる唯一の道だと考えていたからである（これに関しては，Hochschild, 1999参照）。

　ついでに言うと，植民地当局が威張って「伝統的システム」と名付けた現地のものは，伝統的なヨーロッパの社会にみられたものとは全く異なっており，当時のヨーロッパと同じくらい近代的であったということを覚えておいて欲しい。実

際，ロナルド・ライトが書いているように，社会が進化したことを示す明らかな特徴というのは，地理的に特定の場所に偏ることなく，どこでも達成されてきた。メキシコに上陸し，そこに「道路，運河，都市，宮殿，学校，法廷，市場，灌漑施設，王，僧侶，寺院，小作農，美術，音楽，そして書物を見た」エルナン・コルテス（1485-1547）の例をライトは取り上げている。「高度な文明は，詳細は異なっても本質的にはほとんど同じであり，地球の両側で独自に進化してきたのである」（Wright, 2005 : 51）。同様に，「自由と権利は西洋の歴史から生まれてきた概念である」（Sen, 2006 : 93）という主張は，歴史の事実に即したものではない。アマルティア・センが指摘するように，

> イスラムのために 12 世紀の十字軍と勇敢に闘った皇帝サラディンは，全く矛盾することなく，エジプトの宮廷でマイモニデスに名誉な地位を与えることができた。マイモニデスは不寛容なヨーロッパから逃れた高名なユダヤ人哲学者であった。16 世紀初頭，異端者であるジョルダーノ・ブルーノがローマのカンポ・ディ・フィオーリ広場で火あぶりに処せられた時，ムガル帝国のアクバル大帝（生涯イスラム教徒であった）は，アグラで少数派の権利を明文化した法典を編纂し終えており，それには万人の宗教的自由が含まれていた（Sen, 2006 : 16）。

さらに他の例を挙げていくこともできるが，すでに主張の要点は明らかであろう。西洋によって与えられた「文明の贈り物」としての開発の概念は，――その西洋を学問発祥の地とみなすことも含めて――他地域の社会が達成した成果を慎重に忘れ去らなければ維持できないものなのである。

貧民を更生させる

　一度，開発が宗教的概念から世俗的概念へ転換すると――そして社会の進歩を測る尺度と結びつくと――，この概念は科学的な地位を高め始める。新たな理論を携えた専門家が選び出され，開発の不均衡，社会の最低ライン，重要な移行局面，「困窮している」と思われる集団，社会経済的障壁，進歩の指標などを特定する任務を負った。要するに，「専門家による規則」（Mitchell, 2002）が構築され，進歩の圧倒的な力を測定する新たな科学的語彙が確立されるのだ。

　現代の開発は，（例えば人間開発指数のような）世界全体の指標や，（国際連合食糧農業機関［FAO］の各年次版「世界食糧農業白書」のような）主要な政策レポートの作成を可能にする合成統計（収入，寿命，教育水準など）に依拠してい

る。しかし，生活をその多様性に注意してとらえようとするこうした試みが，国民を中央集権的な行政制度の中で扱いやすくしようとする国家によって始められたということを思い出して欲しい（Scott, 1998；第20章も参照）。例えば，国勢調査は税金を決める上で人口を見積もるために必要とされた。しかし，もっと後には各個人の名前，年齢，性別，出生地に加え，居住形態に関するさらに詳細な項目（住居内の部屋数，同居する家族の数など），そして居住者の雇用類型（主な職業，賃金など——Hannah, 2000参照）を記録する標準化された用紙が，国勢調査員により配達されるようになった。その結果，「人口学」と「政治経済学」の科学は政府にとって極めて重要な道具となった。こうした変化が，産業資本主義の進歩によって大いに突き動かされたものであったということには疑う余地がない。フーコーが示したように，身体と人口全体を資本主義生産体制に時宜をみて差し込むことで，社会の慎重な管理，というよりむしろ，他ならぬ「社会」の創造がおこなわれたのである（Foucault, 1980；第20章も参照）。

　産業革命発祥の地である英国では，学校，救貧院，保護施設，病院，そして少年院が社会秩序を維持し，修復するために作られた。これにより，英国は社会的規制の分野において著しく革新的であることが証明された。工場が工業生産のきつい仕事に慣れた「従順な身体」を作り出すのと同じ方法で，19世紀の社会制度によって，成長と生産という2つの義務が日常風景のなかに浸透していった。資本主義が社会秩序に刻み込む仕事のリズムと規範的価値を容認し，その有り様を監視するために，「計画の偉大な体系」（Escobar, 2010：148）が必要とされたのである。

　資本主義が望ましい自然な社会の状態とみなされるようになるにつれ——この見方は18〜19世紀の古典派経済学者により進められた（Harcourt, 2011）——，資本主義がもつ仕事のリズムや価値に抵抗する社会組織や個々人は「逸脱者」のレッテルを貼られ，その行動を変えるよう意図された矯正的介入の対象となった。新救貧法下の救貧院ほど，この論理が明快に示されたものはない。既に見たように，中世の施しのシステム下では，援助を他者に与える行為を限定する基準など存在せず，グレーネマイヤー（Gronemeyer, 2010：57）が指摘するように，「その結果として，後には無視することができなくなった，働けないものと働きたがらないものという区別も存在していなかった」。1834年のイングランド救貧法は，こうした区別を——理論的な形式と法的有効性を与えることで——基礎づけようとした最初の試みであった。ヒメルファーブは優れた著書『貧困の概念』の中で，改正救貧法のシステムが，人間の新たなカテゴリーとして，保護の対象となり国

第 3 章　開発　37

家によって矯正される存在，すなわちパウパー(pauper) を生み出したのだと主張している (Himmelfarb, 1985)。職を失うと，とたんにやりくりに苦労する貧困者はいた（「貧窮と欠乏」こそが「下層階級」における人口増加を抑制するから，これは多くのマルサス主義者にとっては好ましい結果である）。しかし，救貧法の真の対象者であったのは，社会的な義務を怠り，生まれつき働きたがらないものと信じられたパウパーであった。救貧院システムの設立を通じて，救貧法は貧困者を「脱パウパー化」することを意図していた。すなわち，怠惰でその日暮らしな「無能者」を屈強な労働者に転向させようとしたのである。いわば，それまで「ふさわしくない貧困者」と呼んでいたものを「成長 (develop)」させようと望んだわけである (Driver, 1993 ; Nally, 2011)。

世界を作り直す

　社会の逸脱集団を矯正するようになれば，世界全体を作り直す一種の時間空間的な探求である開発の近代的概念に至るのはすぐである (Tyrrell, 2010)。実際，「個人」を対象にした矯正をおこなうのか，領域や住民全体を対象とした「集団」を改善するのかという線引きは常に曖昧であった。例えば，上述した救貧法改革はアイルランドにも導入されたが，その際，アイルランド社会を近代化するずっと野心的な戦略が遠慮なく混ぜられたのである。アイルランド版の新救貧法の背後にいた設計者，ジョージ・ニコルズ（1781-1865）はアイルランドの小作農を自給農から大農場の賃労働者へと「移行」させたいという欲望を明確にしていた (Nally, 2011 よりの引用)。高価な商品の生産は経済成長に資するが，自給的農業は直接の収益をほとんど生み出さないために，非難の対象になったのである。
　もちろん，今日「社会工学」と呼ばれるものを最初に試みたのがニコルズであったわけではない。歴史地理学者の H. C. ダービーは，1600〜1800 年の期間を「改良者たちの時代」として描いている (Darby, 1973)。この 200 年間に，イングランドの「未開拓地(ウェイスト)」と沼地は干拓され，荒野(ヒースランド)は造成され，共有地は囲い込まれて私有地になり，新たな種類の牛や羊が導入されて，景観形成と農業の実験的な形式（かなりの耕作地を草が伸びるままに放棄しつつ，牧草地を耕すことなど）が実行に移された。かくして，進歩の精神がイングランドの農村景観に入り込んだのだ。
　ニコルズの改良計画の新規性は，そういうことではなく，イングランドにおける近代化の様式を普遍的なものへと拡張できると信じた点にある。この教育的な信条は「自由帝国 (liberal empire)」の時代の始まりを特徴づける (Duffield

and Hewitt, 2009；Lester, 2012；Skinner and Lester, 2012）。グレーネマイヤーはこれを「『奪う（take）』植民地主義から，『与える（give）』植民地主義への変容」として描いた（Gronemeyer, 2010：57）。進歩が約束されているということは，ニコルズのような改革主義者に対して，たいへん強力な正当化の言説を授けた。開発の名の下に，あらゆる種類の負担が現地住民に対する贈り物とすり替えられるのだ（Olund, 2002；Lester, 2013）。

　バーマンによると，開発には本質的に新しいものをどんどん時代遅れで廃れた遺物へと変えていってしまう傾向がある。こうして多くの邪魔なものが「改良」と「近代化」の対象とされる（Berman, 2010）。ただし（資本主義の歴史地理的事象とは，ある時点のある景観をがらりと変えるためだけに作り出され，別のものを作り出すためにまた後の時点で破壊されるという傾向によって定義されると結論づけたハーヴェイは正しいが），とにかく現状に幻滅し，倦むということが近代資本主義の開発（capitalist development）に固有の特徴ではないということはいっておくべきだろう。

　実際，冷戦期の「イデオロギー的地政学」（Agnew and Corbridge, 1995）は，階級のない社会を目標とする「マルクス主義的近代」を設定したが，それは民主主義，自由競争，そして市民的権利といった目標を伴う近代資本主義に対立するものでもあった。両イデオロギーはともに「近代の責任」を誇っていた。ソヴィエトとアメリカは，人間性における最良の利益に携わって行動していると信じていた。また，両陣営はそれぞれの価値観を，自由帝国主義者が持つ驕りと隠しきれない自国優位主義が目につくようなやり方（Westad, 2007）で，――必要なら強制的に――世界中に投影しようとした（Smith, 2005）。ベトナムでアメリカが実行した「戦略村計画」［訳注：ベトナム戦争中，対ゲリラ戦略として住民を移住させて自衛能力を持つ村をつくろうとしたアメリカの計画］や，（ソヴィエトの指導下に）エチオピアのデルグ［訳注：1974年，軍事クーデターにより政権を奪取した臨時軍事行政評議会］が打ち立てた集産主義計画の例は，発達が遅れているとみなされる住民に課せられた性急な社会変化の代償を，最も顕著に思い起こさせてくれるのである。

おわりに

　オスカー・ワイルド（1854-1900）はユートピアと進歩について，次のように語っている。

ユートピアを含まない世界地図には一瞥する価値もない。その地図が，人間性という船が常に入港している国を描き落としているからである。そして，人間性はそこに入港するやいなや，もっと良い国を探し出そうとして，出港していく。進歩とはユートピアを実現することなのだ (Wilde, 1910 : 27)。

　この海の比喩を拡張しつつ，少し暗いニュアンスを加えるならば，「進歩」というものは，神話のセイレーンが漂泊の航海者であるオデュッセウスを誘惑するのに歌った甘美な歌に似たものと言えるかもしれない。それは聴くものを騙し，実現を約束しながら結局希望をギザギザの岩で打ち砕くだけに終わらせる。まさにこのような理由によって，ヴォルフガング・ザックスは「恐るべきは開発の失敗ではなく，むしろその成功なのだ」と示唆的に主張している (Sachs, 2010 : xviii)。

　地理学者のトニー・ワイスが様々な文脈で「地球全体の収束」と呼んだものが，本当に望ましい結果なのだろうか (Weis, 2007 : 15)。低所得国——もっと傲慢な立場からすると「アフリカ」——の開発について専門家が語る時，彼らはどんな最終段階を想定しているのだろうか。科学者は，世界中が平均的なアメリカ人と同じだけ資源を消費するならば，追加で4つか5つの惑星が必要になると言っている。にもかかわらず，西洋の価値観と規範は今日の開発に関する用語の多くに影響を与えている (Tyrrell, 2010)。

　こうした疑問やそれに関連するものが，開発の言説に批判的な研究者によって投げかけられている。アルトゥーロ・エスコバルをはじめとする幾人かは，開発という概念はすでに「死んで」おり，現代人は「ポスト開発」時代へ踏み込もうとしているのだと公言している (Escobar, 1995 ; Rahnema, 1997 ; Kapoor, 2008)。確かに，一枚岩な言説としての開発は，これらの批判によって打ち倒されたかもしれない (Corbridge, 1998 ; McEwan, 2001 参照)。

　しかし，その死体をきちんと処分するにはまだ生々しすぎるようだ。ラジオをつけ，新聞を開き，ポッドキャストをダウンロードしたり，テレビをつけたりしてみれば，なにがしかの研究者，政治家，あるいは専門家が「確かに開発援助はもはや死に体」なのであって，今やマイクロクレジットの融資こそがグローバルな貧困に対するより良い回答だと宣言するのをすぐ聞くだろう。また，気候変動が私たちに「環境負荷のない社会への移行」や，ジオエンジニアリングの試みが必要であることを示していると科学者が言う場合もあろう (Foster et al., 2010)。他にも，食料の専門家が人口増加の抑制策を要求し，農業生産を引き上げるため

に遺伝子組み換え食品（GMOs）を支持する時や，科学的技術者が私たちにサイボーグや仮想現実の文化を受け入れるよう勧め，仮想空間での「世界の再生」を急き立てる時，エコノミストや経営アナリストがグローバルな金融システムを復活させる手段として，将来の取引を推進させる時，そして中国政府が発展途上国の広大な土地を買収しつつ，これらの投資は現地住民にもたらされるのだとアピールする時（Nally, 2012）。こういったいずれの場合も，提案されている一連の介入を承認することでよい変化が起きていくのだと主張されている（Watts, 2003）。クリス・ハーマンは「ゾンビ資本主義」の出現を描いたが（Harman, 2009），この文脈においては「ゾンビ開発」が出現しているといえるだろう。開発は「死んだ」と宣言される。しかし，それにもかかわらず未だ立ち上がり，歩き回っているのだ！

キーポイント
- 開発の概念は，死後の世界における自身の救済を確保するため，「善行」を積むべきとする宗教的義務に端を発する。この概念は世俗化するにつれて，「与える者」の魂の解放という側面は薄れ，「受容者」の現世救済的な側面が濃くなった。
- 開発の概念は，その中心に，ヴォルフガング・ザックスが「時間政治」と呼んだものを含んでいる（Sachs, 2010 : x）。それは「立ち遅れた人々」が「社会進化の最前線を代表すると思われる（歴史の）ペースメーカーたち」に追いつくよう要求することを指す。
- 産業資本主義の出現は，「逸脱した」身体を資本主義生産に合うよう改造しようとした多くの規律権力を伴っていた。帝国の時代，帝国はこうしたモデルを海外で展開した。そこでは「改良への意志」が，帝国の「人道主義的」様式にとってアリバイとなったからである。
- 現代の開発という言葉は，技術的，科学的革新という意味合いによって支えられる一方，西洋的な用語においてはいまだに「社会進化」を定式化する傾向にある。

さらなる理解のために
　Berman, 2010 ; Escobar, 1995 ; Sachs, 2010 ; Skinner and Lester, 2012

（訳：網島　聖）

II 国家／民族(ネイション)建設と地政学

第4章　領域と場所

イヴォンヌ・ウィーラン

はじめに――「領域」の範囲を位置づける

　テラ（terra）。それは大地，地球，生命の養育や支えといった意味を持つ。それは生命の維持される環境や揺るぎないものといった感覚をもたらし，またそれらを漠然としたものに融解していく。しかしオックスフォード英語辞典によれば，この単語は「怖がらせる」という意を持つラテン語テレーレ（terrere）――英語の terrorize に通じる――を想起させる。またテリトリウム（territorium）とは，「人々に近寄らないよう注意を与えた場所」という意味である。おそらく今日の「領域（territory）」という単語にも，このような2つの相対する起源が影響を与え続けているのだ。すなわち，領域の支配とは生命の維持される場の享受であると同時に暴力の行使なのである。領域。それは暴力によって支配された土地である。(Connolly, 1996 : 144)

　今日，領域をめぐる争いがニュースの話題に取り上げられない日はない。地球レベルの国境紛争から，上の引用にほのめかされる地域レベルの境界論争に至るまで，領域は大小様々な場面で争われている。そもそも「領域」という語は，特定の国によって主張される土地といったように，区切られた場所を示す際に使われる。ストーリーの言うように，「領域は個人や集団，組織によって主張ないし占有された一定の地理空間を指す。それゆえ，領域とは区切られた場（アリーナ）であり，時として壁やフェンスなどで文字通り囲まれることもある」(Storey, 2001 : 1)。中でも，空間の「主張」や「占有」という点は重要である。というのも，領域の主張は往々にして土地の所有権の主張や，買収，占領に関わるからである。例えば「場所（place）」は人間の居住により意味を与えられた空間を含意するが，そのような穏やかな語と違い，領域や領域性といった語は，そこに悪意ある力が働いていることをほのめかす。社会的に切り取られた空間は領域と密接な関係を持っているが，それは個人や集団，組織が特定の場所やその一部を支配，管理する，という領域性に基づいた戦略を採用した結果なのである (Sack, 1986)。土地や地域を線引きして分割し，個人や集団に分配することこそが人間の領域性の根幹であるとも言えよう (Grosby, 2005)。

地政学的な対立や政治的な権力行使によって，地球上には領域を示す痕跡がこれまでいくつも刻み込まれてきた。例えば，19世紀の植民地政策や帝国建設によって，際立った領域の痕跡がアフリカ，アジア，アメリカの至る所に出現した。また，冷戦期にその痕跡が刻まれたのは東欧だった。

領域を組織する行為の最も明白な形態の1つは，おそらく地球の一部を区切って固有の政治的国家——ないし国民国家——とすることである。空間的統治の一形態である国民国家の場合，場所と人を結びつける領域的なイデオロギーが国家を支えている。そのため，景観や領域に対するイメージが国家を想像的に喚起するのに極めて重要な役割を果たす（Gellner, 1983 ; Anderson, 1990）。また，領域や領域性は帝国建設や国家形成といったスケールでは顧みられないような小さなレベルでも発動する。都市の範囲や個人の周囲に広がる私的空間といった日常的な空間も，領域支配や領域性の戦略の影響下にあるのである。例えば，都市の中の空間は「経済格差や階級，エスニシティなどで地区を分ける断層線」（Storey, 2001：5）をともなって明瞭に分離されることがある。すなわち，領域は個人レベルから国際レベルに至る広範な社会関係の中に確認でき，領域の設定や維持を通じて権力の多様な形態や表情が読み取れるのである（Delaney, 2005）。

領域や境界の形態や機能，そしてそれらの形成過程については，大小様々なレベルに関する多くの研究が積み重ねられてきた。地理学者にとって，領域は場所や空間，権力，文化景観などの概念と相互に重なり，絡み合う重要なテーマである（Sack, 1986 ; Agnew, 1994, 1997 ; Cresswell, 2004）。1970年代以前の政治地理学者にとって，領域と国民国家は研究を支える主要な要素であり，これらのテーマは彼らの独壇場だった。19世紀中ごろのラッツェルによる領域や境界の議論しかり，1950年代のハーツホーンの「領域や『政治的に組織された地域』の客観的な分析」（Delaney, 2005：41）しかりである。また20世紀を通じて，多くの研究者が地政学や領域組織に関心を寄せ，政治的境界や併合，分割にともなう領域的緊張について検討を重ねていった（Johnston, 2001）。さらに，国家内部の領域の作用や，国家以外の多様な領域の作用についても調査が進められていった（Ley, 1983）。一方，1970年代後半に始まった人文地理学の変容にともなって，領域の分析や領域へのまなざしにも変化が表れた。とりわけ学際的なアプローチや新しい理論的洞察は，領域をめぐるまなざしに大きな衝撃を与えることになった。この点，ディレイニー（Delaney, 2005：52）は次のように述べている。

「出自」の異なる学者たちが,幅広い学際的プロジェクトを通じて領域の持つ領域性を回避する術を模索し始めた。そこでは,ポスト構造主義やポストモダニズム,ポリティカルエコノミー,フェミニズムといった多様な理論が援用されつつ,知の生産における再帰性が明らかにされ,既存の学問分野の視角は領域性の特定の面に固定化し,研究の幅も限定的であったことが指摘されていった。このように,知（領域の表象）と権力との関係性に対する意識が高まっていったのである。

　人間の領域性をめぐる問題を取り扱った重要な本に,地理学者ロバート・サックによる『人間の領域性』（Sack, 1986）がある。彼は政治地理学というよりも社会地理学や歴史地理学の中に領域の議論を位置づけ,また学際的で幅広い視角で洞察をおこなうことで,領域と権力の関係を前景化した。そして,領域性とは社会権力の根源的表現であり,「個人や集団が地理的に一定の範囲を画し,その支配を主張することを通じて,人々や現象,関係性に作用し,影響を与え,支配しようとする試み」（Sack, 1986：19）と定義できるとしたのである。また,家の中での私的空間から国家形成に至る多様な空間スケールの領域の分析をおこない,領域をめぐる行動は本能的なものではなく,特定の政治的,社会的,文化的な環境によるものだとし,人間の領域性とは「完全に人間の持つ動機や目的の支配下に」（Sack, 1986：21）置かれるものだと論じた。

　『人間の領域性』の刊行後,批判政治地理学がより展開し,現代地理学の中で領域観念の動揺が起き,再概念化の動きが進んだ。ルフェーブル（Lefebvre, 1991）やソジャ（Soja, 1989）の仕事に導かれつつ,領域概念は次第に「単なる囲まれた空間といったものではなく,人間の社会的な行動,存在,意識,そして経験といったあらゆる側面と様々な形で密接に結びつくもの」（Delaney, 2005：60）としてとらえられるようになっていった。そして,より周縁的で抑圧された状況において領域性がいかに働くのかに注目が集まり,また個人間の関係における空間性をめぐる議論や,階級やジェンダー,エスニシティといった社会的構築物の領域や領域化への影響に関する議論が進められた（Sibley, 1995；McDowell and Sharp, 1997；Domosh and Seager, 2001）。

　そこで本章の後半では,集団的アイデンティティの要素として領域がいかに作用するのか,またミクロスケールにおいて領域がどのように主張され支配されるのか,もしくは争われ抵抗されるのかといった点について,議論を進めることにしよう。事例として北アイルランドの領域紛争を取り上げ,領域的行動が明らか

になる場面や，領域的な指標や境界線が公共空間への支配力を発揮する場面について，理解を深めることにしたい。

争われた領域と都市景観

　アイルランド北部では，領域をめぐる激しい衝突が長年にわたって続いている。その起源は 16 世紀にまでさかのぼり，カトリック・アイルランド人の居住地近くにプロテスタントが入植したことによって，カトリック・アイルランド人たちがより周縁の土地に追いやられたことに端を発する。アルスターへの入植後，何世代もの間，宗教的実践や文化的価値，政治的忠誠を異にする 2 つのエスニック集団の間で，領域をめぐる争いが絶えなかった。

　1921 年にはアイルランドが分割され，アイルランド自由国が作られた（1949 年にはアイルランド共和国となる）一方，アルスター地方の 6 つの州はイギリス側に残った。この出来事が 21 世紀にまで続く領域的な緊張状態をもたらすことになる。北アイルランドは独自の議会など，ウェストミンスターからかなりの自治が認められたが，そこでは人口的・社会的に高度なセグリゲーション（隔離）がなされた。1960 年代，公民権運動が居住や雇用，政治権力に対するアクセスの均等を求めるキャンペーンを開始したころから緊張が高まり，それ以降，160 万人という少ない人口規模にもかかわらず，3,600 人以上が命を落とす事態となった。犠牲者には市民をはじめ，治安部隊員，王党派と共和派双方の準軍事組織員に至るまで様々な人が含まれる。

　この紛争は「厄介ごと（The Troubles）」と呼ばれることも多い。そして，この「厄介ごと」を特徴づけてきたのは，北アイルランドでの多種多様な領域的な争いである。概して紛争の中心は，6 州の領域であり，またアルスターの残り 3 州やアイルランド共和国とこれら 6 州とを分かつ境界領域であった。このような大スケールの領域的紛争は，州内の文化景観をめぐる小スケールの象徴的戦略と呼ぶものによって維持されており，プロテスタントとカトリック双方のコミュニティから，集団的アイデンティティの表象や再確認のために，また双方の境界線を明確に生み出すために，景観内に領域を示す記号表現［訳注：ソシュールにより提示された記号論の基本概念の 1 つ。対となるのは記号内容］が使われてきた（Buckley, 1998；Yiftachel and Ghanem, 2004）。北アイルランドの紛争地における「領域，権利の承認，憲法上の地位をめぐる争いに際しては，『歴史』や『文化』，『伝統』のアピールがなされることが多い」（Wilson and Stapleton, 2005：634）。そして都市景観や農村景観は，シン・フェインや IRA といった共和主義的な組織と，

図 4.1　デリー市ボグサイド地区の記念空間
(写真：イヴォンヌ・ウィーラン)

アルスター防衛同盟（UDA）やアルスター義勇軍（UVF）といったより分節化した準軍事的な王党派集団の双方が建てた数多くの非公式な記念碑によって，それぞれに意味づけられてきた。

例えば，デリー市のボグサイド地区では，アーティストが「厄介ごと」の主な出来事を建物の妻壁に芸術的に再現することを始め（Kelly, 2001），記念行為を示す呼び物となった。また，1974年には「デリー解放区」の一角に「血の日曜日」の犠牲者を追悼した記念碑が作られた（図 4.1）。その傍には 2001 年にメイズ刑務所でのハンガーストライキ 25 周年を記念し，参加者の名前が刻まれた記念碑も建てられたが，そこには 1920 年代のハンストで亡くなった者を追悼する銘板も添えられている。そして 2000 年 3 月には，近くのクレガン墓地にある 1981 年時のハンスト者 2 名の墓に，高さ 10 フィートの準軍事組織兵士像が建立された。この記念碑に関わった者たちは，それを「アイルランドの反イギリス体制戦争の最新局面において命を落とした，デリーやティロン出身のアイルランド民族解放軍（INLA）やアイルランド共和社会党（IRSP）の者を称えるもの」と考えたのである。

このように，共和主義者は，1972 年に起きたデリーの「血の日曜日」や 1981年の IRA のハンストといった出来事を景観内の 図 像（イコノグラフィー）の中に織り込んでいる。一方の王党派たちは，第一次世界大戦の戦死者と近年の死者とを重ね合せるためにソンムの戦い［訳注：1916 年 7 月から 11 月にかけておこなわれた戦闘。この戦いでイギリス軍は多大な戦死者を出した］のイメージやレトリックをよく持ち出す（Graham and Shirlow, 2002）。これらは「コミュニティの追憶活動」の一例

だろう。こうした動きは既存アイデンティティの破壊的イコンとして使われ,「中立な」空間をイデオロギーにまみれた象徴的な闘争の場へと変容させる。また即席で断片的な記念碑として，追悼行為を通じて抵抗を戦略的に表明し，既存の領域を無効化するのだ。

　こういった非公式な記憶の景観は，共有された一連の記憶を維持し正当化することに寄与する。その一方で，領域の境界を示す標識となったり，異なるエスニック集団間のアイデンティティの対比を鮮明化するために，そこは統一ではなく分断を助長する分派的な空間ともなるのである。そして，記念碑や壁画，さらには落書きでさえもが，「抵抗の記憶」の場(サイト)として，コミュニティ間，もしくはコミュニティ内の分裂を表現する。例えば，アルスター自由戦士団（UFF）やUVFの一部がベルファストのシャンキル・ロードの社会空間に対する支配を主張する動きには，王党派内の分裂が示されている。というのも，隣り合う壁画の図像表現に，集団内部での憎悪感情が読み取れるからである。

　このように，緊張に満ちた政治的コンテクストの中，アルスター地方の一部が多様な儀礼や象徴(シンボル)を通じて領域化されてきたのである。準軍事的な集団は，戦略的に記憶を演出し，かつ領域の支配を目に見える形で表現するにあたって，建物の壁面への描画が政治的にとても効果的であり，それでいて比較的安価な手段であることを発見した。確かに記念碑と比べれば短命かもしれないが，壁画はコミュニティ・レベルの空間を効果的に主張し，特定の政治決定を支持する方向に地区住民を動員することができる。また，壁画は分離や文化的差異を補強する手段としても利用されるのであり，「政治手段の単なる背景ではなく，政治過程の動態的な一部」（Rolston, 2003：14）となっている。

　北アイルランドの壁画制作の伝統は1908年にまでさかのぼり，王党派の職人集団が，プロテスタントのウィリアム3世がカトリックのジェームズ2世を破ったボイン川の戦いを顕彰するために，戦いの起きた7月12日に建物の壁に大きく絵を描いたことに始まる。その後，壁画は労働者階級居住地区の王党派たちの中で最も人気のあるイメージとなっていった。そして当初は毎年7月12日に描かれていたが，次第に年間を通じて景観を構成する要素となっていき，特定の場所における宗派心の高まりを目に見える形で表すものになったのである。ジャーマンが述べるように，王党派たちの壁画は，その道が王党派でプロテスタントのものであることを効果的に示している。

　　今や街路は一年を通じて彼らの信念を表明するものとなっている。そこはも

48　Ⅱ　国家／民族建設と地政学

図 4.2　ベルファスト市の「死神」の壁画
（写真：イヴォンヌ・ウィーラン）

はや単なる家の前の道ではなく，プロテスタントたちの家のテラスなのだ。恒久的なディスプレイは，単なる視覚的機能を越える地位を獲得している。この地区が熱烈なプロテスタントの居住区であることはすでに知られていたし，またベルファストの労働者階級の多くは高度に隔離されていたことを思えば，些細な出来事にすぎないのかもしれない。しかし，そのようなディスプレイは居住の隔離という事実を明示することに寄与したのである。（Jarman, 1998：84）

　1980 年代から 1990 年代にかけて，壁画は空間の主張，領域の明確化，集団アイデンティティの強化，地区住民の動員を訴える最も一般的な手段として機能し続け，様々な政治的動機やイデオロギー的な闘争を支援してきた。共和主義者たちは，1980 年代初期のハンスト全盛期を中心に，記憶を助ける手段の 1 つとして壁画を利用し始め，ベルファストのナショナリスト側の空間では数多くの壁画が描かれるようになった。また，いくつかの通りはアイルランド語で命名し直され，国旗に使われる 3 色（緑，白，橙）で塗られた縁石によって「その地域に対する永遠の，そして可視的，政治的，文化的な支配」（Jarman, 1998：86）が強く主張された。その結果，ナショナリスト側の地区では一度は禁止された壁画が，重要な表現手段として位置づけられていった。その後，このような壁画はアイルランドの文化や歴史の一側面，すなわちアイルランドへの忠誠やイギリスへの抵抗を強調する特徴的な指標として度々描かれるようになった（Rolston, 1991, 1992, 1995）。

一方，王党派の地区でも壁画が復活し，相互のコミュニティがそれぞれの言い分を壁画にしていった。王党派の壁画はナショナリストのものとは全く異なり，イギリスへの熱烈な忠誠とアイルランド統一の動きに対する強固な反対を示し，公然と軍事的なイメージが利用される傾向が強かった（図4.2）。

おわりに

　激しい抗争と深い隔離を特徴とする北アイルランドの領域をめぐる事例は，人間の領域性――とりわけ衝突の場に現れる領域性――に関するより広範な問題のいくつかをとらえている。もちろん，壁画制作は象徴的な戦略ではあるが，領域の支配を強めるために景観を私物化する手段の1つにすぎない。よって，ベルファストの中でコミュニティを分割するために遍在する「平和の壁」や，王党派やナショナリストの地区にある彩色された縁石といった，その他の手段についても熟考する必要があるだろう。

　ただし，北アイルランドの政治背景が安定化するにつれ，領域を示すこれらの標識が全く異なる機能や目的を持ち始めている点にも注意したい。かつては単に衝突であったり，分割や恐怖を強いる空間であったりを示すだけの象徴的な記号表現(シニフィアン)であったものが，いまでは「衝突-後」の平和のプロセスという文脈の中で，新たな意味を帯びるようになっている。例えば2006年7月に，政府は62のアクションからなるコミュニティ再生アクションプランの1つとして，330万ポンドの予算規模で準軍事的な壁画を除去する「コミュニティ再想像プログラム」を発表した。このプログラムは，地区住民やそのコミュニティに，軋轢を生じる壁画や図案をより前向きな図像へと置き換える方法を見つけてもらうことが企図されていた。そして，新たな壁画やパブリック・アートを創造することで，「北アイルランド中の公園や郊外住宅地，住宅密集地が変わり，すべてのコミュニティの願望が尊重されると同時に，人々がそれぞれの地区コミュニティの一員であることを感じられるようになる」（Arts Council of Northern Ireland, July 2006）ことが目標とされた。その結果，かつては数多くの領域的分割がみられた恐怖の景観であった場所が，非常にゆっくりとではあるものの，共通の遺産空間として転置され始めている。

キーポイント

- 地理学者にとって領域は重要なテーマであり続け，場所や空間，権力，文化景観といった概念と重ね合わされ，絡み合わされて論じられてきた。領域は――例えば

特定の国や組織，個人によって主張され，もしくは支配された土地のように——仕切られた場所を言及するのに使われる。
- 特定の土地や領域への個人ないし社会集団の配置は，必然的に境界線や境界地帯による分割を伴う。これこそ人間の領域性概念の核心である。人間の領域性という言葉は，特定の場所やそこに含まれるものに対する支配や管理を実践するために人々や集団，組織が利用する戦略を言い表すために使われる。
- しだいに，領域は線や面で区切られたものという受動的な概念ではなく，人間の社会的相互作用のあらゆる側面と様々な形で密接に結びつくものとして概念化されるようになった。それが指し示す範囲は，国家形成から個人を取り巻く私的空間にまで至る。
- 何世代にもわたって，領域性や境界性に関連する形態や機能，プロセスについての膨大な知識が，マクロからミクロにいたるまでの様々なレベルで，生み出されてきた。
- 北アイルランドの事例は，人間の領域性に関するいくつかの問題の縮図である。とりわけ衝突の場という側面では，（例えば壁画のような）象徴的な記号表現が特定の領域的重要性を帯びる。

さらなる理解のために
Delaney, 2005 ; Jarman, 1998 ; Johnston, 2001 ; Sack, 1986 ［サック，2007］

（訳：上杉和央）

第 5 章　アイデンティティとネイション

ジョン・モリッシー

はじめに

　歴史地理学者は久しくアイデンティティの問題に取り組み，植民地主義から資本主義に至る様々なコンテクストにおいて，階級，権力，抵抗(レジスタンス)といった幅広い問題に関わる様々な研究をしてきた。本書の他の箇所でもアイデンティティへの問いは，人種やジェンダーといった歴史的な問題軸とともに登場している。本章では特にナショナルな意識の歴史地理に焦点を当て，多くの事例を用いつつ，いかにしてナショナル・アイデンティティに関する比喩が時代と共に構築され，空間的に再生産されてきたかを論じる。また，あらゆるナショナル・アイデンティティの創出が依ってきた同一性と差異に関する理論的な概念についても検討する。そして，多様なアイデンティティの感覚がいくつもの歴史地理的文脈の中で関係を結んでいく過程を描くことを通じて，ネイションについての本質主義的な語りがいかに過去の世界の複雑さに対する理解を狭めるのかを説明し，ナショナル・アイデンティティの概念を多様なものにしたい。

ネイションを構築する

　世界で最も古いネイションでさえ，国家としての長い歴史は持たない。ナショナリズムという現象の正確な起源については諸説あるが，主権国家が古代にまでさかのぼるものだとふつう誤解されている（Hastings, 1997）。しかし，ほとんどの国民国家は，世界中のネイションが主要な帝国列強に抗するナショナリストの長い闘いの渦中にあった 19 世紀から 20 世紀に始まっている。中には，ソ連とユーゴスラビアの崩壊にみられるように，ごく近年になって独立を獲得したにすぎない国もある。現在，ほとんどの国民国家は，いくつかの側面ではポストナショナルでグローバルな存在だと議論され得るものとなっている。しかし，そうした議論は，歴史的なナショナルな意識を主張する諸地域の独立国家を求める現在進行形の戦い，例えば，バスク州，パレスティナ，南オセチアやクルド人自治州といった現実を前に弱められざるを得ない。つまり，ナショナリズムの問題は解決されていないのである（Castells, 1997）。

　ほぼ全ての国家が比較的新しい存在なのだとすれば，国家はどのようにしてつ

くられたのだろうか。また，歴史地理学者はいかなる方法でネイション構築の過程を検討できるだろうか。まず，アイデンティティ研究一般にとっての重要な考え方に，全てのアイデンティティは社会的に構築されたものだということがある。シンディ・カッツ（Katz, 2003：262）が論じるように，アイデンティティの感覚は「ある種の生物学的本質や，『自然な』区別」に基づくものではなく，様々なアクターによって社会的に構築され再生産されるものである。そして国家はその中の重要なアクターなのである。エリック・ホブズボーム（Hobsbawm, 1992）は，人々はアイデンティティの感覚をそれほど覚えているわけではなく，思い出させられるのだと考察している。教室から公共空間に至る様々な場を介して，遺産やアイデンティティを選択的に優先づけることにより，人々は自分自身が何者であるのかを思い出させられる。歴史や地理を教えること，建造環境に意味を込めること，国民の休日を祝うこと，スポーツ行事で国家を斉唱すること。ナショナル・アイデンティティは，こうした多彩な手段によって育まれてきた。その中で地理は中心的な役割を果たしてきたのである。

　領域，空間性（スペーシャリティ），そして地理的想像力は，あらゆるネイションあるいは国家とその自己認識にとって歴史的に不可欠な要素であった（Gruffudd, 1995；Graham, 1997a, 2000）。ジェームズ・マーティンが概観するように，空間性は「社会的アイデンティティ形成の重要な側面であると広く認められて」おり，ナショナル・アイデンティティの場合も「国民に共通したアイデンティティを構成する要素として，領域の位置関係と歴史を重要視する市民の認識」を必要とするのである（Martin, 2005：98）。

　このような目的のために，代表的な風景の理想像はネイションの比喩（メタファー）となり，そしてナショナル・アイデンティティの感覚の強化をもたらすことになる。アイルランド人にとって，代表的な風景はアイルランド西部に具現化されており（Nash, 1993），イギリス人にとっては，コッツウォルズがナショナルな風景の典型的イメージとして姿を現した（Brace, 1999）。そして，ジョン・アグニュー（Agnew, 1998）はイタリアの事例から，ナショナルな風景の理想像の欠如はナショナル・アイデンティティが比較的弱い状況と一致するものであったと議論している。他にも重要な局面で，地理がナショナル・アイデンティティ構築の鍵となる役割を果たしていた。公共空間はネイションについて語り，そして演じるための重要なキャンバスである。国が独立した後，都市景観，まち並み，そして主要な史跡は概ね，旗，モニュメント，像によって飾られるようになった。そして，新たに指定されたナショナルな空間が，顕彰という政治的・文化的な行為によっ

第 5 章　アイデンティティとネイション　53

図 5.1　アメリカ・ワシントン DC のベトナム戦争記念碑
（2006 年 2 月，J. モリッシー撮影）

て意味づけされ，絶え間なく（再）創造されるようになった（セクション 5 も参照）。例えば，イヴォンヌ・ウィーラン（Whelan, 2002）は，アイルランド独立戦争後の 1920 年代初頭に，ダブリンの公共空間が図像としてどう再解釈されたのかを示している。もちろん，アイルランドも他の地域と同じく，独立以前には，公共空間は急拡大するナショナル・アイデンティティの主張，そして植民地支配に対する抵抗のために利用された（第 2 章参照）。

　空間的に，新たに独立した国民国家の首都は決まって，博物館や国会議事堂といった様々な国家機関の立地・建設・シンボル化を通じてナショナル・アイデンティティの中心となった（Atkinson and Cosgrove, 1998；Lorimer, 2002）。アメリカ合衆国では，国民国家の中心的な場所として，首都ワシントン DC にナショナル・モールが出現した。国会議事堂からリンカン記念館まで足を延ばすと，主要な歴史的人物とこれまでの大統領が顕彰され，過去の戦争による死者が追悼されている（図 5.1）。ホワイトハウスや国会議事堂といった権力の中心と空間を共有することで，それらの権威や機能は強化される。そしてモール沿いに点在する様々な記念碑と博物館は集合的に，アメリカのナショナル・アイデンティティを語る上で重要な場所となる。あらゆる国家は，首都の都市景観を通じてナショナル・アイデンティティの語りを高揚させる力と場を手にする。その語りは，意図的な政治的イデオロギーあるいは文化の（再）生産の中で，意味が付与されているのである。

　しかし，世界の多くの地域で，文化的もしくはイデオロギー的に公共空間を支

図 5.2　ヘルツェゴビナ・モスタルのフランシスコ会の時計塔と
キリスト教の十字架（2005 年 8 月，J. モリッシー撮影）

配しようとする政府の試みは，政府が優先順位を付けた規範を突き崩そうとする人々により超越されてきたことを念頭に置いておくことが大切である。例えば，歴史的・宗教的・文化的に全く異なるアイデンティティへの侵害を特徴とする社会では，公共空間は争われるものとなる。そうした事例に，北アイルランドのベルファストにおける対立的な内容の壁画や，ヘルツェゴビナのモスタルにおける都市景観が挙げられる。後者の場合，ネルトヴァ川西岸では，1990 年代のユーゴスラビア紛争後に再建された非常に高いフランシスコ会の時計塔と，丘の上にそびえる巨大なキリスト教の十字架が支配的である（図 5.2）。一方，その対岸では再建されたムスリムのミナレットが地平線を支配している。

ネイションを物語る

　ナショナルなメタ物語，つまり，戦勝，敗戦あるいは共有された価値のうちに国中の人々を結びつけるような，ある種の過去の語り直しは，あらゆるナショナル・アイデンティティの構築にとって不可欠なものである（Bhabha, 1990）。重要視された特定のナショナルな文化やアイデンティティが初等・中等教育において教えられるとき，そこでの歴史意識は普通，本質主義的である（Morrissey,

第5章　アイデンティティとネイション　55

図5.3　中国・北京，天安門広場での国旗掲揚
（2004年4月，J.モリッシー撮影）

2006）。そうした歴史意識は，ツーリズムや遺産産業において特定の人工物や歴史的出来事の顕彰によって再生産され（Kneafsey, 1998 ; Johnson, 1999），また，公共空間の建造環境において，過去の最も重要な要素を表現しあるいは演じることで強化される（Hetherington, 1998 ; Atkinson et al., 1999）。

　国家はナショナル・アイデンティティの（再）生産において，選びとった歴史のメタ物語を具体化させる力をもつ。そのための重要な国家的メカニズムに，国民教育，政府機関，国民メディアそしてナショナルな図像が含みこまれる。それら全てが，マイケル・ビリグが示した，「継続的にナショナルな意識を『旗振りし』，思い起こさせるもの」（Billig, 1995 : 8 ; Paasi, 1991 も参照），つまり，ありふれたナショナリズム（banal nationalism）という日々の暮らしに遍在する権力を強化しているのである。

　公共空間における国旗の掲揚や，天安門広場での毛沢東主席のような過去の指導者に対する賞賛（図5.3）は，ビリグのいうありふれたナショナリズムの一部である。しかし，過去の人物，出来事，そして物語を現在へと接続させる方法はもちろん他にも存在する。例えば，博物館は一般的にネイションの過去のうち最も祝うべき瞬間を称揚するものであり，不名誉なものや単純にナショナリストたちの自己認識にそぐわないものは捨て去られてしまう（Forty and Kuchier, 2001 ; Morrissey, 2005b）。例えば，ベオグラードのフォイニ・ミュゼ（軍事博物館，図5.4）では，1990年代のストーリーはNATOに対する抵抗として語られ，そこでは「虐殺」や「スレブレニツァ」［訳注：1995年7月にセルビア人勢力による虐殺事件が起こった町］といった言葉は引き合いに出されない。

56　Ⅱ　国家／民族建設と地政学

図 5.4　セルビア・ベオグラードのフォイニ・ミュゼ
（2005 年 8 月，J. モリッシー撮影）

　あらゆるナショナル・アイデンティティの構築は，記憶の選択や不正確さを通じて強調される。エルンスト・ルナンは 1882 年にパリ・ソルボンヌ大学での講義で，「忘却という，歴史的過ちとさえ言い得るものが，ネイションの構築にとって重要な要素である」（Renan, 1990：11）と述べた。ルナンの議論は，どんなネイションの研究においても概ね証明されている（例えば Morgan, 1984；Chapman, 1992；Harvey, D.C., 2003 を参照）。ピーター・テイラーとコーリン・フリントは，スコットランドとヨーロッパの伝統的衣装として広く知れ渡っているスコティッシュ・キルトに関する事例で，伝統という感覚とナショナル・アイデンティティがいかにして効果的に創造され得るのかを強調した（Taylor and Flint, 2007）。テイラーとフリントは，「タータンはオランダ起源であり，キルトはイングランド由来のものであること，また『クラン・タータン』は 1844 年になって初めて登場したこと」を示した。そして，スコティッシュ・キルトは「捏造されたスコットランドの歴史の一部として創造された」と論じている（Taylor and Flint, 2007：165）。スコットランドの回顧的な伝統の創造に関わる議論は他にもある（Trevor-Roper, 1984；Pittock, 1991；Broun et al., 1998 を参照）。
　創られた伝統（invented traditions）は世界中で，アイデンティティの歴史的，社会的な形成に重要な役割を果たしてきた（Hobsbawm, 1984）。それは現在も続いている。例えば，ベニート・ジョルダーノは，現代の北イタリアにおける独立主義政党レガ・ノード（北部同盟）が，歴史に依拠したネイション構築，つまり，地理的想像力を育み，ありふれたナショナリズムを創出するという最も基本的な手法を用いて，独立を手に入れようとしてきたことを明らかにしている（Giordano, 2000, 2001）。1990 年代中盤以来，レガ・ノードはパダニア（図 5.5）

第5章　アイデンティティとネイション　57

図5.5　北イタリア，パダニアの地理的イメージ

と称する1つの地域を創り出し，それを歴史的・地理的に古代ケルト的な性格をもつ地域と位置づけた。パダニアという観念は，この疑わしい歴史・地理に対する要求に用いられ，そうすることによって，レガ・ノードの領域的で政治的な主張を正当化し伝統という外見を添えるのである（Cento Bull and Gilbert, 2001）。

　旗，シンボル，団体や祝祭から，新聞，ラジオ，テレビそしてインターネットに至るまで，ありふれたナショナリズムの様々な技術が，新たな地理的イメージの考え方を普遍化するために，多様な表象や行為の場で使用されてきた。レガ・ノードと彼らによるパダニアの構築は，アイデンティティ（この場合は，熱烈なナショナル・アイデンティティ）の感覚が過去に関連して同定され，想像され，また，ありふれた社会・文化の地理の中で強化されていくあり方について，良い例を示している。ジョルダーノが言及しているように，「『パダニア』の創造／想像は，そのようなアイデンティティが必ずしも太古にルーツがあるとは限らず，実際には現代社会においてほとんどゼロから創造され得るものであることを示している」（Giordano, 2001：36）。

　創られた伝統という考え方は，ベネディクト・アンダーソンの想像の共同体（imagined communities）という概念（Anderson, 1991）と密接に結びついている。ナショナリズムの起源と普及に関する考察の中で，アンダーソンは，ほとんどの人々は特定のネイションの中で，大多数の同胞とは決して出会うことがないが，それでもネイションを同じくする人々に対し忠誠を維持するのだと論じた。アン

ダーソンにとって，ナショナルで共同体的なアイデンティティの感覚は概して想像されたものである。

ただし，彼は地図のような印刷文化（それは紛れもなく物質的で現実のものである）の導入を認めていたものの，「ネイションの概念に対して過度の強調」を置き，「ナショナルな意識の様々な歴史地理についての関心に乏しかった」（Katz, 2003 : 251）と批判されてきた。換言すれば，アンダーソンの理論は，共同体的なアイデンティティを現実の様々な方法で（再）生産する，ナショナリズムの実体ある地理が考慮されていない点で問題を残している（ナショナリズムの地理的（再）生産についての詳細な議論は Jones and Fowler, 2007 を参照）。国家の政治的，社会的，文化的な（再）生産は，選択的でときに誤りを含むことはすでに強調してきたが，それらの空間的そして物理的な所産がナショナル・アイデンティティを刷り込み，それを維持するのに効果のないわけはない。典型的な中央集中的装置としての国家が，植民地支配期やそれ以前から置かれていた基礎的な行政あるいは制度の枠組みに基づき，権力と資源を用いて統合の感覚を打ち立てようとすることも，覚えておくべき重要な点であろう。

ナショナル・アイデンティティは，国家の領分からだけではなく，例えば共同の宗教的礼拝や，音楽，歌，口伝による共同体的ネットワークの形成を通じた現実の経路からも促進される。結局，ナショナル・アイデンティティの感覚を成立させるのは，現実の人々と彼らの伝統なのである。旧ソ連のベラルーシでは，新婚夫婦が結婚式直後に最初にすることは，夫婦の家族と友人を連れて近くの第二次世界大戦慰霊碑へ行き，夫婦が地域の共同体から出た戦死者を追悼することである。第二次世界大戦時のドイツのモスクワ侵攻に対する防衛戦で戦死した数百万ものベラルーシ人と，前例のない国家的な損失が，首都ミンスクから小さな村々に至るまで，国中に及んで記憶されている（図 5.6）。こうした新たに神聖化された空間は，共同体のナショナル・アイデンティティの感覚を維持し相互に関係づける有効な結節点であり，土地とそれを守った過去の戦死者との強い紐帯を育んでいるのである。

共同体の損失，トラウマ，そして悲劇を記憶することは，ナショナル・アイデンティティを維持する重要な要素である。数百万人のアイルランド系アメリカ人は，2 世紀以上の間，毎年聖パトリックの祝日には，ボストンからサンフランシスコ，ニューオーリンズからシカゴに至るアメリカ中の町々でパレードをおこない，飢饉や損失という悲劇的なアイルランドの歴史を通じて，一般に思い描かれるアイルランド移民の経験と彼ら自身を様々に結びつけてきた。このメタ物語は

第 5 章　アイデンティティとネイション　59

図 5.6　南ベラルーシ・ゴラディッチの第二次世界大戦慰霊碑
（2002 年 7 月，J. モリッシー撮影）

他の全てのそれと同じく，当然，想像されたという側面があり本質主義的である。そして移民たちそれぞれのもつ無数の複雑な地理と歴史に対する視野を狭め，移民を被害者に還元してしまうこともしばしばである。この点，スコットランド系アメリカ人の文脈については，ハイランド・クリアランス［訳注：18・19 世紀に起こったスコットランド・ハイランド地方における牧羊地確保のための囲い込み］について，損失に重きを置く記憶，あるいは被害者の物語が支配的なために，スコットランド系アメリカ人たちはハイランド地方の人々の離散経験の複雑性を認めず，移民自身の人生における能動性を否定していると，ポール・バス（Basu, 2007）が指摘している。

　こうした重要な指摘にもかかわらず，私たちの過去は，ナショナリズムへ有効に作用し，人々を繋ぎ，ネイションを支える物語として神話化されがちである。そこで損失が問題となる。1840 年代後半のアイルランド大飢饉は 100 万人以上の餓死者が確認され，それ以上の移民をアメリカやほかの地域へもたらした。そのことはアイルランド系アメリカ人の中で，パブの曲やポップカルチャーから公共のモニュメントに至る様々な方法によって記憶されている。2002 年にマンハッタンのダウンタウンで，ニューヨーク市長ジョージ・パターキとアイルランド大

図5.7　アメリカ・ニューヨーク市のアイリッシュ・ハンガー・メモリアル
（2007年10月，J. モリッシー撮影）

図5.8　ポーランド・オシフィエンチムのアウシュビッツ＝ビルケナウ第二強制収容所
（2005年8月，J. モリッシー撮影，Auschwitz Memorial による許可を得た）

統領メアリー・マッカリースにより落成されたアイリッシュ・ハンガー・メモリアル（図5.7）は，共同体のアイデンティティ（この場合，離散したアイルランド人としてのアイデンティティ）の感覚を（再）生産し結びつける上で，現在の歴史地理が相変わらず重要であることを示している。このメモリアルは世界貿易センター跡地に隣接した一等地4分の1エーカーを占め，北西アイルランドのメ

イヨー州から慎重に移設された廃屋(他のアイルランド 31 州それぞれの土,植物,岩を象徴的に添えている) が特徴的である。その場所に入ると，19 世紀のアイルランド大飢饉の諸相が，現代世界で飢饉の恐怖を経験している全ての地域と結びつけられて語られている［訳注：第 14 章も参照］。

　また，他のネイションでも同じく，損失を記憶することはナショナル・アイデンティティに不可欠な要素となっている。例えば，イスラエル人や世界中のユダヤ人にとって，南ポーランドのアウシュビッツ（図 5.8）のように第二次世界大戦中のナチスの強制収容所だった場所は，ホロコーストで殺害された数百万もの人々を同胞として祈り，そして生政治(バイオ・ポリティクス)による支配の恐怖を記憶する神聖な場所である。

同一性，差異，そしてアイデンティティ・ネットワークの複雑性

　あらゆるナショナル・アイデンティティの鍵となる必要条件とは，同一性と差異，もしくは自己と他者の両者を特定することである。カッツ（Katz, 2003 : 249）が述べるように，アイデンティティは，自己と他者の「何が異なるのかという点から常に定義される」という意味で「関係的なもの」である。例えば近代初期のプロテスタント教国イングランドの場合，イングランド・ナショナリズムの出現は，プロテスタントでないもの，つまりカトリックのアイルランドやスコットランド，フランスに対する恐れに満ちた反カトリック主義によって定義づけられた（Marotti, 1997；Colley, 2005）。第 1 章，第 2 章において，エドワード・サイードとホミ・バーバの業績に関して議論する中で明らかにしたように，他者性は植民地時代に様々な方法で歴史的に創り出され，広められた。サイードの植民地言説や文化還元主義に対する批判，そしてバーバの中間領域やハイブリディティに関する研究は，ナショナリズムに関連する文脈にも当てはめることができる（Said, 1978；Bhabha, 1994）。そうした文脈では，ナショナル・アイデンティティに関する特定の比喩を擁護する歴史的な言説によって，文化の複雑性が覆い隠され，同時に，差異の感覚が周縁化されてきた。

　ナショナル・アイデンティティは一般的に，様々な非対称の関係を通じて生み出される。それゆえ，その検討対象には必然的に排除の行為，つまり過去の社会空間における差別と暴力が含まれる（Maalouf, 2001；Sen, 2006）。歴史地理学者は，多様な政治的，経済的，文化的文脈を通じて，ナショナル・アイデンティティの感覚に固有の社会的排除と対立について探究してきた（セクション 3 参照）。例えば，人種差別の歴史地理を検討する中で，地理学者は，社会権力と文

化的なヘゲモニーを支える政治的規則の空間的なメカニズムに特に関心を抱いてきた。また，抵抗の問題を探究する際には，「不均衡な力関係」が「社会的・政治的領分のみならず空間的領分でも妨げられ，妥協させられ，無効となる」ような，ヘゲモニーに対抗する戦略・行為も強調してきた（Katz，2003：260；Morrissey，2003も参照）。

実際，様々なスケールにおける多様なアイデンティティのネットワークは，国家の力に反して，国家の重要視したナショナル・アイデンティティの感覚を世界中で弱めてきた。例えば，19世紀後半のイタリア統一以来，イタリア国家によるナショナル・アイデンティティ構築の試みは，国中に広がるずっと古くて強い地方および地域のアイデンティティの脅威の中でなされてきた。イタリアのナショナル・アイデンティティとその歴史的発展の理解は，他のスケールのアイデンティティとの複雑な交差を考慮して初めて可能となる。

ナショナル・アイデンティティの単線的モデルは，伝統的な社会に含まれる他の文化的複雑性を認めない場合もあるが，実際はネイションの内外で，ジェンダー，世代，性別，階級など異なるアイデンティティの類型が多面的な方法で共存し，関係を結び，変化を遂げてきた。歴史地理学者はこうした複雑性を洗い出し，過去をより多様に語ろうと専心してきた（Blunt and Rose，1994；Mulligan，2002）。ナショナル・アイデンティティの単純化されたモデルに異議を唱える上では，ハイブリディティ（hybridity）という概念が特に有効となっている。それは例えば，「ネイションや人種に関する本質主義的な語り」への「抵抗に有効な概念」として，また「分類と直線的思考という古い観念に基づく，モダニストの二元的思考や規範的な思い込みへの辛辣な批判」として役立つのである（Mitchell，2005：192）。

おわりに

地理空間はあらゆるナショナル・アイデンティティの歴史的な構築，作用，そして再生産の中心的役割を果たしてきた。本章では多様な事例を用いて，ネイション構築の歴史的過程における，地理的想像力，領域性，空間性，そして公共空間の役割を明らかにしようとしてきた。また本章では，還元主義的なナショナリストによる過去の社会の表象が，文化的複雑性，ハイブリディティ，そして共存する他のスケールのアイデンティティを含む，過去の地理的世界のもつ重要な多様性を覆い隠すことも問題視してきた。本質主義者によるナショナル・アイデンティティのモデルがいかに他者性を広めていたのかを強調しつつ，空間的なメカニズ

ムが，排除の社会的行為や政治的・文化的ヘゲモニーを助長していたことにも注意を向けてきた。そして，全てのナショナル・アイデンティティが歴史的かつ社会的な構築物であるという点を踏まえつつ，遺産や文化についてのナショナルなメタ物語が選択的なものであることを強調してきた。あらゆる形式のナショナル・アイデンティティを歴史的に相対化して認識することは，人種主義やその他の差別そして紛争に行き着いてしまうようなアイデンティティの絶対的感覚が現代社会に登場することに異議を唱える，最も効果的な方法の1つとなるのである。

キーポイント
- 地理的想像力，領域性，そして空間性は，ナショナル・アイデンティティの歴史的構築に不可欠な要素である。
- ネイション構築の過程において，そのネイションの公共空間は，優先づけられ選び取られたアイデンティティのメタ物語を語り，そして演じる上で重要なキャンバスである。
- ネイションの歴史的，政治的，そして社会・文化的構築は，選択的でしばしば誤りを伴うものの，ナショナリズムの実体ある地理は，現実の方法によって共同体的なアイデンティティを（再）生産してきた。そこでは，共同体のトラウマと損失が重要な要素となっている。
- ナショナル・アイデンティティに関する本質主義者の比喩を歴史的に擁護する言説は，他者性とエリートの文化的ヘゲモニーを同時に広めてきた。
- ナショナル・アイデンティティは一般的に，様々な非対称の社会的関係を通じて生み出される。その検討には必然的に排除の行為，差別，そして暴力の歴史的な分析が含まれる。
- ナショナリストによる過去の社会の表象は，文化的複雑性，ハイブリディティ，そしてネイションの内外で共存する異なるスケールのアイデンティティを含む，過去の地理的世界のもつ重要な多様性を覆い隠してしまう。

さらなる理解のために

Anderson, 1991［アンダーソン，2007］; Bhabha, 1994［バーバ，2012］; Graham, 1997a ; Katz, 2003

（訳：島本多敬）

第6章　心象地理と地政学

ジョン・モリッシー

はじめに

　2001年9月11日に，ニューヨーク及びワシントンへの攻撃が起きた直後，イタリア人哲学者ジョルジョ・アガンベンは次のように述べた。「民主政治は，憎悪やテロ，また破壊を導くような状態の進行を防ぐものである。そして一旦そのような状態が発生してしまった時には，それらを押さえ込むにあたっての手段を選ばない」(Agamben, 2001)。アガンベンはここで，西洋の民主制には，衝突や戦争へとつながる無知，不正，不平等の状態を防ぐシステムがないと指摘する。9.11への反応から始まった対テロ戦争は，危機を作為的に選んで地図上に示している，と批判されている。つまり，テロや脅威といった日常語の裏に，歴史的な不正，西洋による干渉の歴史，現在のジオエコノミクス（地経学）上の利害などが隠されているのである。地理的表象が重要となる社会で歴史地理学者たちは，場所や出来事の歴史化・地図化に対して大変重要な役割を果たすことができ，遠い場所の衝突に関する脚色を取り除くことへ一役買うのである。

　この章では対テロ戦争を事例として，戦争の正当化や実行における，情動的な心象地理（affective imaginative geographies）の役割を明らかにしたい。はじめに，衝突の想起や表象の中で心象地理が用いられた歴史的文脈を概観し，次に，戦争と地政学に関する同時代の抽象的な見方に対し，地理学者たちが批判的に挑む中で用いた様々な手法を考察する。

心象地理と情動

　人類の歴史を通して，遠くの異なる他者に対する地理的な心象は，戦争を正当化し仕組む上で利用されてきた。ペルシャ戦争から十字軍遠征，三国戦争，ユーゴスラビア戦争に至るまで，領地とアイデンティティ，文明と野蛮，脅威とテロを意図的に位置づけることで衝突はイメージされ，そして実行されてきた（戦争はまた，概して単純化した表現やパフォーマンスを通して記憶される。セクション5を参照）。そのような言説は土台となる地経学的，地政学的な要素をしばしば覆い隠し，代わりに心象地理を，武力行使のための重要な理論的根拠を示すために利用する。つまり，地－図化され優先された地理的知識が，戦争の実行にとっ

第 6 章　心象地理と地政学　65

て中心的な役割を担うのである。

　心象地理は，表象とパフォーマンスに関わる多様な場／フォーラム——それは，新聞やテレビ，ラジオや映画，記者会見やデモ行進，そして公文書からインターネットに至るまで様々である（これらの，あるいは他の資料に関する議論は第 24 章を参照）——の中で生み出され，広められた。歴史上，心象地理の普及は，差異を示す語彙を全体として認めさせるのに一役買ってきた。つまり，「代表的な人物たち」のアイデンティティに関する特定の比喩表現が，国家全体を象徴するようになったのである（Said, 2003 ［1978］: 71）。例えばヨーロッパの歴史を何世紀か遡ってみると，イスラームの代表的人物は「テロ，破壊，悪魔のようなもの」を象徴していた。「ヨーロッパにとって，イスラム教は長く消えないトラウマであった。17 世紀の終わりまで『オスマン帝国の脅威』は，ヨーロッパのそばに潜み，キリスト教文明全体にとって，絶えず危険なものであり続けた」（Said, 2003 ［1978］:59）。他の所でも同様に，典型的な心象地理は，差異，無知，恐怖，憎悪を強く印象づけ続けるものとして定着してきた。古代ローマから新世界アメリカに至るまで，野蛮人，未開人，絶え間ない脅威となる人々は，まさに常軌を逸したものとして，境界の向こう側に潜むと捉えられた。

　現在，9.11 に言及する著名な解説者たちは共通して，それをイスラームのテロに関する言説から概念化しようとする（Silberstein, 2002 ; Chomsky, 2003 ; Weber, 2003 ; 視覚文化に関するより多くの論考は第 23 章を参照）。テロの被害者や家族の苦難・奮闘の他に，西欧の視線が決まって集まる事柄がある。それは私たちとその価値観を憎む個人や（より重要なのは）グループを特定し，懲らしめるということである。このような，いわゆるポスト 9.11 の世界を理解するため広く普及した単純な図式は，侵略の形をとる報復的な措置を容認し，要求さえする情動的な（affective）心象地理に基づいている。ガローゲ・オトゥホールが論じるように，9.11 に対するアメリカの本質主義的な反応は，知性より情動に依拠してイラク侵攻を決定するという結果をもたらした。

　　確かな証拠がなくともイラクへ侵攻したいという欲求が，情動による知性の凌駕を先鋭化した。理性的な熟慮や政策の真偽が，「本能的」確信や予断によって二の次とされてしまう。サダム・フセインは「悪人」であり，情動によって視野が狭くなった世界では，このことだけで「体制転換」が正当化されてしまうのだ（Ó Tuathail, 2003 : 853）。

　しばしば引用される，現代における東洋と西洋の文明の衝突。それぞれの側が，

決まって相手を犯罪人，悪として取り上げる。その一方で自分たちのことは，犠牲者や善として扱うのだ（もちろん，東洋と西洋とは単純化されていて大いに問題のある表現である。それにもかかわらず，彼らはその表現を当然のものとして共通に用いる。例えば，ハンチントン（Huntingdon, 1993）を参照のこと）。もちろん，情動的な心象地理は，いわゆる西洋でのみ機能しているわけではない。堕落した，無信仰で道徳的に破滅した西洋という想像上のイメージは，いわゆる東洋の本質主義者たちが説く一般向けの言説に共通してみられるものである。

しかしながら，この現代における論駁的な言葉の戦争は，西洋諸国による中東への植民地政策や戦略的干渉の長い歴史と，それに伴う暴力と報復の連続を，明らかに隠している。例えば，ニール・スミスは「アメリカのグローバリズムに関する歴史地理学研究は，21世紀における最初の大きな戦争，いわゆる対テロ戦争と大いに関連がある」（Smith, 2003 : xi）と論じている。アメリカの利害に一致する，中東政権への政治，経済，軍事に関わる（少なくとも第二次世界大戦時からの）実利的な支援や，長引くイスラエル－パレスチナ間での紛争（アラブ世界では，アメリカは圧倒的にイスラエルを支援しているとみなされている），そして昨今のアラブ地域全域におけるアメリカ軍基地の増加。これらは全て，9.11の攻撃と現在も継続するアメリカ主導の対テロ戦争への抵抗と関係している。言い換えれば，現代の中東における政治地理と暴力を見極め批評するためには，同地における歴史地理を認識し，歴史的文脈の中に位置づけることが極めて重要なのである。

デレク・グレゴリーは『植民地の現在』の中で，「過去，現在，未来のいい加減な区別の再考」（Gregory, 2004 : 7）をうながし，現代世界を形作り続けている過去と現在の強大な心象地理を批判している。グレゴリーは，近年の西欧諸国による外国への干渉は，西洋対東洋，善対悪，文明対野蛮の構図といった，本質主義的な心象地理を利用し続けることで支えられたと説明する（Gregory, 2004）。そして，アメリカ主導のイラクやアフガニスタンへの侵略，そしてパレスチナにおけるイスラエルの紛争を例に挙げながら，特定の地理的表象や地政学の投影が，言説の上で私たちを彼らと分けるだけでなく，現実世界で西洋による軍事介入の論理へ影響し，西洋の暴力による被害者を単なる物とみなすことを許してしまう，と語る。被害者の身体性は西洋で重要性を持たないというわけだ。ナオミ・クラインが主張するように，イラク人の死者数は（アフガニスタンやパレスチナでも同様だが），全く「数えられることがない」（Klein, 2004）。

また，イラクやアフガニスタン，パレスチナ，グアンタナモ湾，そしてその他

の収容所には，剥き出しの生（bare life）の状態で何万という人々が収容された。このことは，言説により私たちと彼らを分け隔てる日常の営為が，世界中の主権国家の国民であれば当然有する，最も基本的な人権を剥奪し，それを正当化してしまうことを示している（Agamben, 1998, 2005）。

アメリカ中央軍による対テロ戦争
―― 地政学とジオエコノミクス（地経学）の論理――

　アメリカ中央軍（CENTCOM）に関する以下の例は，地政学の投影とその実行との深い関連を示してくれる。1983年の創設以来，CENTCOMは中東地域における米国の大戦略に則った軍事計画や調整，実行に対する責任を負ってきた。図6.1のように，CENTCOMの「管轄地域」（AOR）は，イラン，イラク，クウェート，サウジアラビアといった，世界で最も天然資源の豊富な地域を含んでいる（なお，エジプトを除く全てのアフリカ諸国は，2008年10月1日に，新たなアメリカアフリカ軍の下に組み込まれた）。対象となる地理的範囲から考えて，近年，CENTCOMは米国主導の対テロ戦争における軍事作戦の最重要組織となっている。それゆえCENTCOMは，地政学を投影した様々な戦略を生み出す。それらが米国中枢に送られ政策の形成に大きな影響を与えていくのだ。例えば，CENTCOMの『21世紀における中央地域の形成』と題した「戦域戦略」文書は，その要点をこう記している。「エネルギー資源貿易の自由化，連邦内諸国の門戸開放，航海の自由，そして地域の安定を維持することなどを含む，中東・中央アジア地域における米国の権益を守り，進展させ，そして保護する」（US CENTCOM）。

　中東をめぐるCENTCOMのこれまでの地政学的な動向からは，いわゆる対テロ戦争の背後にある，戦略上，地経学上の優先事項が浮かび上がる。1999年には，管轄域が中東を主とした状況から，石油やガス，鉱物資源に富んだ，カザフスタン，キルギスタン，タジキスタン，トルクメニスタン，そしてウズベキスタンといった中央アジアの国々にまで拡張された。この動きは，CENTCOMがエネルギーについての地政学に特化していると考えれば理解できる。中央アジア諸国の重要性は，2006年に開かれた米上院軍事委員会の前に，CENTCOM司令長官ジョン・P. アビザイードが発表した以下の声明から明らかである。「ヨーロッパとアジアの交差点となる地域における，運輸とエネルギーネットワークに関わる安定性と更なる発展は，グローバルな経済的繁栄にとってますます重要である」（US Senate Armed Service Committee, 2006 : 41-42）。

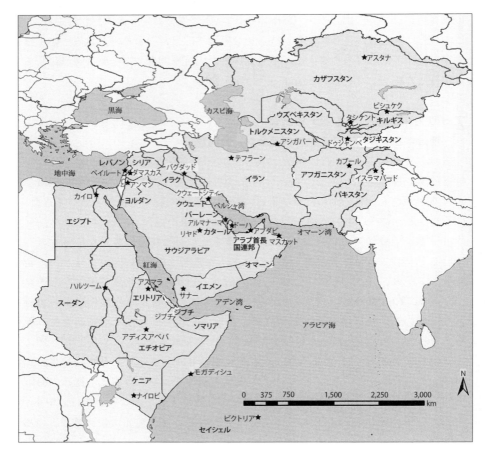

図 6.1　2008 年 7 月段階の CENTCOM 管轄域（出典：US Department of Defence, 2007）

　イラク戦争に関して，マスメディアのネットワーク，そして世論を席巻した公式な動機は，大量破壊兵器の所持という点であった。しかし公には述べられることのない，ビジネスに関わる他の動機もまた，実際には存在していた（この点に関する見解は，第 17 章でも扱う Klein, 2007 を参照）。ここでの要点は，軍事上の見解は通常，政策的な（隠された）意図の説明を求めない，ということである。「議論を無視し，抑圧さえするために軍事『政策』が絶えず（そして増々）使用される」世界では，CENTCOM の定めた戦略が機能を果たす（Gregory, 2005：183；Harvey, 2004 を参照）。軍の説明が公共の場で議論の対象となることは滅多にないが，それらへの質問や解明は，関連する地政学的かつ地経学的な実践の

理解には不可欠なものである（Johnson, 2004）。CENTCOM による対テロ戦争をより仔細に注視すれば，それが地政学的な抽象化によって作り上げられた，非常におおざっぱな「危機の地図」に基づいているということがわかるだろう。その単純化された形が，「人々と場所を軍事行動に備え」させてきたのである（Dalby, 2007；Graham, 2005 を参照）。当然ながら，中東に関するこのような文脈化と表象は，現地における複雑な人間模様を故意に否定するのに役立っている。それでも，CENTCOM の戦争と行動は，支持され是認されもする。それは地球規模の経済的な繁栄と新自由主義の成功に不可欠な，世界における戦略上の空間として，管轄域が注意深く設定されているからである（Gold, 1988 を参照）。

　CENTCOM による中東についての地理的表象は，米軍の大戦略に関わる軍事行動を正当化するのみならず，この地域に関する幅広い政治的，文化的な言説の一部を形成する。そしてこれらが，アイデンティティ，差異，テロに関する確固たる方向性を持った道徳についての地理的配置や心象を生み出すのである（Said, 1997；Shapiro, 1997）。中東には CENTCOM の部隊が継続して駐留しており，歴史上，最も大規模な基地ネットワークを備えている。こうしたことは，心象地理を多分に含んだ危機と不安定さに関する，単純化された言説によって，米国政府内でも，より広い公共圏でも一般に正当化されている。

　エドワード・サイードは，最晩年の著書の中で，現代世界の紛争を理解する枠組みでは，心象地理の知識が永続的な支配力を持っていることに注意を促していた。9.11 以後の米国の文脈において，「態度が硬化し，品位を落とすような一般化や勝利主義者の陳腐な決まり文句の影響が強化され」，「反対者や『他者』への極端に単純化した蔑視をまとう粗野な力が支配的になること」をサイードは注視した（Said, 2003［1978］: xiii）。彼いわく，帝国主義から現代の地政学に至るまで，大戦略の投影は，「特定の地理の特徴や運命への認識に依存した，様々な知識を構築すること」によって可能となるものであった（Said, 1993: 93）。

軍事地理学，批判地政学，対抗地理

　とりわけこの 10 年の間，軍事地理学という伝統的下位分野は，地理情報システム（GIS）技術の進歩により高められてきた。GIS は，防衛と監視の部門で価値ある研究と発展の機会を生み出してきたが，そのほとんどは無批判な戦略研究であった。それに対し，対立的で批判的な方法により軍事地理研究へ従事する者が多かったことも確かである（Woodward, 2004；Farish, 2007）。例えば第一次湾岸戦争に関して，ジェームズ・シダウェイは，素早く動員された西洋による

オリエンタリストの表象戦略を概説した。その戦略は，それまでは世俗的で進歩的であると報道されていたイラクを，サダム・フセインにより体現される専制政治の場へと降格するために使用された（Sidaway, 1998）。さらに近年では，グローバルな戦争やテロに関する多くの批判地政学的見解が示されている（Agnew, 2003；Harvey, 2003；Jhaveri, 2004；Dodds, 2005；Smith, 2005；Dalby, 2006；David and Grondin, 2006；Hyndman, 2007；Fluri, 2009；Morrissey, 2009, 2011a）。これらの研究は批判地政学としてゆるやかにまとめられるが，その多くに共通する重要な点は，覇権的な権力の効果的な発動のためにおこなわれた，地理的知識（特に善悪二元論的な心象地理）の導入を解明することである（地理学以外の関連研究については，Atkinson, 1999およびDodge, 2003を参照）。

批判地政学は，現代における西洋の地政学的な権力と知識の論拠や正当性，運用を問い質してきた（Ó Tuathail, 1996）。そこではグローバルな空間の空間性と物質性に注目し，より具体的・個別的な側面を意識する対抗地理（countergeography）を提供しようとしてきた。例えばオトゥホールは，第一次湾岸戦争において，軍事機器の映し出す無機質な電子空間や，それに服従的に共謀した西洋のメディアとその聴衆によって，クラスター爆弾やいわゆるスマート爆弾の下にある身体の現実，という物質的側面が拭い取られていたことを暴いてきた（Ó Tuathail, 1993）。対テロ戦争については，グレゴリーが「差異を距離」に変換する「強力なレトリック上の武器」として「心象地理」を利用する，「文化の戦時体制動員」が必要となったことを示した（Gregory, 2005：186）。グレゴリーは，（私たちと同じように）権利と身体を持つ現実の人々とともにある現実の場所を記述する，対抗地理を熱心に主張している。

対テロ戦争に関する最も重要な対抗地理のいくつかは，2003年のイラク戦争に反対した世界中の人々による前例のない抗議行動のように，学術の外側で進められてきた。イラクに関する地経学的戦略の重要性や，当該地域における西欧の干渉政策の下にある長い歴史地理，そして異論を排除する政治イデオロギーや戦争に対する軍の理論的根拠によって消し去られた，文化の複雑性や人間の苦しみ。対抗地理はそのような重要な問題を強調し，世界中で進められた。その際，社会を代表する知識人として多くの地理学者が大切な役割を果たした。新聞やインターネットでの批評記事から，連帯キャンペーンや一般向けのレクチャーなど様々な市民フォーラムに至るまで，イラク戦争（幅広い対テロ戦争）に対する批判を広めた。このような理性と共感，そして抗議といった批判的な声の浸透がイラク戦争を終わらせたわけではないが，しかしそれらの声は戦争の終結を導くこ

図6.2 平和（Pace）の主張 2003年5月イタリア，カリアリにて
（写真：J. モリッシー）

とに寄与したことは間違いない。また，戦争中にイタリア全土ではためいた何千という平和（pace）を求める旗（図6.2）は，初めはイタリア軍の配備を阻止することはなかった。しかし戦争が猛威を振るう中で，旗は公共の空間に存在し続け，戦争へ反対する巨大な民意を映し出した。そして2006年に政権が交代すると，軍の撤退を呼びかける粘り強い声はとうとう聞き届けられたのである。

　地理学では近年，西洋による海外での支配力の動員と軍事力の行使を批判する歴史地理学，政治地理学，そして文化地理学の研究が盛んである。それらの研究には少なくとも，以下の4つの視点がある。（ⅰ）地理学者は現代における地政学と地経学の歴史地理的コンテクストを明らかにしようとしてきた（Farish, 2003 ; Jhaveri, 2004 ; Kearns, 2006）。（ⅱ）西洋の軍事的介入による暴力の地理を可視化することに注意が払われてきた（Flint, 2005 ; Gregory and Pred, 2007 ; Hyndman, 2007）。（ⅲ）西洋の軍事的介入の促進を正当化し支持する「私たち」と「彼ら」の有力な地理的言説に焦点が置かれてきた（Coleman, 2004 ; Bialasiewicz et al., 2007 ; Dalby, 2007）。そして（ⅳ）アガンベンの著作での剥き出しの生や例外状態に関する考え方，フーコーの生－権力，統治性といった概念に影響を受けて，地理学者はいわゆる対テロ戦争における西洋の生政治の様式を解明してきた（Foucault, 2007, 2008 ; Gregory, 2007 ; Morrissey, 2011b）。

おわりに

　差異を識別し，はっきり示す現代社会において，心象地理は様々な方法でその役目を果たす。それは権力と知識の根本的な関係によって維持されながら，しばしば人々の間を断ち，無知，恐怖，憎悪を持続させる。対テロ戦争の開始により，単純化された，わかりやすい，想像上の知識が求められるようになった。それは，私たちに態度の選択を迫り，あなたは私たちの敵か味方かという問いに，はっきりと答えることを強制する心象地理である（Hedges, 2003）。

　対テロ戦争に関わる情動的な心象地理は，可視化が必要な過去と現代の膨大な人間の地理に対する注意や共感を弱め続けている。より具体的で個別的な理解を求める批判地理的な知識は，対外的な衝突と単純化され政治化された筋書き——政策——へ対抗する助けとなりうる。歴史地理学者は，現代の地政学の背後にあるコンテクストを説明し，また爆弾ばかりでなく，言葉，イメージ，そして情動によって私たちを圧倒するような強い力を持つ心象地理を明らかにする上で，重要な役割を果たしうるのだ。

キー・ポイント

- 地理的表象が重要となる社会で，歴史地理学者たちは場所や出来事の歴史化・地図化という点で非常に重要な役割を果たし，遠い場所の衝突に関する脚色を取り除く一翼を担うことができる。
- 歴史上心象地理の普及は，差異を示す語彙を認めさせるのに一役買い，アイデンティティに関する特定の比喩表現が国家全体を象徴するようになった。
- 支配的な地理的表象は，言説の上で私たちと彼らを分けるだけでなく，現実の上でも軍事介入の論理と暴力の実行を正当化し，影響を与えてきた。
- CENTCOM をはじめとした米国当局の中東に関する軍事的，地政学的動向からは，対テロ戦争の背後にある戦略上，地経学上の優先事項が浮かび上がる。
- 批判地政学は，現代における西洋の地政学的な権力と知識の論拠や正当性，運用を問い質してきた。そこではグローバルな空間の空間性と物質性に注目し，より具体的・個別的な側面を意識する対抗地理を提供しようとしてきた。
- 現在の対テロ戦争に関する情動的な心象地理は，可視化が必要な過去と現代の膨大な人間の地理に対する注意や共感を弱め続けている。

さらなる理解のために

　Dalby, 2007 ; Morrissey, 2009 ; Ó Tuathail, 2003 ; Smith, 2003

（訳：阿部美香）

III　歴史的ヒエラルキー

第7章　階級，ヘゲモニー，抵抗（レジスタンス）

ウルフ・ストロメイヤー

はじめに

　歴史に関する学問は，後世に伝えられるような概念的研究で特に秀でているわけではない。「長期持続（longue durée）」［訳注：フェルナン・ブローデルが地中海世界を論じる際に用いた概念で，ほとんど変化のない歴史の深層］のような視野で歴史的展開を整理する能力や「正確性」「妥当性」が重んじられてきた一方，歴史研究，特に歴史地理学が概念に焦点をあてた研究を志向するようになったのは，比較的最近になってからである。そのため人文地理学で広まっていた「階級」「人種」「ジェンダー」のような概念が，歴史地理学研究の明示的かつ正当性ある手段となったのは，20世紀後半頃だったのも驚きではない。もちろん「明示的」とつくことは重要で，暗示的かつ遠まわしな形では歴史研究においてもこのような概念的分析はそれ以前から重視されていた。例えば，「階級」概念は（支配的な）社会集団に関する描写の中に隠されていたかもしれないし，あいまいに定義された歴史的アクターというくくりに「人種」に関する実践が包摂されていたかもしれない。

　しかしながら，この「隠れた」形でこそ差異に関する文脈が，（資本主義やグローバリズム，植民地主義のような）歴史的な語りの中で正当化され，「自然化」される（Smith, 2008b）。例えば，「人類」「民族」（ネイション）「文化」のように普遍的に適応できる言葉のもと，歴史上の主体に言及することで，主体のより具体的な動機づけ，利害関心，制約が覆い隠されてしまうことも多い。いずれにせよ，歴史上のアクター（やその集団）を理解する際に，差異やニュアンスに注目しないならば，歴史研究の更なる発展は望めないように思われる。

　逆にいえば，本章から第9章まででみていく差異化の分類（カテゴリー）と，広範にわたる歴史的展開との関係は，興味深い研究分野の1つである。「深い」歴史的観点からニール・スミスは，差異が顕在化した社会の出現を（歴史的にはかなり距離のある）商品取引の物質化，そしてその結果としての分業という文脈に位置づけた。この展開の鍵となったのはおそらく，社会の組織化の中で，はっきりした「空間」要素が出現したことだ。これは近代以前の社会における主要な組織原理であった「場所」の価値の低下につながるものだった（Smith, 2008a : 107-111）。このような

理解では，より抽象的な「空間」概念の興隆が，「場所」に根ざした一連の狭義の社会・経済関係を超える発展を促したのだ。例えば，地域を越えた交易関係の出現，国家領域の形成，あるいはより小さなスケールでは，居住空間からの仕事の分離が挙げられるだろう。この空間概念の出現において重要だったのは，社会的な差異を顕在化させたことである。そして，種々の歴史上顕著な生産過程の中で，またその過程にとって，最も重要な差異概念は「階級」である。

「階級」と地理

　鋭い分類境界線を回避する傾向に対抗するため，そして狭義の学問的な目的に答えるため，1960年代終わり頃から歴史地理学者の一部は，概念に自覚的，かつニュアンスに配慮した言葉遣いをするようになった。「階級」に関しては，それまで歴史地理学の言説にはほとんど登場してこなかったが，歴史から示唆を受けたデヴィッド・ハーヴェイの研究，階級に基づいた歴史分析の有効性を精査したデレク・グレゴリーの論文，そして階級と結びついた多様な都市空間に焦点をあてた2冊の論文集によって，そのような状況が打破された（Harvey, 1985a ; Gregory, 1984 ; Thrift and Williams, 1987 ; Kearns and Withers, 1991）。建造環境に証拠を求める伝統が歴史地理学に従来からあったこと——それは現在にもいくらか受け継がれているが——を考えれば，都市に注目が集まったのも偶然ではない（Busteed and Hodgson, 1994 ; Harris and Sendbuehler, 1994 ; Hiebert, 1995）。新たな研究では，建造環境，立地，様式，社会的位置づけなどにおける違いが，社会的差異つまり「階級」のしるしとして読み解かれたのである。

　とはいえ，「階級」の説明分類としての顕著な有用性と汎用性を考えると，それは歴史地理学ではまだ十分に利用されていない。少なくともこの点においては，1世代前のマーク・ビリンジの評価からほとんど変化がない（Billinge, 1982 : 23-34）。おそらく，勝者によって歴史が書かれるという古い格言は，戦争を通した覇権争いだけに当てはまるのではなく，歴史地理学を階級にかかわりのないものとする認識の形成にも当てはまる。というのも物理的な景観からは，たいてい中産階級やブルジョワ的価値の解明だけがおこなわれてきたからである。歴史地理学が特に「階級」への注意を比較的払ってこなかった理由の1つに，分類上の言葉そのもの——そしてそのような言葉が生み出す構造——が，融通がきかないとみられてきたことがある。主に社会学や政治学で発展してきたこの「階級」概念は，1963年にE.P.トムスンが『イングランド労働者階級の形成』（Thompson, 1963）を出版して以来，人文地理学全般でより柔軟に使用されるようになった。

上述のような研究を別にして，「階級」概念は歴史地理学の学問領域に直接影響を与えるというよりも，むしろ歴史地理学（Gregory, 1991）や遺産（Hardy, 1988），「アイデンティティ」（Proudfoot, 2000）に関する理論的語り（ナラティブ）の分析において，より柔軟に用いられるようになった。また，最近の研究の中には「階級」を歴史的探究のレンズとして使用するものもある。そこでは他の社会的差異を形成する分類概念と結びついた，あるいはそれらと渾然一体となったものとして階級が使用されており，地理と歴史の両方に関してより明白に「政治的」解釈がおこなわれることも珍しくない（Gorlizki, 2000）。

「階級」から「支配（ドミネイション）」と「抵抗（レジスタンス）」へ

　トムスンらの研究によって「階級」に付与された柔軟性は，現在の歴史地理学に明らかな影響を与えている。この分野における研究の豊富さを理解するには，上述のような空間に強く結びつけられた社会的差異の指摘に加えて，「階級」の存在が空間内に社会的階層（ヒエラルキー）を生み出すことを心に留める必要がある。権力，権利，そして資源へのアクセス，これらの不均衡分布の直接的な結果は「階級」に本来的に備わっているものであり，「階級」によって表現される。

　しかしその影響は，狭い意味での「階級」概念や旧来の経済決定論的な「階級」言説をはるかに超えている。特に，「階級」や「階級関係」のマルクス主義的分析において支配的であり続けている，生産の社会関係がつくり出す文脈をも超えることは重要である（Wright, 1985）。近年マルクス主義由来の他の分類（カテゴリー）が柔軟に使用されているのと同様に（「資本」の新たな歴史的解釈については Brenner (1997) を参照），「階級」も柔軟で構築された歴史的過程の表現として分析されるようになってきている。つまり，一様な利害関係，意識，場所に結びつくわけではないのだ。

　このような形においてこそ，関連概念や関連プロセスと「階級」との関わり合いが明らかになる。空間的構造を持つ階層としての「階級」と，歴史的に特異な分業体制から生じた地理的特性としての「階級」，この両方と関連する鍵は「異議申し立て／係争（contestation）」と「抵抗」という双子の概念である。これらは歴史の上で権力の配置は相対的なものであったという認識の上に積み上げられるものである（Revill, 2005）。「異議申し立て」も「抵抗」も，従来の階級闘争の概念では部分的に含意されるだけだったが（Harvey, 1996：225），近年の人文地理学言説においては，「階級」が充分に果たしえなかった役割をある程度引き受けるものとなっている。歴史地理学においても同様に，抵抗の種々の側面に焦

点を当てた研究が爆発的に増えており，それが権力の問題に意識的に取り組む方向への学問領域内のシフトにつながっている（Harris, 1991）。

「抵抗」と「異議申し立て」は，人種やジェンダーの地理的構造化にも中心的に関わるものである（Morin and Berg, 2001 ; Garcia-Ramon, 2003）。これらについては続く2つの章で詳しく論じるが，歴史地理学のテーマとして「抵抗」と「異議申し立て」が議論されてきたのは，特に文化慣行の適応（Butzer, 2002 ; Busteed, 2005 ; Whelan, 2005a ; Carswell, 2006）や，国民意識（Graham, 1997b ; Osborne, 1998 ; Morrissey, 2004a），天然資源（Evenden, 2004 ; Wittayapak, 2008），表象の絵画的形式（Godlewska, 2003），支配の手段としての技術（Duncan, 2002），職業慣行（Philo, 1998），「民俗地理学」（Pred, 1990），「道徳地理学」（Ealham, 2005），土地取得（Gruffudd, 1995）そして広義の地理思想史（McEwan, 1998）といった文脈においてである。これらの成果の数やその幅における豊富さは，人文地理学分野の現代的問題に関する近年の成果と同様であり，それゆえ特別視することでもない。とはいえ，歴史地理学を規定するような分析の実践に，それらが容易に取り込まれたことには注目したい。

この点に関する興味深い試みとして，近年では，伝統的境界や特定の場所に限られた効力という観念を超えるような，歴史上の抵抗の形が分析されている。例えば，フェザーストーンによる大西洋横断的抵抗ネットワークの歴史分析は，マルクスの時代から階級政治に関して度々提起されてきた問題，つまり経験，情報，アイデンティティの境界性を克服しようとしたものである（Featherstone, 2005）。また，このような文脈の中でなされている新たな歴史研究の多くには，その根底にミシェル・フーコーの思想がある。それは必ずしも直接的な影響というわけではないが，フーコーの著作との親和性が存在するのである。第22章で詳しく論じるが，フーコーの全著作を通して強調されるのは規律と支配の問題である。フーコーによるこのような視点が，支配と抵抗の複雑な網の目としての歴史の輪郭を考察する空間を創造してきたといってよい（Mayhew, 2009）。歴史地理学は系譜的な分析を重ねるものとして度々たち現れてきたし（Rose, 2002），それに最も従事してもきた（Matless, 1995）。このような系統の分析から出てきた研究の多くもまた，今日まで残存する権力側の記録を解釈し直すことと同様に，歴史の実体を理解することに関わっているのである。

キーポイント
・歴史地理学においては，「階級」概念が明示的に使用されることは例外的である。

- 「階級」概念（や社会科学から発展してきた他の差異を形成する分類）の欠如のため，歴史地理学では社会的なプロセスが自然視されがちであった。
- しかしながら，近年「階級」概念を「ジェンダー」や「人種」のような他の社会的差異化の分類概念と共に使用する研究が急増している。
- 階級に関するプロセスや階級により生み出されたプロセスは，「支配」と「抵抗」のような関係する慣行から演繹できる。

さらなる理解のために

Billinge, 1982 ; Duncan, 2002 ; Gregory, 1984

（訳：春日あゆか）

第8章 人種

デヴィッド・ナリー

はじめに

　1800年にヨーロッパ列強は，地表の35％以上の領有を主張していた。その後，これは年間21万km²のペースで増加し，「アフリカ分割」直前には67％に達した。第一次世界大戦前夜には増加速度が年間62万km²に達し，ヨーロッパは「地球のおよそ85％を植民地，保護領，属国，自治領，連邦内国家として」領有していた（Said, 1993：8）。歴史家のニーアル・ファーガソンが「力によるグローバリゼーション」（Bowles, 2007：94より引用）と呼ぶこの時期，ヨーロッパ人たちは世界の主人(マスターズ)を自認するようになった（第19章も参照）。

　小説家・評論家のジョゼフ・コンラッドは，1924年出版のエッセイ「地理学と探検者たち」の中で，ヨーロッパ帝国の建設を「良心と地理的探検の歴史に傷をつけた，略奪品への最も下劣な殺到」と評している（Conrad, 1999：160）。彼が考えていたように，一連の思想や理論は正当性を与える装置であった。それは帝国主義の暴力や苦難は許容可能であり必要だとさえみせかけたと同時に，批判の説得力を弱め，抗議や異議を不必要で不毛にみせかけたのだ。帝国主義イデオロギーのこうした問題は，コンラッドの小説『闇の奥』（1899年初連載）で非常に効果的に描写されている。そこでは語り部のマーローがこう述べている。

> 世界の征服，これは違う肌の色やわずかに低い鼻を持つ人々からの収奪を意味するが，それはよくみればきれいなものではない。これを贖うのはその裏にある思想(アイデア)だけである。感傷的な言い訳ではなく思想，そして思想への自己犠牲に満ちた信仰である。人々は思想を打ち立て，それに頭を垂れ，いけにえを捧げるのだ（Conrad, 1999：65-66）。

　ヨーロッパ人による世界分割と同じ頃に，学校や大学で学問分野として地理学が出現したことには大きな意味があるし，ナヤックとジェフリーが指摘するように，「地理学者が展開する思想や理論が帝国拡張過程の正当化を助けた」ことを示す証拠は多い（Nayak and Jeffrey, 2011：5）。コバヤシとピークが主張するように，地理学はそのはじまりから「差異と階層(ヒエラルキー)の上に形作られた学問」（Kobayashi and Peake, 2000：399）であり，特に人種理論の数々は科学としての地位を大変多く

の地理学者から認められていた。マーローの言葉を借りれば，人種という思想は帝国主義を「贖う」助けとなった。それは帝国主義に正統性を付与する言説の一部を形作り，帝国主義者たちはこれに「頭を垂れ，いけにえを捧げ」たのである。

人種という思想

人類学者のニコラス・トマスが言うように，人種は

> 言説とみなされるべきである。それは概念的・知覚的な支配や，人間の系統的な遠近を評価する類型・区分・評価基準の理解や合法化，そして（例えば，ある労働はある人種に適すが，別の人種には適さないとする規定的な概念により）それらの基準の技術的適用に関与する（Thomas, 1994 : 79）。

彼は人種の区別がなされるときの重大な「文化作用」を強調する。彼によれば，「差異は単に歪められたのでなく，作り出されたのである」（Thomas, 1994:205）。「科学的人種差別」の出現前，探検家や旅行記作家，画家，学者たちは，人々そして地域間の道徳，文化，生理学上の差異を強調する報告をおこなっていた。地理学者のデイヴィッド・リヴィングストンは，気候が世界を「健全と不健全，上位と下位，節度と不摂生といった二極対立」に分割するのに使われたことに注目する（Livingstone, 2002 : 173）。例えば，温帯に住む勤勉で屈強，高潔な同胞に比べ，いわゆる「熱帯地方」の住民らは怠惰で虚弱，不道徳だと判断された。哲学者で評論家のデヴィド・ヒューム（1711-1776）は，「太陽光にさらされる国々では，その温かい熱が血を滾らせ，男女間の情欲を掻き立てる」（Livingstone, 2002 : 163 から引用）と考えていた。人口統計学者で経済学者のトマス・ロバート・マルサス（1776-1834）も，有名な『人口論』（1798 年初版）でこの点に言及している。マルサスは，貧民，特にヨーロッパ以外の地域の貧民は原始的状態にあり，結果をほとんど考えずに子どもを産むと信じていた。そして「男女間の情欲」が抑制されず，住民が「非常に堕落した状態」で暮らす「南国」では戦争，伝染病，飢餓の脅威だけが急激な人口増加を抑えると考えた（Malthus, 1989 : 147）。この人種差別的な気候解釈はインドにおける帝国政策とも大いに関係があり，そこの役人の中には，飢餓などの生存危機や他の「自然」災害を，反抗的なその日暮らしの人々に道徳習慣を教え込む機会だと考える者がいた（Davis, 2001）。

ヒュームやマルサスのこのような言葉は，ある人の道徳的性質が「気候に由来」し，「少なくともある程度は自然が地球上の文明パターンを決定する」ことを含意する（Livingstone, 2002 : 168）。しかしリヴィングストンが強調するよう

に，この種の「道徳気候学」には，よく似ているが別の議論も存在し，そこでは道徳的資質は気候帯に由来するのではなく「気候帯に従って割り当てられる(distributed)」ものとされた（Livingstone, 2002：168）。この違いは重要である。後者の理論や思想の場合，「熱帯」植民地に移住した白人支配層もまたそのうち現地の気候に屈し，道徳的・肉体的に退化して無感覚になる可能性を示唆するからである。ヨーロッパ人はこれを嘲笑して，「原住民になる」と呼んだ。

　これらの危険を避けるために多様な身体的，文化的フィルターが加えられ，操作不可能な事柄へのヨーロッパ人の接触が制限された。そうした「フィルター」は入植者の間に帝国主義的な同胞意識を生み出し，現地住民だけでなく現地の環境に対しても彼らに統治権がある，という幻想を抱かせた。これはジェームズ・ダンカンによるセイロンの植民地経済研究『熱帯の影で』（Duncan, 2007）の要点でもある。ダンカンは，植民地行政官に55才での引退を強いることで，「力強いヨーロッパ男性の理想像」が維持されたという。つまり，「年老いて退化した西洋人を東洋人に見せるわけにはいかず，西洋人にとっても，支配下にある人種の目に映る自己は強靱かつ理性的で，常に油断のない若々しい統治者であらねばならない」のだ（Duncan, 2007：49におけるサイードの引用）。「英国人はセイロン人の模範となるように，自身を制御することが絶対に必要だと考えていた」（Duncan, 2007：49）とダンカンは結論づける（第1章と第2章も参照）。

　デヴィッド・ランバートは，植民地下バルバドスの人種間政治研究でこのテーマをとりあげた（Lambert, 2005）。彼は，奴隷を動産とする考え方や奴隷貿易が英国本国で厳しく非難されていた時期，植民地の白人臣民であることが何を意味したのかを探究している。英国の改革者たちは，多数の奴隷の存在が本国における自由と公平の理念と矛盾するのではと危惧していた。一方，西インド諸島の奴隷所有者たちはこれを生計手段に対する攻撃，さらには忠実な英国臣民という彼らの自己評価への攻撃と受け止めた。また，奴隷制度の維持という願いは彼らの冷酷で非道徳的な性質の証左と考えられ，それは「自由」世界とは異なる，奴隷制を保持する植民地という空間イメージとなって入植者たちの名誉を傷つけた。

　しかしながら，プランテーション経営者らは英国本国との文化的親和性に加えて植民地の経済的価値と戦略的重要性を努めて主張し，このような差異の地図化（マッピング）を絶対的なものとはしなかった。バルバドスは決して「非英国的」ではなく，アングロ・サクソン的価値の縮図，カリブ海の「小英国」，独立戦争期アメリカに対する防波堤として描かれたのである（Lambert, 2005：13-15）。この言説やイメージの対立において問題となったのは，共有すべき「白人らしさ」の概念そのものだったことをランバー

トはよく示している。「奴隷制廃止の時代は「良い」白人と「悪い」白人をめぐる白人アイデンティティ，そして大英帝国の大西洋世界における「良い」白人と「悪い」白人の想像上の配置をめぐる「表象戦争」でもあった」のである（Lambert, 2005：16）。これはホミ・バーバの言葉では，ある社会集団が「完全な白人ではない白人」(Bhabha, 1994：89）とされる問題であり，これについては本章で再度取り上げる。

　道徳的性質が地理的に割り当てられる，つまり「ここ」にいる「私たち」は「あそこ」にいる「彼ら」と根本的に異なるという考え方は，時に環境決定論（environmental determinism）と評される。アメリカでは地理学者のエレン・チャーチル・センプル（1863-1932）が，人の性質や文化は自然環境の差異によって説明できるという考え方の普及を促した。彼女はドイツの地理学者フリードリッヒ・ラッツェル（1844-1904）から大きな影響を受けている。彼はジャン＝バティスト・ラマルク（1744-1829）の獲得形質遺伝理論と環境決定論を結合させ，生物学的な地理概念や国家有機体説を発展させた。ラッツェルによれば時とともに成長し膨張する有機体に国家は類似しており，強い国家は自然と弱い国家から空間を強奪する。まさにそのために，ある国家や民族共同体の消滅は別の国家の健全さの必要条件となる（Agnew and Corbridge, 1995）。ラッツェルの生存圏（レーベンスラウム）観念はナチス政権に採用され，ドイツ国家・国民の健全な未来確保の第一歩として，領土拡張戦争やジェノサイドを正当化するために用いられた。このように環境決定論は19世紀終わりから20世紀初頭にかけて影響力を持ったが，その後大多数の社会科学者によって徹底的に否定されている（しかし，カプランによればこの種の考え方は近年復活してきている（Kaplan, 2012））。

人種の脱構築

　本章のこの時点で強調すべき点を3点あげよう。1点目は，現代ではヨーロッパのユダヤ人虐殺を「反西洋的逸脱」（Traverso, 2003）や絶対悪の出来事（Eagleton, 2010）とみるのが一般的だが，ナチスの極端な狂信的愛国主義や生物学に基づく人種差別は，実際は19世紀初頭以来ヨーロッパに広がった帝国主義の文化や慣行と深い関係がある点である。ファシズムと帝国主義の関係は，ハンナ・アーレント（Arendt, 1976）が帝国の力の「ブーメラン効果」について言及した時に初めて提起された。それ以来，この議論はミシェル・フーコー（Foucault, 1980, 2003），ジョルジョ・アガンベン（Agamben, 1995, 2002），ユルゲン・ツィンメラー（Zimmerer, 2005），エンツォ・トラヴェルソ（Traverso, 2003）によって展開され精緻化されてきた。これら思想家によれば，ユダヤ人（や同性愛者，ロ

マの人々，身体障がい者など他の「社会的退化者(ディジェネレイト)」）根絶の試みは，帝国内に植民地を獲得し維持する過程で，ヨーロッパ人がおこなった人種迫害実践の様々な形に由来する部分が大きい。例えばベンジャミン・マドレイ（Madley, 2005）が議論しているように，ドイツの南西アフリカ植民地政策の諸側面は，第二次世界大戦中のナチスによる人種撲滅政策を不吉に予示していた。というのも，南西アフリカにおいてドイツは，奴隷労働の利用，強制収容所の建設と使用（ドイツ最初の強制収容所は，ナミビアの植民地に 1904 年に建設された），植民地化されたのは人間以下の人間(サブヒューマン)だとする考え方の受容，生存圏理論の適用及び軍事衝突時における殲滅(せんめつ)作戦の採用をおこなっていたのである。

　2 点目は，人種の純粋性と人間集団の階層性に関する確信は，ヨーロッパやアメリカ文化において一般に考えられているよりも異論なく広く支持されていたことである。社会進化論の出現，遺伝研究と優生学，人間の差異の統計的測定法（精神測定学，頭蓋学など），そして人種主義人類学の誕生は，近代文化において人種という思想が多様に内面化されていたことを示している。さらに，ヨーロッパのナチス支配からの解放を助けた米国では，服役中の受刑者の一部に対して不妊手術を強要しており，1960 年代の公民権運動によってアフリカ系アメリカ人が対等だと認められるまで，人種差別制度が法律と，法律では規制されない暴力によって実行されていた。南アフリカではオランダの植民地時代以来の人種隔離政策が，アパルトヘイト関連立法により 1990 年代まで維持された。これらの明白な人種差別の事例は，より日常的でそれほど極端でない偏見と併存しており，後者は批判的な精査や非難を逃れがちだった。しかし，地理学者のアッシュ・アミンが主張するように，人種差別は露骨な形とありふれた形の両方で立ち現れるのである（Amin, 2012）。人種は「潜伏」して蓄積しがちであり，今にも顕在化して，これまでの反人種差別的慣行を覆そうとするかもしれないと彼は警告する。

　3 点目として，アミンのありふれていて潜在的な人種差別という議論に関係するが，ジェンダーやセクシュアリティ，階級（第 7 章，第 9 章を参照）と同様，人種概念は独立した言説や分類装置ではなく，他の比喩やモチーフとのつながりで意味をなすことを強調しておく（Greenblatt, 1991）。例えば，カルチュラル・スタディーズ研究者であるアン・マクリントックは，19 世紀のアイルランド人描写を取り上げ，英国の人種差別はジェンダー化された（gendered）「家の中における粗野さという観念を，人種間の差異の指標として」利用したと論じている（McClintock, 1995：53）。肌の色の区別が「あいまいで不十分」な場合，家の中の乱雑さや身体の不潔さが，アイルランド人の野蛮さの証拠として引っ張り出

れた。アイルランド人の肌は白いかもしれないが，彼らの服装，小屋の乱雑さ，蓄積された汚物，家畜と一緒に暮らす環境といったものから表されるのは，彼らが根本的には「非英国的」だということだった（Lebow, 1976 ; Nally, 2011b）。人種科学研究が「ケルト人」という分類を設け「アングロサクソン人」と区別する前は（Curtis, 1997），家の中での悪習というジェンダー化されたイメージによって，アイルランド人に「他者」というレッテルが容赦なく貼られていた。このことが内政干渉への道を開いた。英国による支配は，慈悲深いおこないであり救いだとして描かれたのである（第2章も参照）。

　マクリントックの歴史叙述は，人種が単なる肌の色以上のものであることに気づかせる。肌の白さ／白人であることは特権であるが，差別的な人種描写から逃れさせるものではない。「白人らしさの研究」は今や急速に発展している研究分野である。地理学者のアラステア・ボネット（Bonnett, 2000）やダニエル・スワントン（Swanton, 2010）らは，「抽象的，道徳的な階層性」（Swanton, 2010：460におけるアルコフの引用）が「白人」内の下位区分をそれぞれ区別するために使われたことを示している。英国では労働者階級の若者文化を示す「チャヴ」という蔑称がよく使われる。社会下層とされる白人コミュニティの蔑称にはほかにも「トレイラー・トラッシュ」「パイキー」「レッドネック」などがあり，これらは日常会話に人種的な区別が入り込んでいることを示している。スワントンの研究はさらに踏み込んで，人種がいかに複雑な媒介実践であるかを示している。

　このような見方をすると，伝統，慣習，食習慣，（対人関係から仮想空間やインターネットを通したふれ合いまでを含む）コミュニケーション慣行，衣類や宗教的衣装，物や付属品（あなたが運転する車，持っているCDの種類など）といったものが全て絡みあう中で，差異に類するものが形成されると言えるだろう。「差異化とは，言説に関するものであるのと同じくらい，身体，物体，空間の関係についての事柄でもある」とスワントンはいう（Swanton, 2010：460）。アミンによれば，媒介実践とは自己を他者との関係に埋め込む手段である。それは「よい市民と悪い市民をえり分ける選別機械の一部なのである」（Amin, 2012：26）。

差異の認識論

　前節で扱った研究の多くは，人種の本来的な構築性を示して人種を脱自然化，脱存在論化することを目的としている（Graham, 2000 ; Nally, 2009）。にもかかわらず人種は存在し続けている。例えば，米国共和党の大統領候補だったミット・ロムニーはイスラエル訪問の際，イスラエルとパレスチナの豊かさの違いは「地

理的要因」（Cassidy, 2012）と文化的価値観の組み合わせで説明しうると示唆し，批判を招いた（興味深いことにロムニーのスピーチは，ジャレド・ダイアモンドの著書『銃・病原菌・鉄』（Diamond, 1997）を参考にしていた。この本は環境決定論的表現を復活させて，「文明」の衰亡を説明しているとして厳しく非難されている（Diamond, 2012 参照））。パレスチナの貧困はイスラエル軍の占拠やイスラエル国家による貿易制限によるものでなく，パレスチナ文化自体の欠点によるのだと（主にイスラエルの）聴衆に示唆するのに，ロムニーが「人種」という言葉を使う必要がなかったことは特筆すべきである。この論理に従えば，貧困は不健全者人口（pathological population）（Foucault, 2004）と因果関係があることになる。単語自体が使われなくとも，人種は「選別機械」としてつきまとうのである。

　人種は他の方法でも存続している。BBC の 2012 年ロンドンオリンピック報道で司会者のジョン・インバーデールが，黒人の元アスリートであるコメンテーター，デニース・ルイス，マイケル・ジョンソン，コリン・ジャクソンに，100m 走で 9 秒台の記録を持つ 82 人のうち，81 人が黒人なのはなぜかと問いかけたことがある。この問いの後，短いドキュメンタリー映像が流された。そこには奴隷を動産とする過去の制度が「自然選択」圧力を高め，陸上競技のように身体を使う場面での奴隷の子孫の「優位」をもたらしたか否かという問いかけが入っていた。続くスタジオの議論でジョンソンは，奴隷制度の生存者の遺伝子と現代の短距離競技における黒人アスリートの能力の関連が示唆されたことに対して異議を唱えた（彼は 2012 年 7 月に別の放送局，チャンネル 4 で放送されたドキュメンタリー番組「最速の生き残り Survival of the Fastest」［訳注：北京オリンピック 100m 男子決勝に残ったアスリートが全員奴隷の血統を持つことから，ジョンソンが奴隷化とアスリートとしての成功が因果関係を持つかを解明する旅をする番組］にも出演していた）。彼は黒人の陸上競技における成功は人種よりも，資金，トレーニング設備，個人の意志の強さ，精神力，あるスポーツが別のものより奨励される社会的状況によってよりよく説明できると指摘している。

　BBC の映像やチャンネル 4 のドキュメンタリーは，人種に対する関心の再興の表れでもあり，それはゲノム科学の視点からも明らかである（「CSI：科学捜査班」のようなテレビ番組や，ナショナルジオグラフィック協会と IBM がスポンサーとなっている「ジェノグラフィック・プロジェクト」の人気がそれを物語る）。皮肉なことに，ゲノム科学は「人間の遺伝子プールのおよそ 98％ がチンパンジーと共通であり，DNA 塩基配列の違いの程度は異なる人間集団の間より同じ人間集団内のほうが大きいことを確認している」（Amin, 2012：85-86；Rose,

2007：168 も参照）。しかしながらアミンは続けて，「人間の差異マーカーとしての人種に疑問を呈した科学そのものが，身体的，行動的な差異に正当性を与えるために使われようとしている」（Amin, 2012：86）と論じている。例えば，肥満，心臓病，学歴，犯罪行動――ブッシュ政権のいわゆるバイオレント・イニシアティブは，反社会的行動をとる「傾向がある」人々を早い段階で特定する計画だった――は全て遺伝子素質と関連づけられるようになった。ある病気に罹患するリスクがあるとされた人々に対して医療保険の保障を拒否する保険会社の決定，これを支持する論理はスプリンターの偉業を人種的背景に帰すのと全く同じ論理である。遺伝子決定論を使って「黒人は足が速い」とほのめかすことは，「黒人は劣っている」と主張するのと同様に害がある，と認めることは重要である[1]。

　根源的には，人種は差異の認識学，すなわち他者の奇妙さに対応し自己を肯定する手段である。体系概念である「人種」の歴史は，明白な政治的プログラムである「人種差別」の歴史とは異なることをこれまでみてきた。「道徳気候学」理論と「環境決定論」概念は，デヴィッド・テオ・ゴールドバーグのいう「他者の空間」（植民地，プランテーション，現代の暗黒街，都市のスラム）を社会の実験室に変えるものである（Goldberg, 2000：155）。そこでは「認識論的構築物」としての人種が顕在化し，試され，洗練されていく（Santiago-Valles, 2006 参照）。

　地理的イメージは人間集団を分裂させるのに主要な役割を果たした。集団間の距離は何度も何度も折り込まれていき，デレク・グレゴリー（Gregory, 2004）のいう「敵意の構造物」がつくりあげられる。このように建築用語の比喩表現を使うのは，実際このような分類が構築物だからである。それは「心の中の風景」であり，ある集団と別の集団との差異を暗示するものというより，むしろ他者の奇妙さに耐えられない者たちの不安や心配を表すものである。

　「本質的なもの」として構築された人間の差異は，生物学的人種差別を形成するパーツとしてナチスに用いられた。それは現在でも実践されている差異化の社会的形態と共鳴している。例えばイスラム教徒に対する「テロリスト」のレッテル，移民の排斥，難民申請者への一般的な反感，例えば「国籍取得テスト」の実施要求にみられる，文化の希釈への感情的な警戒，生活保護受給者に対するろくでなしの烙印，トラベラーやロマの人々［訳注：トラベラーはイギリスでの放浪者の呼称の1つ］への日常的差別といったものである（Amin, 2012 参照）。

おわりに

　哲学者のツヴェタン・トドロフは，「人種差別主義者は普通，理論家ではない」

と述べている(Todorov, 2000：64)。これは事実かもしれない。しかしアマルティア・センは，「高尚な理論の還元主義(過度の単純化)は意図していなくても，低俗な政治による暴力を引きおこすうえで大きく寄与することがある」(セン (2011) 8 頁 (Sen, 2006：xvi))と主張している。これは差異を理解することに危険性が伴うという意識から出たものである。アンネシュ・ベーリング・ブレイビクがノルウェーで，ウェイド・マイケル・ペイジがウィスコンシンで引き起こした事件は，この点を例証するものだ。ブレイビクはオンラインの「バーチャルコミュニティ」で，ペイジは積極的に関わっていた「ホワイトパワーロック」という音楽分野で，長期間，極右思想に浸かりそれぞれ暴力に目覚めたのである。しかし，彼らも普通「理論家」だとは評されない (Goodwin, 2012)。

　まとめると，人種差別とは「理論的傾向」の一種であり，サイード (Said, 1983) の言葉を借りれば，人から人へ，ある場面から別の場面へ移動し，いつ，どこで，どのように使用されるかによって様々な意味や含意を帯びるような「移動する理論」の一形態である。まさにそれゆえに，地理学という学問分野は，過去に帝国主義戦争と結びついたという汚点を持つものの，現在の人種差別を超越するのに決定的な役割を果たすことができるのである。

キーポイント

- 歴史地理学は，道徳気候学や環境決定論のような差異の認識論から，いかにして人種という考え方が出てきたかを示してきた。
- 人種差別は，植民地，そして後の帝国の拡張に中心的な役割を果たした。人種という言説は，宗主国による，より侵略的で深くまで及ぶ管理を正当化した。これにより現地住民に対する不平等な扱いは必要なことだと認識された。
- 歴史地理学は人種という思想が，いつ，どこで，どのように使われるかにより異なる意味や含意を帯びることを示してきた。人種差別は空間的に展開するといえる。
- 人種差別は露骨な形とありふれたな形の両方をとりうる。日常会話に過去の人種差別的慣行の表出がみられることも多い。

注

1) 「最速の生き残り」に対して，ブロガーのデヴィッド・キングが鋭く指摘した点である．www.channel4.com/programmes/michael-johnson-survival-of-the-fastest/episode-guide/series-1/episode-1#comments-top (2012 年 8 月閲覧)

さらなる理解のために

　Amin, 2012 ; Duncan, 2007 ; Lambert, 2005 ; Livingstone, 2002

(訳：春日あゆか)

第9章　ジェンダー

デヴィッド・ナリー

はじめに

　前教皇ベネディクト16世は2012年12月の演説において，人の性別とジェンダーアイデンティティは天与のもので不変だと宣言した。「人間を定義する要素の1つである身体的アイデンティティ，これによって与えられる本性(ネイチャー)の存在に対して異議を唱える人がいます。……彼らは本性を否定し，それがもともと与えられたものではなく，自分で作り出すものだと考えています」。教皇のこの説論は，人間の尊厳に対する重大な脅威であると彼が言うところの，同性婚を合法化しようとする同性愛カップルや活動家に向けられたものだった。そして「創造的(クリエイティブ)であることの自由が自分自身を創造する自由となったとき，必然的に創造主自身が否定されてしまい，最終的には——神の創造物であり神の姿を映した存在としての——人間の尊厳も剥ぎ取られてしまうでしょう」と締めくくった（Pope Benedict XVI, 2012）。

　この教皇ベネディクトの発言は，「先天性・後天性」論争（第21章も参照）と呼ばれる対立の略図である。カトリック教会は同性愛カップルに結婚の権利を認めないことで，身体的アイデンティティの逸脱形とみなすものを公共空間から消去しようとしている。この消去の第一歩は，同性愛を「自然に対する罪」と主張することである。この見解はイングランド国教会の複数の主教によっても最近表明されており，1つの教派や宗派に限られたものではないことが明らかになった。事実，この議論は同性愛カップルや活動家への攻撃を超えたものになっている。この議論の中心には，人の身体的アイデンティティが「自然なもの」なのか，それとも社会的，歴史的に創出されたものなのかという問題があるからだ（Duncan, 1996）。人のジェンダーと性的アイデンティティは，究極的な「命の創造主」である神によって定められたものだというカトリック教会の信念は，ガブリエル・ガルシア＝マルケスの小説『コレラの時代の愛』に登場するフロレンティーノ・アリーサの考え方と効果的に比較できるだろう。アリーサは，「人間というのは母親の胎内から生まれ出てから死ぬまで，まったく変わらないということはないので，人生の中で何度も生まれ変わるものだと信じていた」（ガルシア＝マルケス（2006）239頁（Márquez, 1988 : 165））のである。

ジェンダーの社会的構築

　人間は「生まれ変わる」——つまり生物学的性が運命(さだめ)というわけではない——という主張は，人文科学と社会科学では今や普通にいわれるものである。フランスの知識人であり活動家でもあるシモーヌ・ド・ボーヴォワールは，1949年に出版された有名な著書『第二の性』(これはバチカンで禁書に指定された (du Plessix Gray, 2010)) で，「人は女に生まれるのではない，女になるのだ」と主張した (De Beauvoir, 1989：267)。ボーヴォワールは男と女——そして「男らしさ」と「女らしさ」——の違いは，生物学的な事実ではなく文化的な過程に帰することができるという。彼女によれば歴史上，多くの社会で男性の相続権が相続法で優先されたので，女性は財産を持たない状態におかれて男性に経済的に依存せざるを得なかった。公的機関では，女性はジェンダーを基盤とした区別（男子校／女子校や男性病棟／女性病棟を考えよ）を受け入れ，家父長制的規範や価値基準（「女性」／「男性」向けのような職業上の役割を受け入れるべきとする社会的圧力を考えよ）に服従して社会的に適応する。後々には，子どもを生み育てる責任によって女性が家庭内に押し込められる一方，男性は有給の仕事や公的なキャリアを自由に続けることができる。社会的な世界全体にジェンダー区分が深く刻印され，過去の叙述でさえも「彼の物語（his-story）」として記される。ボーヴォワールが主張するには，女性は様々な方法で，歴史的社会的に男性の従属状態に追いやられてしまう (Butler, 1986 参照)。

　『第二の性』は，フェミニズム思想「第2波」の基本テキストかつ先駆けとしてよく言及される。これに先立つのが「第1波」フェミニズムであり，代表的なテキストには今では古典となったメアリ・ウルストンクラフトによる1792年の『女性の権利の擁護』(Wollstonecraft, 1972) や，ジョン・スチュアート・ミルによる1869年の『女性の解放』(出版社が損失を出した唯一のミルの本) (Mill, 1869) がある。『第二の性』はこのようなフェミニズム評論の前史と，女性の投票権を激しく求めた婦人参政権運動のような大衆運動の上に積み上げられたものである。しかし19世紀の先駆者たちと第2波フェミニズムには相違点がある。それはジェンダーによって割り振られた不平等な役割の探究からの焦点の移行であり，第2波フェミニズムではジェンダーそれ自体の構築を強化する権力関係の集合体が研究の焦点となった (Mitchell, 2000)。そして現在の目標は，「男性と女性という二要素からなるジェンダー言説の支配的影響を崩し，ジェンダー化された主体に代わる主体の地位を提唱する」ことである (Gibson-Graham, 1994：219)。

性別とジェンダーの区別を歴史化する

　1970年代に始まった「第3波」フェミニズムは，ヨーロッパのポスト構造主義思想に強く影響されていた。影響力あるフェミニズム論者のダナ・ハラウェイによれば，第3波は第2波で「分析対象とならなかった性別とジェンダーの区別」に挑もうとするものだった。この時期，ジェンダーの「文化性」は受け入れられてきていたが，性別は未だ人間主体の「本質(エッセンス)」であり，人間のジェンダーアイデンティティの「核心」だと解釈されていた。「困難の根本は，性別それ自体を歴史化することができない点だった」とハラウェイは言う（Haraway, 1991：131）。ジェンダーによる社会的排除の事例を際立たせるためにフェミニストが「性の違い」の議論をよく用いることが，この難しさに輪をかけている。実際，「女性」あるいは「男性」というアイデンティティが，本質的に存在することを前提とせずに性差別の議論をおこなうことは非常に困難だろう。ハラウェイによれば，このような「戦術的有効性」（Haraway, 1991：136）――スピヴァクが早くに「戦略的本質主義」と呼んだもの（Spivak, 1987：205）――は，LGBT（レズビアン，ゲイ，バイセクシュアル，トランスセクシュアル，トランスジェンダー）を「男性」や「女性」という規範的アイデンティティの形態の外側にある逸脱として構築してしまい，大きな損失を伴う。ハラウェイが指摘するように「性別」は構築されて始めて存在に至るのであり（Kobayashi, 2001），「生物学的な性は言説であって我々が生きる世界そのものではない」（Haraway, 1992：298）のである。

　地理学者のボンディとデヴィッドソンは，第2波フェミニズムが主体と環境の概念的分離に注意を払わなかったとも指摘している（Bondi and Davidson, 2003）。つまり，日常空間がジェンダーとのはっきりしたつながりを思い起こさせがちだという問題を放置したのである。彼らによれば，「女性ボクサーやレンガ職人は，女らしくないとか「男っぽい」というコメントを招きやすい」「一方，男性フライトアテンダントや秘書は，女のようなとか女性的なと描写されがちである。このように様々な場所が強力なジェンダーの刻印を有しているからこそ，そのような環境にいるだけで男性や女性は，彼らの男性性や女性性の認定に疑問を差し挟まれてしまう」（Bondi and Davidson, 2003：328-329）。ここでは，ダナ・ハラウェイやジュディス・バトラーのような研究者によって説明された「反基礎づけ主義」の立場が，空間の扱いまで含むように拡大されている。性別，ジェンダーそして空間は，経験や社会における活動の独立した領域では決してなく，多様なスケールと相互関係の度合いで相互に構築されている。ボンディとデヴィッドソンの印象的な言い方を用いれば，「あるということは」必然的に「どこかにある」

ということなのだ（Bondi and Davidson, 2003 : 338)。

ジェンダー化された歴史地理学

　このように今日では，フェミニズムの視点からの批判は批判地理学の活発な一分野となっている。フェミニズム研究者は，地理学史だけでなく歴史地理学の活動をも再編した。例えば，ジリアン・ローズは地理思想の歴史に対してフェミニズムからの批判をおこなった。ローズによれば，他の多くの社会・自然科学分野と同様に，地理学は男性のものだと伝統的に考えられてきた（Rose, 1993)。モナ・ドモシュの言葉を借りれば，「ジェンダー関係や表象は知識の社会的構築と密接に関わっている」のであり，この知識には地理的知識も含まれる（Domosh, 1991 : 102)。このような批判にもかかわらず，現在でも地理学はその発展段階に散見されたジェンダー化された規範を疑問視せずに，ジェンダーの二分法を借用し再生産することがあまりにも多い。空間のフェミニズム的理解をおこなおうとする試みはほとんどないのである。

　アリソン・ブラントとジリアン・ローズが編者を務めた論文集『女性と空間を描写する——コロニアル／ポストコロニアル地理学』（Blunt and Rose, 1994）で，フェミニズム地理学者たちはエリザ・フレーザーやメアリー・キングスレーのような女性旅行者の経験から，地理的知識の生産における女性の役割を探究し理論化した（Mills, 1999）。女性旅行者は支配的な植民地言説パターンの「内側」と「外側」に同時に在り，そのためヨーロッパ植民地に関してどっちつかずの立場にいる（Blunt and Rose, 1994 : Kearns, 1997 参照）。このような女性は多かれ少なかれ，帝国的表象の有機的連関を暴き出して崩すことができる。同様に，シェリル・マキューアンもいかにして白人女性旅行者の立場が本国と外国を行き来する間に変化したかを調べている（McEwan, 2000）。彼女らが自身を観察者と感じるか帝国の代理人と感じるかは，移動に伴って変化したのだ（Legg, 2010b）。

　このような旅行者の証言は，女性の能動的な役割——つまり「歴史の主体」としての彼女らの地位——を際立たせる。加えてそれらの証言は，知識を脱植民地化し，迫害される側の経験や生活様式を「再び正当化しよう」（Pratt, 1992 : 2）とする人文科学や社会科学の最近の試みに広がりを持たせるものでもある。それはまた，ジェンダーが人種や階級といった他の支配制度と重なり合い交わるものだということ，そして「世界の女性の多くは家父長制以外のものにも圧迫されている」（Sharp, 2009 : 116）ことに注意を促す。「道徳的な男らしさ」（Duncan, 2000 ; Lambert, 2005）や性別に特徴づけられた地理（Phillips, 1999 ; Nally,

2004)についての研究は，ジェンダー化された権力様式が，他の特権や支配のベクトルとどのように交差するかを示そうとする試みの例である。身体性，抽象化，間主観性，対抗ヘゲモニー的アイデンティティといった議論がこのような研究を取り巻いており，フェミニズムからの批判がコロニアル／ポストコロニアル地理学に多大な影響を与えていることを示している。

　加えて，フェミニズム地理学者は権力行使において空間がいかに重要であるかを探究している。例えば，歴史の中で強化されてきた（そして今では当然のものとされている）家庭と女性らしさのつながりに基づいて，空間が「公的」領域と「私的」領域に整理されている（Duncan, 1996；McDowell, 1999；Beckingham, 2012）。フィリップ・ハウエルの研究も良い例である。彼は，大学の町として知られるイギリス，ケンブリッジでの性産業従事者に対する規制に焦点をあてている。夜間に公道を1人で歩く女性は性的な規則の逸脱者とみなされ，地元警察や大学当局によってしばしば逮捕され拘留された。一方，男子学生は不法な性的行為の最中に見つかったとしても普通は警告されるだけで解放された。「学生監的」取り締まり制度を通して，公共空間はごく単純な計算法によってコード化され整理されたのである。つまり，男子学部生の性の無垢さや健康は守られるべきであった一方，ふしだらで堕落し風紀を乱すと表現された売春婦たちは監視，取り締まり，医療検査や施設収容の対象となった（Howell, 2009b：17-18）。男子学部生には寛大に対処し，女性の性産業従事者には厳しく対応するこの二重基準は，タイムズ紙の警句「彼の意志の弱さは彼女の責任によって正される」（Howell, 2009b：126の引用より）によってうまく表現されている。これに関してハウエルは，以下のように結論づけている。

　　「ストリートウォーキング」が売春の意味を持つという事実に明確に現れるのは，売春の「公共」悪という側面の強調，つまり公共空間を公然と性的なものにすることへの非難である。そこでは売春婦は侵略者，誘惑者，扇動者として表現された。彼女らが公共空間に存在することが，売春の真の問題だと受け取られていたのだ（Howell, 2009b：124-125）。

　同じように，ドモシュも19世紀ニューヨークのプロムナードや散歩道が，高度にパターン化された場所だったことを示している。そこではジェンダー化された「社会的規範」が成立していたと同時に，それへの抵抗が起こっていた。特にブルジョア女性は，ブロードウェイの劇場街を夜遅くに歩けば体面を失うことにつながりかねなかった（Domosh, 1998；Scobey, 1992も参照）。些細な抵

抗行為を通じて，いかに女性が「上流社会」の規律が命じるものを拒絶し，異議を唱えたかについてドモシュは例証している。しかしそれより興味深く顕著なのは，そのような規範が非常に根深く確固としたものだったため，「抵抗」は些細な違反や「取るに足らない日常的な逸脱」という形式しか取れなかったことである（Domosh, 1998：210）。

今日，家父長制に基づいた価値に女性が公然と立ち向かおうとすると，決まったように，排斥，不名誉，脅し，暴力に直面する。なぜならそのような価値は，公共空間におけるアイデンティティ行動を構成しているからである。キャサリン・ブラウンによる公衆トイレについての研究では，「ジェンダーがあいまいな身体」は「間違った空間」（Creswell, 1996）に入ったと思われることで，辱められたり，おおっぴらに脅されたりする可能性があることを示している（Browne, 2004）。バトラーらを引用しつつ，ブラウンはジェンダーの遂行的な性質(パフォーマティブ)を明確にし，「個人の性アイデンティティと，様々な空間において他者がその人物の性をどう受け取るかには隔たりがあること」を強調している（Butler, 1999；Brown, 2000参照）。ブラウンによって強調された「隔たり」は，時として生命を脅かすほどのものになりうる。アンドリュー・タッカーによるケープタウンの研究は，ある種の「同性愛を示唆する見た目」が暴行の危険を伴うものであることを例証している（Tucker, 2009）。なぜなら，それはアパルトヘイト後も南アフリカの社会生活を構築し続ける異性愛至上主義的な白人権力への挑戦とみなされるからである。

ジェンダーと依存

これまで検討してきた研究の多くは，歴史・文化地理に関する実践を再評価するためにフェミニズム理論を引いていた。そして，そのような再評価には地理学そのものの歴史の再構築も含まれる。歴史地理学者は明らかにフェミニズム研究者から多くを学んできたが，歴史研究者もまたジェンダーと主観性に関する現在の議論に寄与するものがあるかもしれない。ジェンダーや性に関する分類を歴史化したり相対化したりすることを我々は怠ってきたというハラウェイの指摘は，身体的アイデンティティをもう一度考えるために歴史を用いることを明らかに求めるものだ。歴史地理学者はフェミニズム研究者と共に，例えば「家庭」空間の歴史的な出現（McClintock, 1995）や，厳格に管理された「公的」領域と「私的」領域への社会の分割を探究するべきである。加えて，歴史の中で生まれた思考パターンに支えられ，正当化されている，現代の差異の枠組みに異議を唱えて介入

することもできるだろう。

　この種の研究の好例が，地理学者のエミリー・カウフマンとリサ・ネルソンによる研究である（Kaufman and Nelson, 2012）。彼女らは米国のメディアによって広められた現代の「福祉の女王」という人種化，ジェンダー化されたイメージの由来を，イギリスの経済学者であるトマス・ロバート・マルサスにまでさかのぼって明らかにした。それによれば，マルサスは決してヴィクトリア朝の変人思想家ではなかった。マルサスの社会福祉改革に関する考え方はニューイングランド救貧法の土台となったのであり，彼は今日では現代経済学の創始者の一人とみなされている。有名な『人口論』（Malthus, 1989：初版は 1798 年に匿名で出版された）においてマルサスは，スピーナムランドシステムとして知られていた当時の貧民救済方法を批判した。バークシャーの治安判事たちによって確立され，後に全国的に適用されたこの初期の福祉制度は，パンの値段に応じて貧困者に補助金を与えるものだった（Polanyi, 2001 参照）。マルサスは働いているかどうかにかかわらず，貧民に最低限度の収入を保証するも同然だとしてこの制度に激しく抗議した。彼の主張によれば，それは「貧困者」が扶養責任を考えずに子どもを持つことを許容することで，「貧困者」の増加に寄与するだけの「無料」手当てだったのである。

　生殖に関する選択の背後にある経済的・政治的現実について，マルサスはほとんど議論しなかった（Robbins, 1998）。カウフマンとネルソンによれば，公的な救済に反対する彼の議論は「人口圧力」の道徳的な解釈――それは貧しい母親を，国全体の健康と福利への脅威とみなすものだが――に支えられたものである（Kaufman and Nelson, 2012；Davenport, 1995 参照）。身の丈以上の再生産をおこなうことで貧民は，伝統社会の頽廃，腐敗，経済的な崩壊，そして最終的には秩序の崩壊を呼び起こす恐れがあった。サイモン・コマンダーが指摘するように，人口論は「つまるところ人間の本質についての声明であり，そして主に下層階級の出生率についての声明だった」（Commander, 1986：666）。

　カウフマンとネルソンはこの思考の系譜をたどり，20 世紀終わりごろのアメリカにおける福祉改革の議論につなげている（Kaufman and Nelson, 2012）。1996 年の「個人責任及び就労機会調整法」通過に至るまでの世論やメディアの議論に注目した彼女らは，以下のように示している。「国レベルの言説では，貧困者を病理学的用語で表現した。つまり病気と同様に，大変嫌なものであり，社会秩序を維持・回復させるためには拡大抑制の必要があるものとして描いたのだ」（Kaufman and Nelson, 2012：436）。その 1 つの例として，アメリカン・エンター

プライズ公共政策研究所のスポークスパーソンであるチャールズ・マリーの発言が引かれている。「非嫡出子の減少は，実施が望ましいことがらのうちの1つなのではない。それは低所得アメリカ黒人の市民生活を再建し，低所得アメリカ白人社会がカオス状態に陥ることを防ぐための必須条件である」(Kaufman and Nelson, 2012：437)。不安を煽るこの種のレトリックは，禁欲啓蒙教育，母子家庭に対する福祉手当のファミリーキャップ［訳注：福祉受給中の出産における追加的給付の拒否］，「婚外子」を減少させた州への財政的な見返りの実現を助ける正当化装置の一部だった。このジェンダー化された「欠乏と恐怖の存在論」(Kaufman and Nelson, 2012：443) は，1996年「個人責任及び就労機会調整法」のもとでおこなわれた福祉改革特有のものではない。議論を呼んだミット・ロムニーによるアメリカ社会の「生産者(メイカー)」と「受給者(テイカー)」への二分法にも「貧困の病理化」は明らかに表れているし，イギリスでは「努力する人」と「怠け者」へ二分する間違った努力がなされ，福祉予算の削減がおこなわれた (Williams, Z., 2013)。

　ヴィクトリア朝期における，救済に「値する」貧民と「値しない」貧民の区別は，現代の「依存文化」の議論や辛うじて残った福祉国家の残骸を解体しようとする試みを強く想起させる。21世紀においてもマルサスの時代と同様に，このような議論がジェンダー化されていることは明らかである。隠された「たかり屋国民」の逸話や，「母子家庭」についての嘲笑的なコメント，そして不良行為に対する親（ここでは母親）の責任の追及は数多い（例えば，2011年夏のイギリスにおける暴動を考えよ。暴動に続いて起こった非難の言説では，「真の原因」としてすぐに「凶暴な若者」と「家庭の機能不全」が挙げられた）。労働者階級の母親が国全体の道徳的関心の中心に繰り返し据えられてきていることは，批判的な歴史的考察の対象となりうるのである。

おわりに

　本章執筆中，アメリカのヴァージン・メディアが性的暴行の軽視とも捉えられるコマーシャルを撤回したというニュースが流れた。このCMは一方の手にプレゼントを持ち，もう一方で女性を目隠ししている男性のイメージと共に「クリスマスのサプライズプレゼントはネックレス？　それともクロロホルム？」という言葉が流れるものだった。財界の大物であるヴァージン・メディアのオーナー，リチャード・ブランソンは簡潔な謝罪コメントを出し，このCMは「無分別」で「ひどい間違い」だったと断言した (Williams, M., 2013)。また，このニュースが流れたのはデリー出身の23歳の医学生，ジョティ・シン・パンディが集団強姦

され殺されたことに対し，激しい抗議がおこなわれた週でもあった。この抗議活動はインドからネパール，スリランカ，パキスタンそしてバングラデシュに広がり，レイプと性暴力に対する世間の態度に関して活発な議論を巻き起こした。このニュースは，性やジェンダー関連の暴力と結託する文化があることを提起している（Dustin, 2013）。

　この解決につながる小さな糸口は，おそらく身体的アイデンティティの社会的構築を抑制することだろう。つまり非規範的な主観性の形を排除する動きの抑制であり，男性中心主義，家父長制，性差別，女性嫌悪などの有害なアイデンティ（トキシック）ティ形式の道を開く動きの抑制である。メックリーとブラウンの表現を用いれば，「文化の力を自然なものと誤解する」（Moeckli and Braun, 2001）ことの社会的損失は実に大きいのである。現在を過去からとらえようとする歴史研究者や歴史地理研究者は，「自然な秩序」がいかにして社会的に生産されるかを説明できる立場にある。そして我々の主観性を相対化することが，より非排他的，非暴力的で公正な社会の建設の一歩となることを説明できるのだ。

キーポイント
- 地理学においてフェミニズム研究者は，性別とジェンダーの分類が歴史的，社会的にいかに構築されてきたかを説明してきた。それによれば生物学的な性が運命というわけではなく，個人の身体的アイデンティティが自然な事実というわけでは決してない。
- フェミニズム地理学者は，地理学が男性のものだとする伝統的な考え方に異議を唱えてきた。そのような研究の多くは，歴史的，地理的な知識の生産における女性の能動的な働きを強調している。
- 当然視されてきた家庭と女性らしさのつながりに支えられて，空間が「公的」領域と「私的」領域に整理されてきたことを，地理学者は多様な伝統から示してきた。
- 地理学者はまた，現代のジェンダーの差異の枠組みが，いかにして歴史上の思考パターンによって支えられ，正当化されてきたかについても調べ始めている。

さらなる理解のために
Blunt and Rose, 1994 ; Howell, 2009b ; Kaufman and Nelson, 2012 ; Rose, 1993［ローズ，2001］; Tucker, 2009

（訳：春日あゆか）

IV　建造環境

第 10 章　自然と環境

ウルフ・ストロメイヤー

はじめに

　長い間，歴史地理学は「自然」や「環境」を，明確な研究対象として扱ってこなかった。多くの歴史研究と同様に，歴史地理学は「人間」そして人間が地球上に残した痕跡についての探究が全てであった。つまり，もし私たちが，伝統的で二項対立的な「自然」と「文化」の区別を，2つの独立する分析領域の区分として有効とみなすならば，歴史地理学は紛れもなく「文化」の側の研究分野であった（もっとも，これからみていくように，その区分を受け入れるべきでないとする多くの妥当な理由が存在するのだが）。「自然」が話題にあがるのは，それが人間の想像力や伝統によって形づくられた（formed）場所や場合が問われる時だけであった（本書を通じてみえてくるように，「形態（form）」の概念は，歴史地理学の中から生じる議論の中心にある）。

　だからこそ，「庭園」「公園」あるいは「文化景観」こそが，歴史地理学者にとって正当な研究対象に浮かび上がるのであり，一方で「森林」や「沼地」はそうした対象とはならなかった。「森林」や「沼地」が対象になるのは，古典的なジョージ＝パーキンス・マーシュの『人と自然』（Marsh, 1864）のように，森林破壊・過放牧といった現象の過程で「人間」が「自然」を荒廃させたり，あるいは，特定の野生動植物が人間活動によって特定の場所に持ち込まれたりしたことを問題とした時だけであった。そのため，当然のことながら，「以前」と「以後」の図を根気よく作り上げることを通してこれらの活動の影響を再現することが，歴史地理学者の目前の課題となったのである。

　しばらくの間，そうした考え方は非常に道理にかなうものであった。実際，「地理学」は主に「自然」や「環境」と人間との関係を検討する学問分野だと定義されてきたのである。この関係を最もよく例証するのは，おそらく，19世紀における国立公園の成立という歴史的事象（Nash, 1967 参照）なのだが，長い間，その構築と管理の重要な側面が歴史地理学者やその他の地理学者，そして近接分野である「環境史」を描く歴史学者の関心事とならなかったことは，まさに驚くべきことである。

　人文地理学者や歴史地理学者にとって，この関係は主に「人間活動の影響」と

して概念化されてきた。しかし，そこには人間による意図や計画の側面が欠落していたため，そうしたものへの学術的関心は歴史地理学自体の定める領域の外へ追いやられていた（Williams, 1994）。そのため「環境史」や「自然史」は，「歴史地理学」と異なるものとされた。さらに言えば，これらは，人文地理学者の用いる時間枠よりずっと長い時間枠を用いるという点でも異なっている。

　本章でのアプローチの鍵となるのは，「景観（ランドスケープ）」の概念である。それは，文化地理学者と同じように，歴史地理学者が自らの研究の中心に埋め込んできた概念である。歴史地理学においては，「自然」でも「環境」でもなく「景観」が，歴史上の事実や展開してきた過程における特定の文脈と，人間との関係を体現してきたのである。ベイカーが結論づけているように，「自然」景観から「文化」景観への変化は，大規模な変遷過程に注目する歴史地理学者の関心の中心を占めるものである（Baker, 1992）。したがって，定義上，「自然」は「変容した自然」，あるいは，スミスが18世紀フランスの博物学者（生物地理学の創始者でもある）ビュフォンにしたがって「第二」の自然（Smith, 1984：46-55）と呼ぶものとなる。ベイカーもまた，「景観」と「環境」の違いを主張する際に，この決定的な区別を示唆している（Baker, 2003：78）。

景観それ自体

　多くの場合，歴史地理学者の伝統的な関心は，都市あるいは村落に特徴的な特定の景観の起源に寄せられていた。だからこそ，歴史地理学者は「自然」というものを改変可能な素材とみなし，人間がそこに「働きかけ」る方法や使う道具の種類次第で，異なる結果が生じるものとして扱ってきた。重要なのは，そうした働きかけの結果は，特定の景観の中に可視化され，形づくられているために，歴史的な「見方」を教育された地理学者の接近可能な研究対象とされたことである。いかにしてそのような景観が姿を現し，また，そのような景観だと表象されたごとく見えるようになったのか，そのことを理解するところに，歴史地理学の重要な目的があるとされた（Lewis, 1983）。それゆえ，あらゆる視覚資料――地図，絵画そして写真――が，そうした研究に従事する人々にとって魅力的であり続けているのである（第23章参照）。

　歴史地理学的研究に「自然」が含まれる際に前面に表れる，視覚資料のすぐれて美的な側面こそ，――単なる背景的な現象とみなされがちであるが――洞察に満ちていて，かつ叙景的な研究の生産に寄与している。同時に，そのことが文化的に創られた「自然」とのつながりを具体的なものに変えていくのであ

る。この過程で，自然景観と文化景観は，壮大な歴史の中に深くそして本質的なものとして埋め込まれる。そうした歴史が，侵略と帰属をめぐる国民国家の語りを表明し，支持し，正当化するのである。例えば，サイモン・シャーマは，ドイツ国家についての語りにおいて，森林地帯や森が中心的役割を果たすことを示した（Schama, 1996；Bassin, 2005 も参照）。アメリカ西部が概念的に構築される過程での「広く開けた空間（wide open spaces）」という観念も同じ役割である（Hoelscher, 1999；Harris, 2004）。同様の視点から，地理学者たちは，地名や道標の創出や保存による景観の名付け行為にも深い注意を払ってきた（Azaryahu, 1997；Azaryahu and Golan, 2001；Holdsworth, 2002 とセクション 5 の各章も参照）。

プロセスとしての景観

　歴史地理学者の研究において，「自然」が主題になり得ないものから批判的な議論の対象へと移り変わっていったことは，ここ 30 年間の人文科学全般におよぶ展開と密接に関わっている。人文地理学における他の多くの下位分野のように，いわゆる「文化論的転回」が，現在と同じく歴史的に形成された景観に対して歴史地理学者のなすべき分析方法に大きな影響を与えてきた。どの研究が「文化」地理学または「歴史」地理学の分野に貢献したものかを特定することは，必ずしも容易ではなく，また有益なこととはいえない。

　しかし，文化あるいは文化的な要因で引き起こされた変化という考え方は次第に，世界を歴史的に理解しようとする研究で引き合いに出される概念の世界に入り込んできた。重要なのは，「文化」はもはや人間が表現したものの「実在の」蓄積や保管場所——博物館の類——ではなく，積極的に形づくられ，影響を及ぼす要素であり，人々の行動理由・方法を説明する手がかりとなるものだということである（Demeritt, 1994）。このような転回の初期には，歴史的景観がもつ象徴としての重要性に関するコスグローブの独創的な研究（Cosgrove, 1984）に刺激を受けつつ，（物質的ではない）歴史的表象を主要な資料として研究する動きが起こった。徐々に初期の制約から解き放たれ，歴史地理学的研究に自然に対する幅広い議論が登場した。そうした研究は共通して，歴史的事象に基づき，歴史的に文脈化された自然の生産（production）に注目していた。

　こうした構築主義的な変化が強調される中，自然が歴史的に形成される際の重要な場所として都市を解釈する著作が多く公刊されたことは，驚くに値しない。第 12 章で詳しく議論されるように，都市は「文化論的転回」に影響された認識論的要請に応えられる対象として相応しいものだった（それは「都市化」

や「都市の変化」が取り上げられるべき研究分野になったことも関係している；Jenkins, 2006 を参照）。それだけでなく，本章の関心にひきつければ，都市はホールズワースが隠喩的に「オクトパス」と名付けたような，資源を探し求めて都市外部の環境と広範囲に結びつく存在として浮かび上がってきた（Holdsworth, 2004）。

　主たる研究対象の1つとなっているのが，(広義の)「自然」と都市の生活との，昔から言われている対照関係である。この関係は共生的で，そして歴史的に偶発的（contingent）に布置されたものという観点でとらえられるようになっている。既成概念を打破した好例で，かつ最も影響力のある研究の1つが，シカゴの発展における自然の「歴史化」を扱ったウィリアム・クロノンの識見に富む『自然の都』である（Cronon, 1991）。その他，都市の環境の歴史的展開を，自然の特定の概念化に言及しながら再考した研究として，ニコラス・グリーンの『自然の光景』（Green, 1990）とマシュー・ガンディーの『コンクリートと粘土』（Gandy, 2002）が挙げられる。とりわけ都市公園は「自然」と「文化」との関係を例証する空間として再浮上しており，今や美的な原理よりも，むしろ労働に関わって社会的に生産された空間として，再考されるようになっている（Debarbieux, 1998）。

生産物としての自然

　限定的に受容された「文化論的転回」のくびきを越えて，地理学者たちは「自然」を，文化や歴史の研究の後に残されたものというくくりではなく，それ以上のものとして概念化し始めた。ここでいう「それ以上」とは，一種の「生産物」としての概念化などを指す。すなわち，「自然」は「社会的」あるいは「文化的」に生産されたものとして浮かび上がってきたのである（Fitzsimmons, 1989；Castree, 1995；Kong and Yeoh, 1996；Demeritt, 2001）。

　こうした議論を背景にして，歴史地理学者が，現在そして過去の地理がつくられる重要な過程を理解する手掛かりとして，歴史における自然の構築性とその利用の仕方に特段の注意を払うようになったことは当然であった。アンダーソンの論文は，白人の植民地におけるアイデンティティ，「文明化」への使命，そして歴史的舞台の中での自然の構築が，相互に支えあう関係にあったことを論じている（Anderson, 2003）。その論旨全体は歴史地理学の大きなトレンドを示唆するものとなっている。それへの言及は本章の論点を越えるので避けるが，地理学と歴史学が結びついたところにあるこうした探究において重要なことは，歴史的な

証拠を用いて，植民地主義(コロニアリズム)・帝国主義・近代性(モダニティ)についての国民国家の枠にとらわれない幅広いプロセスを明らかにする試みがなされていることである。

こういったテーマはみな，本書でも大きく取り上げられている（ドライヴァーとマルティンスによる論文集（Driver and Martins, 2003）も同じく，歴史地理学に対するこのような解釈を提示している）が，それらの研究の多くは，その要点として，歴史的に様々な景観が構築されてきた際に原動力の1つとなった，係争性（contestation）をはっきりと強調している。「歴史的風景／景観(ランドスケープ)」は，政治的過程に埋め込まれたものとみなされていく中で，以前のような自然の輝きを失っていった。その代わりに歴史地理学者は，例えば「近代化」「資本主義」「グローバリゼーション」といった，より幅広く係争的なプロセスの文脈の中で，風景／景観が極めて政治的に生産される点に注目するようになった。こうした動向もまた偶然ではない。つまり，「ナショナリスト」が決定論的な語りを合理的で本質的なものにしてきた文脈を剥ぎ取ることで，「自然」や「環境」はより一層，地理をめぐる係争に関わる概念として立ち現われ，それゆえに，（前のセクションで議論してきた）歴史的ヒエラルキーの中に強く埋め込まれる形でとらえられるのである。

歴史地理学などの分野において，「自然」の構成に寄与した重要な要因として「係争性」が認識されることで，「自然」に対する一般的なまなざしや理解の仕方を脱自然化することができるようになった。自然の歴史地理に関する伝統的な方法論から自由になったことで，自然に対する新たな理解の仕方は，今では多様な語り(ナラティブ)に供されるようになってきた。「ジェンダー」はそうした語りの1つである。マーチャントの『自然の死』（Merchant, 1980）に刺激されて，自然の歴史的な構築を概念的に意識した研究が現れ（Nash, 2000b を参照），地理学者や空間に関心を寄せる他の研究者がそれによって，自然について考える方法論を形成した。ジェンダーと同じような，地理学者の過去に接近する方法の歴史は，本書の多くの章で話題にされている。こうした取り組みは，「概念に基づく」知という考え方と表現できるだろう。

表象される自然

「係争的な」自然や環境という考え方が，自然界の表象にも結びついていることは重要である。証拠の入手には歴史資料の質的・量的な現存状況が介在している，という伝統的な方法論の文脈においては，普通，自然の表象と「自然に見える」環境の表象の両者は，研究者の想定した区別から切り離すことが不可能であった

第 10 章　自然と環境　103

図 10.1　パリの絵葉書：ビュット・ショーモン―吊り橋（1905 年頃）

（特に Schein, 1993；Raivo, 1997；Withers, 2000；Hagen, 2004 を参照）。逆に，上記の考え方を用いれば，ある 1 つの自然の表象は，歴史資料がない場合に記述し得る以上に含蓄のある歴史へと導くことができるのである。

　事例として，絵葉書における自然の表象を取り上げてみよう（図 10.1 参照）。この絵葉書の中で「自然」は，各種の樹木や地形として難なく見出せる。これに加え，橋や何人もの人々，そして中央の奥に寺院のようなものが見える。また，絵葉書のタイトルから，見ている場所がパリにあること，橋が吊り橋であること，そしてこの場所が「ビュット・ショーモン（Buttes Chaumont）」だと示されており，私たちはまさに都市環境の中にある公園を眺めているのだと（フランス語が読めて，なおかつ「パリ」の示す地理的意味を「認識する」ことができると仮定すれば）推察することができる。さらに，ファッションに知識のある人なら，写っている 3 人の人々の着る服から，およそ 19 世紀末頃の自然が表象されていると読み解くことができる。

　しかし同時に，ある表象は単にそれだけを示す——多くの場合，ある形式をもって何かを表現する——かたわら，他のものを効果的に抹消してしまう。このことを最もよく示しているのは，ある特定の表象のために，構図や角度が決まるという点である。つまり，絵葉書の中に住宅を見えなくすることで，効果的に，描かれた場面の都市的な背景が消されているのである。維持管理作業が図像の中から排除されていること（Strohmayer, 2006 参照），技術と文化が自然と「融合している」こと（橋の鉄の支持部材と樹木との有機的な結びつきや，山頂に配置された「ギ

リシャ風」の寺院に注目），そして橋を利用する人々の描写がジェンダー化されていることにも，同じ「働き」が見られる。ジェンダー化された描写の中で，2人の男性は何かの目的のために自然の中を通り過ぎていく一方，女性には自然を楽しむ暇が与えられている。これらの人物のうち，女性だけが上から彩色処理されている事実（その部分は白黒図版の表現では見えないのであるが）が，彼女のポーズの「余暇的な」印象をさらに増幅させている（第9章参照）。

　最後に，ビュット・ショーモン公園のこうした表象のうちに全く現れていないのが自然の生産である。ここは1850〜60年代のオスマンによるパリ改造時に必要とされた建築資材の大部分を産出した採石場で，かつての生産に関わる環境を自然に見せるよう設計された。「自然」はそこで，名目上は外的存在であるが機能的には関係している多くの文脈を支えている。すなわち，帝国主義的で近代的な社会としてのフランスの再想像／創造と，非反抗的で協調的に共存し合う人々の住む，有機的で非係争的な都市としてのパリ，といったものである。

　セクション8で詳しく議論しているように，歴史地理学者は表象の諸形式，特に自然の表象のされ方について，総じて注意を払うべきである。私たちは過去の環境に対する独自の見方や見識を供する一方で，過去の地理の分析に有効な指摘を加える者として，検証のための批判感覚と文脈への自覚を必要とするのである。

キーポイント
- 近年，自然に対する歴史地理学者の関心は，概して美的あるいは機能的な点から，係争性や構築性という概念に対する注目へと移り変わってきた。
- 「自然」や「環境」は，国家と結びつきがちな，単なる背景を語る存在ではなく，今日では，社会的，文化的，経済的現実の歴史的な起源をさぐる重要な視点を提供するものと見られている。
- 上記のような見方をとる中で，自然は徹底的に構築され，しばしば争われるものとして立ち現れる。

さらなる理解のために
　Debarbieux, 1998；Gandy, 2002；Green, 1990；Swyngedouw, 1999

（訳：島本多敬）

第11章　都市を読み取る

イヴォンヌ・ウィーラン

はじめに

　歴史地理学は経済，文化，社会，政治，都市や農村といったあらゆるテーマを扱っている。それは本書で取り上げる概念が多岐に渡ることからもわかるだろう。もちろん，それぞれのテーマは関連性をもつ。とりわけ集落や人口，都市，都市化を扱う際は，その特徴が際立つ。というのも，これらは都市と農村のどちらにも関わり，またいくつもの時期にまたがる，研究の豊かな鉱脈だからである。例えば土地利用に関わる歴史的な集落パターンや，出現ー発展ー衰退の変遷の理解に力点を置かれる場合，農村を扱う歴史地理学者の多くは，環境や人口，文化などの影響を加味した連続や変化の局面に関心を寄せて集落形態を分析してきた。

　都市域が主要な調査対象の場合も同じである。都市は文明による最も力強い文化的創造物の1つであり，多様な論点が都市研究を刺激してきた。その中で地理学者は，都市空間の複雑さをめぐる探究の最前線に常に位置し，都市が今のような形で空間的に組織された理由と変遷過程を追い求めてきたのである。本章では，このような都市化を特徴づけるプロセスやパターンに加え，都市化の中で展開した都市や都市景観に関する研究史の一端を紹介する。

都市の地理

　大型のショッピングセンターや「迷路のような住宅団地，環状道路，それに裏庭や街灯，標識，鉄塔」からなる，都市と村落ともつかない退屈な景観。「イングランドの大部分が，そんな愛されることも愛すこともない場所となった。それは計画的にというより偶然に。どこも同じような個性のない均質な郊外になったのだ」(Kingsnorth, 2005：3)。これは2005年6月に英国田園保護協議会（Campaign to Protect Rural England：CPRE）が刊行した報告書『あなたの田舎，あなたの選択』の一節である。また，次のようにも記された。

> その景観には色とりどりの家や納屋が染みのように点在し，残された空閑地にはゴルフ場や競馬場，きらきら光る人工物が入り込んでいる。そして異様に発達した道路ネットワークが行き渡り，灰色の大通りから細い袋小路だら

けの迷路への絶え間ない流れを生み出している（Kingsnorth, 2005 : 2）。

　20世紀後半以降，多くの人々が都市域に居住するようになった。特に大都市の人口は圧倒的である。イギリスではいまや人口の8割が都市部に居住しているが，CPREの指摘する目に見えない都市化の波は，私たちの暮らす地域を大きく変え，毎年21平方マイルの農村空間が開発によって失われるなど，農村部に大きな影響を及ぼしている。このような「都市化の進行」はイギリスのみならず，世界中で認められている。国連の試算によれば，現在の世界の都市人口が5割強に対して，2030年には6割を超えるという。よって，都市化の進展が21世紀の生活を特徴づけるキーワードの1つになることは，おそらく間違いない。

　この状況を16世紀の西ヨーロッパと比べてみよう。当時，西ヨーロッパで人口10万人を超える都市は6つしかなく，人々の大部分は小さな町や村に住んでいた。それが16世紀から17世紀にかけて資本主義経済が発展し，近代的な国家建設が始まると，西ヨーロッパの集落システムに変化が起こり始めた。「後背地である農村部との距離によって規定されていた小さな市場町が，力強い国家のもと，都市へと急速に成長していったのである」（Lawton, 1989 : 2）。とはいえ，19世紀初頭までのイギリスでは農村部の人口が多数を占めていた。例えば1801年のイングランドとウェールズの人口は900万人弱だったが，人口2万人以上の都市は15カ所，全人口に占めるそれらの都市の居住割合は17％に過ぎなかった。また，人口10万人以上となると，ロンドンだけ（人口86.5万人）しかなかった（Daniel and Hopkinson, 1989 : 66）。産業革命とそれに伴うヨーロッパ中での産業基盤の出現によって初めて急激な人口増加が起こり，新たな都市化という点での西ヨーロッパの先駆性が確固たるものとなったのである（Lawton, 1989 : 3）。バドコックは次のように指摘している（Badcock, 2002 : 21-22）。

　　イギリスの都市化は道筋を示すものであった。1801年から1891年までの90年間に，イギリスの都市人口率は全体の4分の1から4分の3へ上昇した。2万人以上の都市に住む割合をみると，1801年に17％だった数値は1911年までに61％となっている。1800年まではロンドンだけが10万人を超える都市だったのが，1911年には他に44の都市がそうなったのである。

　人口は19世紀を通じて上昇しつづけ，特に1840年から1880年は急速な産業化の結果，ないしそれに反応するかたちで顕著に増加した。1891年までにイギリスの人口は2,900万人を超え，ロンドンには650万人が暮らした。バーミ

ンガムとマンチェスターも人口が10倍となり，1901年にはそれぞれ76万人，64.5万人となっていた（Daniel and Hopkinson, 1989：66）。そのような都市化（urbanization）——農村部よりも都市部の人口が増えることを指してこう呼ぼう——は「近代化の指標の1つであり，また産業革命期の経済的，社会的変化のシンボルの1つともなった」（Lawton and Pooley, 1992：90）。その要因には，出生率が死亡率を上回る人口の自然増加がみられたことや，農村部から都市部へ移住が多くなったことなどが複合的に関係した。資源に恵まれた地域にあった町や都市は，生産の場が小さな作業場から大規模な工場へと変化する中で繁栄，拡大していき，それが増えつつあった農村部の小作人を引きつける「プル要因」となった。また同時期，農地改良や機械化の進展による農村部での高い失業率が「プッシュ要因」となり，多くの人々が仕事を求めて農村から新しい都市域へと移住したのである（Daniel and Hopkinson, 1989：66）。また19世紀のイギリスの都市化は，世界規模の動きと不可分であり，その一部だという点も忘れてはならない。バドコック（Badcock, 2002：22）によれば，

　ヨーロッパや植民地での都市化や都市建設は，中核となる大都市と植民地との間での労働，資本，商品の非対称の流れと同時に，各地の国内経済における農村と都市との間での非対称の流れの中で生じたものである。

　さらに，都市化は世界各地でまったく違った速度で起こり，そして多様な地域環境の中で促進されたという事実も考慮すべき重要な点となる。それゆえ，イギリスでは産業化が都市化の主な促進要因だが，新世界での都市化は重商主義に端を発することになる。また，アメリカで産業化が都市成長の土台となったのは，1860年代に入りしばらく経ってからだった（Badcock, 2002：22）。

都市の土地利用モデル

　上記の都市化のプロセスや，それに続く19世紀から20世紀初期にかけての西ヨーロッパやアメリカにおける都市の急速な成長については，これまで地理学や社会学など，関連諸分野の専門家が関心を寄せ，様々な方法で分析してきた。例えば，20世紀初頭に都市社会学をけん引したシカゴ学派は，都市内部の構造や土地利用をモデル化しようと試み，都市の社会的，文化的なモザイクを記述していった（Johnston, 1971）。現在，これら初期の研究の多くは批判されている。しかし，地区ごとに多様な，そして時には隔離された土地利用や社会経済的ゾーンがある中，それらの容器としての都市の働きを解明しようとしたこれらの研究

には，都市景観を説明する上で重要ないくつかの基礎的な試みが含まれている。

　都市生態学で知られるシカゴ学派は，1913年にシカゴ大学に設置された，アメリカ初の社会学部で発展した学派である（Johnston, 1971；Bulmer, 1984）。アメリカの諸都市が急速な成長と産業化を経験した1920年代，シカゴは移民流入が増加の一途をたどり，また急速な都市化が進んでいた。そのような理想的な実験場に刺激を受けつつ研究を進めたのが，ロバート・E・パークとアーネスト・W・バージェスであった。彼らは，シカゴ学派の他の研究者とともに，民族学的調査の手法も導入しつつ，多様な角度から都市内部の地理を精査し，都市化の進展に伴って生起した社会問題を分析していった。

　また，シカゴ学派の中には，社会を1つの有機体ととらえる都市生態学の考え方を進める者も現れた。都市の中に特徴ある地区が生まれる過程を説明するために，自然の生態系の考え方やダーウィンの進化論を導入したのである（Badcock, 2002：181）。そして，都市景観に生物学的なアイデア——競争や優性，侵入，遷移といった概念——が応用され，人々が都市内の空間を取り合うことで，セグリゲーションが生じたり，都市発展における地帯（ゾーン）や扇形（セクター）のパターンが表れたりすると論じられた。

　シカゴ学派の残した最たる遺産は，「徹底的になされた質的なフィールド調査や観察に基づく厳密な実証研究」（Hubbard, 2006：25）から生み出された，都市の土地利用や社会構造に関する幾多のモデルである。これらのモデルは都市の内的構造の一般化をはかり，都市内の多様な土地利用地帯どうしの空間的関係を強調するのに役立ったほか，どこの町にもみられるような空間的特徴の抽出や，その形成過程を理解する試みにも利用された（Daniel and Hopkinson, 1989：117）。

　例えば，1925年に発表されたバージェスの同心円モデルがある。それは生態学的プロセスの傾向をもとにして同種の住居を分類した初めての都市モデルで，人間は競争という選択的行動をとるというアイデアや，侵入や遷移の概念を応用していた。そして「土地利用のパターンは都市の成長にしたがって侵入と占有の局面が継起的に起こるという彼の考えを簡潔に要約したもの」だった（Hubbard, 2006：27；Burgess, 1925, 1927）。具体的には，シカゴの犯罪や売春の発生地点の詳細な分析に基づいて，都市が中心業務地区（CBD），新しく到着した移民が居住地を探す遷移地帯，労働者住宅地帯，住宅地帯（アウターゾーン），通勤者地帯の5つの同心円ゾーンに区分された。バージェスは，特定の居住地区の社会経済的な地位とCBDからの距離には有意な相互関係がみられると論じたが，このモデルによれば，アウターゾーンには好ましい空間に住むことができる裕福な

居住者が多く，CBDに近く高級感の乏しい地帯にはより所得の低い層が居住することになる。

　確かに，同心円モデルは移民によって急速に人口が増加したシカゴの社会的セグリゲーションを見事に表現していた。しかし裏返せば，1920年代のシカゴという特定の経済的，政治的環境にあわせて定式化されたモデルということでもあった。そのため，より洗練され，かつ幅広く応用可能な都市の土地利用モデルが追究されていった（Pacione, 2005：143）。その代表が1939年に提唱されたホーマー・ホイトの扇形モデルである（Hoyt, 1939）。ホイトは200を超える都市の賃貸料や住宅価格を詳細に分析し，都市の地価は同心円的なゾーンの中でも異なる傾向があることから，都市の土地利用は同心円というよりも，中心から特定の方向に拡がっていく扇形に展開すると論じた。

　その後，バージェスとホイトのモデルは，ハリスとウルマンの多核心モデルに統合され，過度な単純化が修正された（Harris and Ullmann, 1945；Harris, 1997）。ハリスらのモデルは，都市域には複数の成長核があることに焦点を当てたもので，大都市の多くは単一のCBDを取り囲んで成長するのではなく，実際には複数の結節点ないし核——これら自体，いくつかの主要な要素によって統制されている——の周りに展開していくことを示している。多核心モデルは都市内部の土地利用構造をより「実態」に即して描写しようとし，また都市空間の発展における特定のローカルな文脈（コンテクスト）の重要性を強調するものであった。

おわりに

　ここで紹介した都市の土地利用モデルは，その後に発展したモデルの多くとともに，もはや都市研究の古典でしかない。しかし，これら初期のモデルが都市の内的構造を読み解くための重要な試みだったことは確かであり，実際の都市をとらえる教育・訓練用の装置としての価値は失われていない（Pacione, 2005：144）。また，都市の土地利用パターンの地図化やモデル化は「地理学の重要な伝統となり，地理学を空間科学として再設計しようとした者たちの思いを明快に反映するものとなった」（Hubbard, 2006：28）が，初期のモデルは，実証主義的地域研究や因子生態学の出発点として，これらの多様な試みにも刺激を与えた。さらに近年は，現代の都市社会により直結する概念を提供すべく，古典モデルを精緻化する動きもみられる（Pacione, 2005：145）。つまるところ，都市の土地利用に関するこれらの古典モデルは，その応用系モデルとともに，都市構造を理解するための有益な視点を提供してくれる存在なのである。

ただし，これらのモデルは現実世界を単純化することに意を注いでおり，都市空間の実際の形状や形態の理解には役立たない場合があることも事実である。また，特定の土地利用地区を生み出す要因として経済的側面を重視するため，建物構造や歴史的文脈，また都市景観を実際に作り上げるより細密なプロセスについて十分に扱えないという問題もある。そのため，次章では都市の読み解きに関する別のアプローチを取り上げることにしよう。本章で取り上げたモデルの多くが都市社会学から発信されたものであったのに対し，次章で取り上げるのはM.R.G. コンツェンによって開拓された都市形態学的なアプローチであり，従前から歴史地理学の領域に位置づけられてきたものである。内容をやや先取りして言えば，このアプローチは，都市化の中に埋め込まれた構造や過程を徹底的に理解しようとするもので，都市の物理的形態についての時代による変化や他都市との異同に特別な注意が払われる。そして，都市環境は混沌，曖昧な中で有機的に展開するという考えとは，多くの点で対抗的なものである。

キーポイント
- 20世紀後半以降，世界は都市領域が支配的となり，大都市に圧倒的な人口が集中するようになった。
- 都市化は，農村部よりも都市部に居住する人口割合が増えることを表現する言葉である。イギリスの場合，都市化は産業革命によって拍車がかかった。
- 都市発展や世界規模での急速な都市化は，人文地理学者の格好の調査対象となってきた。
- 都市生態学のシカゴ学派は，1920年代のアメリカにおける都市成長と産業化を刺激に研究を進め，立地分析モデルを定式化する主導的役割を果たした。
- 調査をもとに作られた都市の土地利用と社会構造に関するモデルは，シカゴ学派の残した重要な遺産となっている。

さらなる理解のために
Badcock, 2002 ; Hubbard, 2006 ; Lawton, 1989 ; Pacione, 2005

(訳：上杉和央)

第12章　都市形態学の地理

イヴォンヌ・ウィーラン

はじめに

　集落や都市化，都市景観の発展に関する研究は広大な地理的，概念的領域にまとまりなく広がっており，それは集落そのものと似ている。空間の社会的構成が物質的に表れている集落は，考古学，歴史学など関連分野の研究者とともに地理学者をひきつけ，様々な時代，空間に関して特定の集落形態の起源が探究されてきた。例えばダブリンの起源は，リフィー川河岸の古代ゲール人居住地にさかのぼることができる。地理学者はこの都市を形作ってきた幾度もの入植の波を明らかにしてきた。特に注目されたのは，バイキング，続いてアングロ・ノルマン人により9世紀から12世紀にかけておこなわれた要塞化された集落への植民であり，それに続いて起こった中世の発展と衰退である（Simms, 1979）。そして，ダブリンの形成過程が分析される中で，比較的小さいが立地のよい町だったものが徐々に発展し，18世紀には首都であり中心的な都市（アーバン・ハブ）となったことが示されてきた（Brady and Simms, 2001）。

　景観変化や都市の土地利用を理解，描写，分類するにあたって，地理学者は様々な手法を取ってきた。例えば20世紀初頭のシカゴ学派に端を発する，都市の内部構造や土地利用をモデル化しようとする様々な試みを思い起こすことができる（第11章参照）。あるいは文化景観の描写や分類を重視するカール・サウアーの手法や，アイデンティティの語りに関わり国家の図像（イコン）を形成する，社会的に重要かつ象徴的（シンボリック）な実在物として都市空間を分析する手法もある（第13章参照）。本章では，1960年代にM.R.G. コンツェンによって英語圏の都市歴史地理学に導入された都市景観研究のアプローチを検討したい。コンツェンの形態学的手法は，建築構造（ファブリック）や，都市の形である都市形態を非常に重視するものである。彼の研究は都市の地理的特徴を説明し，その盛衰の諸段階を描写するための重要な概念や方法を地理学者に与えてきた。

都市形態の歴史地理

　都市形態学は簡単にいえば，都市における建築物の形態や配置，土地利用を調べるものであるが，明確な形態学的地区（ゾーン）を判読するために都市形態のパターン

や規則性を探るものでもある。都市形態学者は形成段階からその後の変化に至るまで，主に都市の展開に関心を持っており，研究の焦点はたいてい社会的，経済的諸力によって生み出された形あるものに置かれる（Moudon, 1997）。都市形態学研究は大陸ヨーロッパの地理学で長い伝統があり，フランスやイタリアに有力な思索の潮流が存在する（Darin, 1998；Marzot, 2002）。イギリスにおける都市地理学研究では M.R.G. コンツェン（1907-2000）の業績と，都市図［訳注：本章では town plan を都市図または都市プランと適宜訳し分ける］，建築構造そして土地利用の詳細な検討に基づく彼の都市プラン分析の手法が卓越している（Whitehand, 1981, 2001）。コンツェンは 1933 年にヒトラー政権下のドイツからイギリスに亡命している。そして，都市計画者としての資格を得た後，ニューカッスル大学地理学部の講師に就任した（Slater, 1990）。ここで，後に彼の代表作となるノーザンバーランドの中世都市アニックについての研究に取り掛かった（Conzen, 1960）。これはイングランドとウェールズの中世都市を中心とした彼の一連の研究の嚆矢となった（Conzen, 1958, 1962, 1988 も参照）。

計量革命のただ中にあった地理学全体の文脈とは矛盾するようだが，コンツェンは緻密で実証的な研究に基づく学派を開拓した。彼の研究は都市空間の歴史的構造を理解するための方法論的，概念的な手法を提供したのである。コンツェンのアプローチの根底には，都市景観はそれぞれの時代の必要に応じて変化，適応し続けてきたという信念があった。犯罪の科学捜査のように，都市景観の展開に関する徹底的な調査によって，その過程の理解は大きく進むだろうと彼は主張した。彼によれば都市景観とは，「場所の継承過程などを通して，ある時代の特徴が後の時代の特徴によって部分的または全体的に書き換えられていく」ものだった（Conzen, 1968：116）。

都市景観の起源や展開をよりよく説明するために，彼は都市図や大縮尺図を詳細に分析することを提唱した。特に文書史料がない場合，地理学者は都市図によって都市空間の歴史を紐解くことができる。彼は「都市プラン分析」と呼ばれる方法論を考案し，特に中世の都市景観の空間的展開について，都市の形態がどのようにつくられ，その後変化したかを調べた。1968 年に出版された書籍におさめられた「都市史研究における都市プランの使用」と題した章で，コンツェンはこの手法の性質と使用範囲についてわかりやすく概観している。そこでは最初に「研究者が当然のように都市プランを研究するなら都市史の分野が得るものは非常に多いだろう」と書かれている（Conzen, 1968：115）。都市プランは鍵となる3つの（コンツェンの用語を使えば）「形態分類（form categories）」の1つを構成する。

残りの2つは建築構造（建築材料と建築様式を含む）と都市の土地利用パターンである（Conzen, 1968：116）。彼は都市プランをさらに3つの構成部分／要素に細分している。それは，街路とそれらの配列，敷地と街区内におけるそれらの配置，建物の区画内プランである（Conzen, 1968：117）。

　コンツェンは都市プラン，建築構造，土地利用の詳細な分析が，都市空間の成長と発展の諸段階を表す明確な形態学的時代区分（morphological periods）を明らかにしうることを示した。彼はまた，都市景観のこれら三要素について，変化要因に影響を受ける割合やペースが異なることも示している。例えば，土地利用は最も変化の影響を受けやすい。建築物は土地利用よりも変化がゆっくりしており，建替えのような物質的変化なしで別の用途に対応可能という特徴がある。また，都市プランや都市内の配置は最も変化の影響を受けにくい。コンツェンはまた，同じような敷地が連続していれば，それを基礎として，彼のいう都市の「プラン単位」が特定できることを示した。「プラン単位の判別にはとりわけ，相関関係のある街路空間，敷地，建築物を見る必要がある」（Conzen, 1968：122）。ゆえに，建築物や街路の類型における特定の組み合わせが創出された時期は1つの形態学的時代区分となる。続けてコンツェンはイングランドやウェールズの比較的小規模な，中世の特徴がよく維持された町——主にラドローやコンウィ——で数多くの研究をおこなった。これらの研究は，都市プラン分析が都市研究者にとって都市発展の段階を理解する重要な手法でありうることを示した（Lilley, 2000：6）。

　コンツェンはまた，都市の変化を分析するのに役立つ多くの重要な概念を都市歴史地理学の語彙として導入した。それらの中で最も注目すべきものは，周縁地帯（フリンジ）の概念である。これは市街地の縁（ふち）にある混合した土地利用が見られる地域のことを指し，市街地の拡大の鈍化または停滞した時期がここに物質的に表れる（Conzen, 1960；Whitehand, 1967）。その他にも彼は，ある1つの区画が中世からどのような土地利用の展開をするかを示す自治都市土地保有サイクルの概念も提案している。ホワイトハンドが議論するように「コンツェンの研究を基にした学派にとって最も大きな刺激となったのは，都市の発展プロセスに関して彼が発展させた概念である」（Whitehand, 2001：104）。

　コンツェンが開拓した都市プラン分析の手法は，地理学者によって様々な時代や場所に応用されてきた。リリーが指摘するように「イギリスやアイルランドの地理学者，考古学者，歴史家は中世都市景観の歴史的展開を地図化する土台として集落形態学に興味を示してきた」のである（Lilley, 2000：5）。バーミンガム大学で1974年に立ち上げられた都市形態学研究グループは，「地理学の主流を

補完する，非常に有力な研究センター」であり続けている（Moudon, 1997：4）。都市形態学者はここ何十年か，特に中世の都市集落に関して（Lilley, 2000）都市プラン分析を積極的に活用し続けているだけでなく，彼らは都市形態学分野を拡大，進化させてきてもいる。今では都市に関連する幅広い分野の研究が都市形態学に含まれており，それには例えば，都市保全，歴史的・現代的景観の管理，都市・住宅立地の変化要因，そして郊外化に関する研究などがある（Whitehand, 1992；Whitehand and Larkham, 1992）。実際，都市再開発計画が多く提案されるにともない，歴史的構造（ファブリック）が消失する危機や現実の消失がおこっており，このことが都市の形態や歴史的な都市構造をより深く理解し評価することを促してきた。都市の形態に焦点を当て，大縮尺の都市図を幅広く使用している重要な国際プロジェクトに「国際歴史都市アトラスプロジェクト」がある。例えばアイルランドでは，このプロジェクトの結果，およそ25都市の研究が出版されている。それぞれの研究は都市域の拡大と発展を非常に細かく図示しており，これらによって比較研究も可能になった（Simms et al., 1986；Simms and Kealy, 2007）。

おわりに

コンツェンの都市形態学的手法は，現在の人文地理学ではやや傍流に押しやられているきらいがある。とはいえそれは，都市における土地利用の細かな地理を地図化し，都市空間の歴史的展開の軌道をたどるための，一連の方法論的そして概念的な手法を都市歴史地理学者に提供し続けているのである。

現在，文化論的転回によって多くの都市歴史地理学者が，表象としての都市をますます強調するようになっている。シムズが説明するように，そのような研究を可能にし活気づけた概念の1つに，多くの側面を持つ象徴的（シンボリック）なテクストとしての都市景観の理論化があった。「これは景観の図像（イコノグラフィ）の理解を意図している。なぜなら，この視点によって政治的，経済的，文化的に支配的である社会集団について明らかにすることができるからだ。集落は媒介かつメッセージであり，場所かつシンボルであり，地勢かつテクストでもある」（Simms, 2000:237）。そのため，都市集落の地理は地理学者を引き付け，研究の重要な焦点であり続けるのである。しかし，

> 社会理論の変遷と都市に対する学問的関心の増大は，都市環境を詳細に研究する学問分野の幅や視角の幅を広げる方向にも作用してきた。都市には分析対象としての可能性がある。長い間（地理学や都市計画のような）社会科学

の中で相互に関連しあう分野から関心が寄せられてきたが，今やカルチュラル・スタディーズやフェミニズム研究のような学際的な研究分野にも都市は開かれているのだ（Jacobs, 1993：827）。

この結果，表象の場所として，また社会文化・政治システムのダイナミックかつ象徴的な構成要素として，都市空間を探究する一連の研究が展開されてきた。それらの研究のほとんどはアイデンティティの構築，流動化，表象に関連して，建造形態（built form）が象徴的意味を持ち，イデオロギー的に重要であることに注意を払っている。またそれらはイデオロギー，権力，建造形態の間の結びつきを強調しているのである。

キーポイント
- 地理学者は都市の土地利用を理解するために，様々な手法を採用してきた。
- 都市形態学は建築物の形態や配置，土地利用に注目し，同時に明確な形態学的地区を特定するために，それらのパターンや規則性を見つけ出すことにも関心を持つ。
- イギリスにおける都市形態学の潮流は，M.R.G. コンツェンによって開拓された。彼の都市プラン分析の手法は都市プラン，建築構造，土地利用の詳細な検討に基づくものである。
- 文化論的転回によって多くの都市歴史地理学者が，表象としての都市を強調するようになり，またイデオロギー，権力，建造形態の間の結びつきを強調するようになった。

さらなる理解のために
Conzen, 1968；Lilley, 2000；Slater, 1990；Whitehand, 2001

（訳：春日あゆか）

V　場所と意味

第13章　景観／風景と図像学

イヴォンヌ・ウィーラン

はじめに——景観／風景の理解

　　風景とは文化的なイメージである。すなわち周りにある対象を絵画的に表現し，構成し，また象徴化したものである。……風景画や風景詩は言うまでもなく，風景公園であっても，もはや現実のものではなく想像の産物なのである。……そしてもちろん風景をめぐる研究はその意義を変え，文化的表象の新たな層を重ねるようになっている（Cosgrove and Daniels, 1988：1）。

　景観／風景（ランドスケープ）は地理学の中心的な位置にあり，その調査や分析の手法は時とともに進化してきた。本章では，人文地理学における景観／風景概念の展開から検討を始め，次に1990年代の「新しい文化地理学」に端を発する風景研究をより詳しく考察する。とりわけ文化景観の象徴的（シンボリック）な地理に関する研究や，風景，記憶，またアイデンティティと深く結びついた研究について吟味したい。歴史地理学者たちは長年，自然景観から文化景観に至るまで，また農村景観から都市景観に至るまで，様々な形の景観研究と関わってきた。そして風景の複雑さを表現するために，折々で多様な理論的枠組みを使用してきた。例えば19世紀後半，ドイツの地理学界に地表面や特定の地域の様相を表す共通語として，ラントシャフト（Landschaft）が登場した。同じ頃のフランスで地理学者たちは「人間が土地に刻み付けた活動の表現」として，ペイザージュ（paysage）を検討した（Baker, 2003：110）。

　多くの点でこの成果は，1920年代のカール・サウアーによる重要な研究へとつながっていった。カリフォルニア大学バークレー校の地理学教授であったサウアーが，その考えをアメリカの文化地理学界へ紹介した時，彼はドイツにおけるラントシャフトの伝統をふまえつつ，景観（ランドスケープ）を地理学における「基本概念」として捉えた。サウアーやバークレーで彼の下に学ぶ学生たちにとって，景観とは研究されるべき対象であった。サウアーは主として自然景観の文化景観への変容に関心を払い，1925年に発表した自身の論文「景観の形態学」で，次のように論じた。

　　文化景観は，文化集団によって自然景観から作り出される。文化は主体，自

第 13 章　景観／風景と図像学　119

然領域は媒体，文化景観は結果というわけである。文化それ自体も時とともに変化するが，そのような文化の影響のもと，景観は何段階かの発展を経た後に，おそらく最終局面へ到達する。その後，外部の文化が伝来することによって文化景観の回春が起こるか，または旧来の文化景観の上に新たな文化景観が重ねられる。言うまでもなく自然景観は最も根本的で重要な存在であり，文化景観をつくり出す基本的な要素を提供するものである。しかしながら文化景観を形作る力は，文化それ自体の中にある。(Sauer, 1963 [1925]: 343)

　このようにサウアーが説く論の核心部分は景観の形態学にあり，特に人々（「文化集団」）が自分たちの営みの跡を景観へいかに残すか，その方法について関心が注がれていた。サウアーの抱いた研究上の興味は多岐に渡ったが，その要点は景観を形作る人間の力にあり，特に欧州の影響が及ぶ以前のアメリカにおける人為的産物――例えば地域特有の住居形態――に注目をした。文化地理学へ彼が残した遺産は広範囲に及ぶ一方で，彼の景観や文化の概念は批判も受けた（Cosgrove and Jackson, 1987 ; Gregory and Ley, 1988 ; Price and Lewis, 1993）。例えば彼の説明では，景観の中でも明白かつ可視的，可算的なもの，そして地図化可能な現象を対象としているように見えた。そのため後に，「家屋形態や耕地パターン，丸木小屋の建造方法や音楽の歌詞に登場するような場所のイメージを繰り返し探究しているだけ」であるとか，文化地理学の中に「古物主義で特殊，そして社会的意義のない」下位分野をつくり出したと批判された（Mitchell, 2000 : xiv ; また Cosgrove and Jackson, 1987 ; Kong, 1997 も参照）。
　20 世紀半ばには，W.G. ホスキンスと J.B. ジャクソンという 2 人の学者が，景観研究に関し不朽の影響力を及ぼす成果を発表した。英国景観の歴史を研究したホスキンスは，景観史に関する先駆的著作『景観の歴史学』を 1955 年に発表した（Matless, 1993）。アメリカの地理学者であるジャクソンは，雑誌『ランドスケープ』を 1951 年に創設し，地域に特有の景観や，文化的象徴としての風景の検討に主眼を置いた。ホスキンスとジャクソンの試みは多くの点でサウアーの成果と共鳴し，とりわけ景観の物質的側面を重視して，それらを直接研究するべき対象とした点に類似点がある。しかし彼らは新たな影響も与え，サウアーとともに 1970 年代後半頃までの景観研究の流れを方向づけていた。
　1979 年に出版されたドナルド・メイニグ編『身近な風景の解釈』は，人文地理学における景観／風景研究にとって 1 つの分岐点となった。この本に収載され

ている論文は，多くの点でサウアーが残した遺産を継承するものであったが，それらはまた新たな方向性を提示するものでもあった。すなわち「テクスト」や「象徴」としての風景を，声高らかに宣言したのである。地理学者たちは，次第に人文科学や社会科学における多様な理論の進展から影響を受けるようになった。そして1980年代になると，景観／風景や文化についての概念は定義し直された。このような知的醸成の結果「新しい文化地理学」が誕生し，文化と景観に関する伝統的な理解は批判されていった。

風景に関わる新しい文化地理学

　1980年代後半から1990年代にかけて，空間に関する議論が再び活発化したため，地理学者達は文化景観の見方を再考し始めた。景観を居住の場として捉えるのではなく，「景観の表面やそこに残る特徴を越えたところ（あるいはその深層部）にあるものを新たに見出そう」（Gregory, 1994 : 145）と努めたのである。デニス・コスグローブやスティーブン・ダニエルズ，そしてジェームズ・ダンカンといった地理学者達の試みは，殊にこの点で強い影響力を持った。1984年に出版された大著『社会形成と象徴的風景』においてコスグローブは，風景の概念を「イデオロギーに満ち，非常に複雑で文化的な産物」とした。そして風景の生成過程で表れる微妙な差異や緊張関係に対して瞬時に共感する研究方法を示した（Cosgrove, 1984 : 11）。彼の風景に対する斬新な理論化は，地理学者の立場性を強調することにもなった。

　コスグローブとダニエルズは，彼ら監修の『風景の図像学』において風景への考察をさらに進め，風景とは「文化的なイメージである。すなわち周りにある対象を絵画的に表現，構成し，また象徴化したものである」とした（Cosgrove, Daniels, 1988 : 1）。美術史から援用した図像学的手法を用いながら，コスグローブとダニエルズは，文化景観の象徴的な特徴や，社会的な交渉や吟味の中に生まれる権力関係を，風景がいかに具現化しているか，ということに焦点を当てた。図像学の手法は元来，美術史家が「歴史的文脈の中で芸術作品を位置づけ，その意味を探るため，また特に作品中のイメージに内包された観念(アイデア)を分析するため」に用いていたものである。「図像学的手法では，絵画を意味の埋め込まれたテクストとして意識的に概念化しようとする。そのテクストは，絵画が生み出された文化全体の中に位置づけられ解読されるものである」（Cosgrove and Daniels, 1988 : 2）。文化景観の研究へこの手法を適応する中で地理学者は，景観の構造やデザインに埋め込まれた象徴的な意味や，場にひそむ政治性(ポリティクス)や生成過程に目を向

けるようになった（Robertson and Richards, 2003：4）。またジェームズ・ダンカンの考察は，テクストとして，そして「文化システムや……意味体系——これを通じて社会のシステムは伝えられ，再生産され，経験され，探求される——の中心的な要素の1つ」として，風景の見方を位置づけることに役立った（Duncan, 1990：184）。

　風景をテクストや象徴，そして「まなざし（way of seeing）」といったメタファーで捉える手法は，風景研究に極めて示唆的で，明快な解釈を与えた。1990年代に活動した多くの「新しい文化地理学者たち」は，象徴的な表象によって構成されたものや場として，すなわち「これまで外部世界の歴史は土地の物質環境に関してのみ理解されてきたが，その構造や構成に関する，またそこに意味を与える特別な方法」として風景を捉えた（Cosgrove and Jackson, 1987：96）。

　また，風景をイデオロギー的で動態的な存在，つまり「社会的，政治的支配を是認，正当化し，そして／もしくはそれに挑むような存在」（Kong, 1993：24）とみる考えは，象徴的な都市空間を革新的に読解するための様々な方法を補強した。そこでは，風景のもつ政治性が強調され，また象徴的な風景，アイデンティティの教化へ特に貢献するような公の記念碑の重要性が論じられた。文化景観は，「都市の物質環境に関わる人間活動や意味体系，また象徴的形態を全て合わせたもの」（Logan, 2000：1）として概念化されるようになった。一見ありふれた日々の空間であっても，それは「そこにある権力や支配の関係，またその空間を変化させ，変化を持続させる人間のプロセスを顕在化し，表象し，そして象徴する」とみなされるようになったのである（Robertson and Richards, 2003：4）。その中で，景観と記憶，そしてアイデンティティを合わせて考察する領域に，とりわけ有益な成果が得られるようになった。

景観，記憶，アイデンティティ

　1990年代半ばに現れた重要な研究テーマは，ナショナル・アイデンティティが仮託された図像と風景を強調するものであった（Wylie, 2007：192）。多くの文化地理学者たち，また歴史地理学者たちは，公の場所で何が象徴的に記憶され，何が忘却されているのか，ということを詳しく調査しながら，様々な地理的環境および歴史的文脈における公衆の記憶とその政治性を探ろうとした（Foote and Azaryahu, 2007）。公衆の記憶に関して記念碑は，アイデンティティの源泉や「記憶が収束し，凝縮され，葛藤を経て残される」空間，また「過去，現在，そして未来の関係を決める」（Davis and Starn, 1989：3）空間として，永続的な重要性

を示すと捉えられた。

　歴史地理学や文化地理学では，記憶に関する多種多様な研究が生み出されてきたが，中でも記念碑がアイデンティティの構築や抵抗(レジスタンス)の節合的な戦略へ供される，記憶装置として作用することが明瞭に示されるようになった（Johnson, 1994, 1995；Heffernan, 1995；Auster, 1997；Atkinson and Cosgrove, 1998；Jezernik, 1998；Osborne, 1998；Cooke, 2000；Hoelscher and Alderman, 2004）。そして「記念碑や記念像は政治的な構築物であり，歴史を選択的に呼び起こしながら表現する。そして特別な出来事や人々へ大衆の関心を向わせ，逆にその他のものを覆い隠す」ものと捉えられるようになった（Frances and Sctes, 1989；72）。

　このような点を明確に示す事例として，アイルランドのダブリン市を取り上げたい。アイルランドは長く，景観，記憶，アイデンティティの関係を問う研究者へ多くの研究題材を提示し続けてきた。とりわけ，アイルランドとイギリスの対立的な政治関係の中で，文化景観の象徴的な要素の重要性が争われてきた点に関心が集まってきた。例えば，英国から政治的独立を達成する1922年前後の，アイルランドにおける都市発展の記録や資料を調べてみると，都市の象徴的な基盤が劇的に変化していることが理解できる。彫像，街路名，公共施設，都市計画，その各々が記憶と意味を持つ場(サイト)となり，政治的，文化的アイデンティティの空間が節合される際に，文化景観が果たす役割の大きさを示すものとなる。それゆえ，道路の終わりを示す記念碑や街路名のように，日々の生活の中にある，一見すると何の変哲もない景観要素であっても，そこには偶発性や装飾性に基づくもの以外の何かがある。別の見方をすれば，これらは往々にして，文化景観という生地を作り上げる意味ある糸なのであり，また様々な空間スケールでのアイデンティティにまつわる語り(ナラティブ)の構築と強化に寄与するものなのである。

　特に1つの通りを挙げ論じるとするならば，ダブリン中心街の大通りであるオコンネル通りだろう。そこでは，記念碑が公共空間において意味を持っていく過程のいくつかを確認することができる。また，それらの意味がいかに変化しやすいかということを知ることもできる。ある意味では，それは記念碑に関するドワイアーの見解を補強するものとなっている。

　　記念碑というものは，ただ静かにその場所に佇む存在としてではなく，生成される過程にあるものとして捉えられる必要がある。つまり記念碑は，意味が確立し固定したものではない。そうではなく，表象の意味を定義しようと試みた結果として，その時々の社会関係の中で認識されるものだが，そ

第 13 章　景観／風景と図像学　123

れは議論や変化に常に開かれているのである。（Dwyer, 2004：425；Dwyer, 2002 も参照）

　アイルランドが英国からの独立を達成する前，このオコンネル通りの中心には，トラファルガーの戦いでの勝利を記念して，1809 年に落成したネルソン公像があった。この記念碑は，町中にある英国軍と君主の人物の記念像とともに，大英帝国に属する一都市としての，アイルランドの地位を象徴するものだった（Whelan, 2001a, 2001b）。しかしダブリンは，争われる空間でもあった。独立前でさえ，アイルランド民族独立主義者の政策に広く関わる像が置かれ，アイルランドにおける英国支配への「変わらぬ挑戦」を示すものと位置づけられていた。アイルランドが独立国となった時にこの勢いは増し，国家建設の行動指針の中でこの場所は重要な役割を担った。この間，大英帝国に関係する多くの古い記念碑は破壊され，国家建設の過程における忘却と抹消の重要性が示された（Whelan, 2002）。

　ネルソン公像が除幕された 1809 年には，歓喜に満ちた光景がまちにみられたが，1966 年に起こった出来事は，それとは対照的なものであった。3 月 8 日の早朝，共和主義分派による爆弾がネルソン公像の台座部分で爆発し，支柱と彫像が大きく損傷した。その後，跡地は何の使用もなされなかったが，2000 年になりアイルランド政府は，その場に新しい柱状の記念碑を立てると発表した（図 13.1）。「ダブリン・スパイア」として知られるこの細長いスチールの構造物は，高さが 120m，基部の直径が 3m あり，「紀元 3000 年にいたるアイルランドの未来への確信」を記念して建造された。これは大英帝国の栄華を象徴した碑とも，アイルランド国家建設の碑とも，はっきりと区別されるものである（Ritchie, 2004）。

　このネルソン公像の話は多くの点で，1922 年のアイルランド自由国建設の前後に展開した，ダブリンの図像学に関する語りを代表している。それはまた，「実際的にも，比喩的にも，記念碑や記念像は支配的な社会空間関係を『（石のように）固定する』（Hubbard et al., 2003：150）という指摘を補強するものである。他の景観要素と同じく，彫像や公的記念碑は，社会の中で優勢なグループや個人の力を顕示し再確認するものである。それらは結局，「時間と資源，そして何より過去を規定しうる権限を持つ者により，構想，計画されたものである。そしてこの結果があらゆる語りの選択や偏りに影響していく」（Dwyer, 2002：32）。

　しかし，記念碑は抵抗（レジスタンス）の象徴としても存立する。ネルソン公像の話もその実例だが，記憶の場に付与された意味は固定的なものではなく，むしろ流動的で順応

124　V　場所と意味

図13.1　オコンネル通りにあるダブリン・スパイア
（写真：イヴォンヌ・ウィーラン）

的なものであり，社会的，文化的，政治的文脈が進展したり断裂したりする中で変化するものなのである。ボールドウィンらは次のように指摘する。「記念碑は，記念碑自体が固定しようとしている意味に抵抗する場でもある。抵抗は，保守派からも急進派からも，またいかなる陣営からも出現する可能性がある。実際記念碑は，権力へ抗う者が，権力を持つ者にとって最も大事なものを攻撃できる場所となるが，それこそ象徴としての記念碑の持つ力なのだ」（Baldwin et al., 1999：255）。

おわりに

　1990年代に見出された景観／風景研究における新しい方向性は，景観やそのイデオロギー的，象徴的意味に関わる多くの研究を生み出した。その後，景観／風景概念についての考察は深まり，テクストやシンボル，また「まなざし」として風景を捉える考え方は，フェミニズムやマルクス主義といった様々な立場から批評される対象となっている（Rose, 1993；Mitchell, 2000；Wylie, 2007 も参照）。今日でも，景観は人文地理学，自然地理学双方において中心的論題となっており，新しい革新的な方法での概念化が試みられ続けている。
　また一方で，旧来からの形態学的な探究も，引き続き広い範囲でおこなわれて

いる。近年の景観／風景研究は，ジェンダーやセクシュアリティ，人種，ディアスポラ，身体(ボディ)といった視点での詳細な分析を含みつつ，大きな広がりを見せている。景観／風景という地平の持つ荒々しい特徴に注意を向け，「渦巻」として景観を捉えるミッチェルの考え方は有益だろう。「階級，ジェンダー，人種，エスニシティ，また意味や表象，さらには建築形態や社会慣習に至るあらゆる争いは，景観の中に渦巻いている。そして景観／風景はそのような対立の仲介者，統合者，当事者といった役割を同時に担うのである」(Mitchell, 2000：139)。現在では，ポスト植民地主義から現象学，またポスト構造主義から非表象理論に至る新たな理論的展開を受け，多くの歴史地理学者や文化地理学者が風景に関する新たな研究を始めている。

キーポイント
- 歴史地理学者たちは長い間，文化から自然，村落から都市に至る，多様な形態の景観を研究してきた。そしてその複雑さを表現するために，折々のパラダイムを受け入れてきた。
- カリフォルニア大学バークレー校にて地理学教授の任にあったカール・サウアーは，20世紀のアメリカにおける文化地理学へ景観概念を紹介するにあたり，重要な役割を担った。サウアーの主たる関心は，景観を形作る人間の力と，ある地域の景観を特徴づける人工物にあった。
- 1980年代，地理学者が人文科学や社会科学における理論的発展に影響を受ける中で，風景の概念が変化した。風景をテクストや象徴，それらを読み解く「まなざし(way of seeing)」といった解釈学的メタファーで捉える動きが起こり，地理学者は風景をイデオロギー的な構築物として，また象徴的表象の場として概念化していった。
- 1990年代半ばに登場した重要な研究テーマは，ナショナル・アイデンティティの象徴的な風景に重点を置くものであった。殊に景観と記憶，そしてアイデンティティの間のつながりを問う研究が進展した。
- 現在も景観をめぐる問題は，人文地理学と自然地理学，両分野の研究において中心的な論題となっている。そして新しく革新的な方法によってその概念が考えられ続け，斬新な理論的洞察からも示唆を受け続けている。

さらなる理解のために
Cosgrove, 1984；Cosgrove and Daniels (eds), 1988［コスグローブ，ダニエルズ，2001］；Duncan, 1990；Wylie, 2007

（訳：阿部美香）

第 14 章　遺産(ヘリテッジ)の概念化

イヴォンヌ・ウィーラン

はじめに

　アイルランド・ミース州のタラの丘は先史時代の遺跡である。2007年秋，このアイルランドで最も親しまれている考古遺跡の1つに数百名が集まり，人文字で巨大なハープの形を作り上げた。ギネスブックへの登録を目指したのではない。高速道路M3のルート変更を目指すキャンペーンを促進するためである。ダブリンのベッドタウンとなったミースでは，主要道路の交通渋滞が問題となっていた。M3はその解消を目的に計画されたのだが，そのルートはタラースクリーン渓谷を横切り，遺跡の2, 3kmまでに迫るものだった。当地域への高速道路の建設反対運動はこの年の間中盛り上がっており，この時も遺跡の破壊を阻止するために数百名の抗議者が参加したのである。またM3計画の結果，タラの丘は世界で最も存続が危ぶまれる100の遺跡に挙げられ，文化財保護を主導するNGO，ワールド・モニュメント財団（WMF）の危機リストにも載せられた。開発を目指す商業的な思惑と，過去を保全，保存しようという思いとの衝突は，激しい論争へと発展した。

　この出来事は，遺産(ヘリテッジ)をめぐる広範な議論や，現在的な文脈における過去の幅広い利用ないし濫用をめぐる議論の言わば縮図である。ここ数十年の間，遺産は重要なトピックとなってきた。歴史地理学者や文化地理学者も強い関心を示すようになり，現在の景観に刻まれた過去の政治的，経済的，文化的な利用について，多様な地理的背景やスケールを通じて研究するようになった。けれども，遺産について話題にするとき，私たちはいったいそれをどのような意味でとらえているのだろうか。また，地理学者は遺産をどのように概念化してきたのだろうか。

遺産とは？

　遺産は私たちと先祖や子孫，また隣人や愛国者とを結びつける。そしてアイデンティティに確信を与え，由緒の中に自己を確立させるのにも寄与する。このように，遺産は多くの利益をもたらす。その一方，遺産は重苦しく，敗北主義的で退廃的でもある。この立場によると，遺産信仰(カルト)は，私たちを時

代遅れのものの中に誘い込み，博物館や記念碑のうちに生活を閉じ込める。……遺産は歴史的真実をねじれた神話で侵食するものとしても告発されているのだ（Lowenthal, 1998 : xiii-xiv）。

　「遺産」という言葉から想起されるものは人によって異なる。それゆえ，その定義は極めて難しい。周囲の景観の中に，遺産を文字通り位置づけることもできるだろう。例えば開発から景勝的価値や環境的価値を保護すべく 1972 年に作られた自然保護海岸（heritage coast）の分類保護政策では，イングランドとウェールズの 43 カ所が自然保護海岸に選ばれている。今日，イングランドの海岸の 31％あまり，ウェールズの海岸の 42％あまりがこの政策のもとで保護され，その多くは国立公園や特別自然景勝地域（AONB）の一部になっているのである。これらの自然景観は遺産の重要な構成要素となっていると同時に，受け継ぐべき自然環境の象徴となっている（Aitchison et al., 2000）。一方，遺産の中には，歴史的建造物や古代の記念碑といったように，より文化的形態をとるものもある。ユネスコは世界 130 カ国の 800 を超える文化遺産，自然遺産を世界遺産リストに登録している［訳注：2016 年の世界遺産委員会終了時では世界 165 カ国の 1,052 件が登録されている］。そこには「アフリカ東部のセレンゲティ国立公園やエジプトのピラミッド，オーストラリアのグレート・バリア・リーフ，ラテンアメリカのバロック様式の教会群といった特徴ある多様な場所」[1]が含まれる。

　このような有形の遺産に対し，無形の遺産もある。近年，ユネスコは無形の遺産に注意を向けている。無形文化遺産の保護措置を論じた 2003 年のユネスコ総会では，「無形文化遺産——生きている遺産——は我々の文化的多様性の基礎であり，それを維持することで持続的な創造が保証される」[2]とされた。そして，無形の遺産は，「コミュニティや集団，ときには個人が自身の文化遺産の一部として認識している慣行や表象，表現であり，また知識であり技術である」[3]と定義された。ここには言語を含む口承の伝統や表現，（伝統的な音楽，舞踊，舞台のような）身体芸術，社会的実践，儀礼，祭礼，自然や宇宙に関する知や行為，伝統工芸など，実に多様なものが含まれる。結果，ユネスコの無形文化遺産のリストには，アルバニア民衆の同音多声音楽（アイソポリフォニー）からベルギー・バンシュのカーニバル，モロッコ・マラケシュのジャマ・エル・フナ広場の文化的な空間まで多様なものが登録されている[4]。

　よって，遺産は生活に息づく文化景観内のあらゆる有形物（建築物や彫像，記念碑，家屋，そして自然景観など）の中に見出すことができる。一方，遺産は音

楽やダンス，民話，口承文化といった多様な無形のものにも見出され，それらは文化遺産の重要な部分をなしている。このように，その形態は多様であるものの，ブライアン・グレアムらが述べているように，現在の中に位置づけられる際に「過去」の特定の側面が強調される点は，あらゆる遺産に共通する。

> 遺産は現在的な目的――それは経済的，文化的，政治的，社会的と様々である――に応じて選択された過去の一部である。このような人工物に与えられる価値は，その本質から生じるというよりも，現在の評価や欲望，モラルなどの中で複雑に作り上げられるものである。(Graham et al., 2000 : 17)

すなわち，遺産は極めて現在中心的であるという点で歴史と峻別できる。遺産は多様な景観や建造物，その他物質文化の諸要素を要約したものだが，近年はそこに多くの遺産解釈の中心施設が作られ，遺産の解説の場となると同時に，地域コミュニティにとっての重要な収入源にもなっている。また根本的に，遺産とは極めて選択的な文化的構築物であり，有形無形，公式非公式を問わず，文化的機能や経済的機能といった競合する多様な機能を併せ持つ。そして「遺産」と呼ばれるもの，保存する価値のあるとされたものは，常に特定の文化的役割を担うのである。そのため，遺産地はアイデンティティの象徴(イコン)として供され，それがアイデンティティを構築したり，国民性についての特定の語りを育んだりする(MacCannell, 1992)。ただし，タンブリッジとアシュウォースが論じているように，「あらゆる遺産は誰かの遺産であり，それゆえ論理的には，別の誰かのものではない。……過去からの遺産の創造には，完全であれ部分的であれ，また積極的であれ潜在的であれ，ほかの誰かの排除をともなう」(Tunbridge and Ashworth, 1996 : 21)。それゆえ，遺産はヘゲモニー的な権力(パワー)を補強し，集団のアイデンティティを強化すると同時に，支配的な位置にいない者たちを潜在的に締め出すような力を持っているのである (Aplin, 2002 : 16-17)。

しかし，スハウテンが「遺産は，神話やイデオロギー，ナショナリズム，郷土愛，ロマンティックなイメージを通じて，もしくは単なるマーケティングを通じて，商品化される歴史である」(Schouten, 1995 : 21) と指摘するように，それは経済的な商品でもある。文化遺産は大きな文化的重要性のもとで保存価値が語られるが，そのような側面と，国際ツーリズムや開発といったコンテクストのもとで遺産に高い経済的価値が見出され商品化される事実との間には摩擦が生じることになる (Urry, 1990, 1995 ; Sack, 1992 ; Graham and Howard, 2008)。遺産地は多くの観光客を引き込み，収入をもたらすため，その一部が消費者用にパッ

ケージ化され市場化されていく。今やこうした遺産産業が発達し，遺産ツーリズムは国家経済や地方経済の中で重要な位置を占めるようになっている。一方で，文化遺産や自然遺産の場所は急速に消費され，破壊や危機にさらされるようにもなった。

このような衝突を示す事例として，イギリスのウィルトシャーにある古代巨石文化の遺跡ストーンヘンジを挙げよう。イングリッシュ・ヘリテッジによって保護管理されるこの遺跡には，年間 80 万人の観光客が訪れ，さらに道沿いからフェンス越しに 20 万人が眺めていく。多くの観光客からの収入と，観光客の重量がもたらす遺跡への潜在的なダメージとの間で葛藤があるのは当然である。それゆえ，「もし遺産を商品化，営利化するというのであれば，可能な限りの敏感さと注意深さをもってせねばならない」（Aplin, 2002：57）のだ。このように，遺産には文化的資本の中心と経済的資本の中心という二重の役割があり，そこには常に緊張や「不協和音」が存在するのである（Tunbridge and Ashworth, 1996；Landzelius, 2003）。

飢饉の遺産を描く

遺産は経済，文化，政治の各領域にまたがる競合的な機能を備える（Graham, 2002）。次に探究したいのはそのような機能の 1 つ，アイデンティティを支える語りの形成という重要な役割である。遺産概念が，景観や記憶の概念と大いに重なり合いつつ，集合的記憶を現実の遺跡に体現するのも，そのような語りだろう（第 13 章を参照）。ローウェンサルが論じるように，「遺産は過去を蒸留し，アイデンティティの偶像を作り上げる。我々を先駆者や創始者と，また以前の我々自身と，そして約束された継承者と結びつけるのである」（Lowenthal, 1994：43）。とりわけ移民のコミュニティでは，故郷を再想像できる空間への欲求が様々な記念行為や遺産を拠り所とする行為を作り上げてきた。移民や難民の経験はノスタルジーを強め，遺産への飢えを助長する。「本拠を追われた人々は空間だけでなく時間も転移させられることになる。彼らは自身の過去とも切り離されてしまうのである。……もしあなたが自分自身の故郷に再訪できない――時々行くことも触れることもできない――ならば，あなたはもはや永遠につなぎとめられない根無し草なのだ」（Lively, Lowenthal, 1998：9 よりの引用）。

アイルランド系アメリカ人，特に 19 世紀中ごろの「大飢饉」期およびそれ以降にアメリカに渡ったおよそ 75 万人のアイルランド人の子孫にとって，飢饉を記憶し表現することは，文化的にも政治的にも極めて重要なものとなる（Kelleher,

2002）。近年最も大きく取りざたされたのは，1990年代の大飢饉150周年であろう。これを節目に，飢饉に関わる遺産や記憶の場の形成を通じて，先祖たちの窮状を伝えていく多くの組織的な事業が始まった。文化景観は大飢饉のシーンを想起させる舞台として重要な役割を果たし，ボストンやバッファロー，フィラデルフィア，ニューヨークなどの都市景観の中に記念碑が加えられた。また，その中で飢饉と移民の経験は，貧困から社会経済的な成功に至る勝利の旅というストーリーとして描き出されるのが常であった（Graham, 2007 ; Whelan and Harte, 2007）。そのような形態や構成を通じて，彼らは過去を浄化し，飢饉のトラウマの生々しさを消し去ろうとしたのである（Edkins, 2003 : 122）。

　このような文化遺産における浄化空間をとらえて，遺産はいつもある種の「偽りの歴史」やねじれた神話を表現するのだと説く者もいる。ジョンソンが指摘するように，「ある者にとって，ヘリテッジツーリズムは過去を商品化し，（学術論文のような）従来の手段で伝えられた史実をゆがめ，選択的に与えられた証拠によって過去の見方を曲げる偽りの歴史の一形態でしかない」のである（Johnson, 1996 : 552 ; Hewison, 1987 も参照）。しかし，ニューヨーク市のバッテリー公園にあるアイリッシュ・ハンガー・メモリアルのように，新しく，またより挑戦的な方法で景観，記憶，遺産を結びつけようとする場所もある。

　2002年7月，ニューヨーク在住の彫刻家ブライアン・トールによってロウアー・マンハッタンに作られた「アイリッシュ・ハンガー・メモリアル」が，アイルランド大統領メアリー・マッカリースの手で序幕された。その時，彼女はこの場を「世界貿易ビルのツインタワーと同じく，悲劇的な欠如を示す記憶の痕跡」[5]と表現した。このプロジェクトの発端は，2000年3月に当時のニューヨーク州知事ジョージ・E・パターキが，記念場の建設コンペをおこなったことに始まる。それは「アイルランドに由来をもつことを誇る多くのニューヨーク市民やアメリカ国民が，世界史上最も悲惨な出来事の1つが起きている間に移住を強いられたアイルランド人たちを思いおこすための記憶装置として働く」[6]ことが企図された。コンペでは，5つの招待作品の中からトールの作品が優勝となり，その設置場所としてハドソン川を見渡せ，自由の女神像やエリス島も視界に収められるバッテリー公園内の一角が準備された。傾いた1段高いコンクリート土台の上に4分の1エーカーの農場が再現され，農場を覆う植物はアイルランド・メイヨー州の植生とし，アイルランドの州の数と同じ32個の自然石と，彫刻の施された1つの巡礼石が置かれた。そして，そこにこの場所の目玉となるメイヨー州から移築された石造りコテージの廃屋が設置された（図14.1）。また，メモリアルの入口は，新石器

第 14 章　遺産の概念化　131

図 14.1　アイリッシュ・ハンガー・メモリアルの石造りのコテージ
（写真：イヴォンヌ・ウィーラン）

図 14.2　アイリッシュ・ハンガー・メモリアルの入口
（写真：イヴォンヌ・ウィーラン）

時代の墳墓を想起させる通路となっている。そして通路の壁面にはガラスでいくつもの線が引かれ，その中には大飢饉の史実や，現在の世界の飢餓と肥満を示す統計，文学や歌からの引用文がわざとランダムに記されている（図14.2）。
　アイリッシュ・ハンガー・メモリアルは，悲しみで心が揺り動かされる文化遺産である。この記念の場は，簡単に意味を読み解けるような記憶造形ではない。むしろ，この場は難問を提示しており，多様な要素が飛び交う中へと訪問者を誘い，わかりやすい記念碑と関わる時には起こらないような深いレベルで，遺産との関わりを求めるのである。そこで過去を喚起するのは彫刻美術ではない。実際のアイルランド人住居遺跡であり，アイルランドの大地から移されたという本物さ（リアルネス）である。また，その場所を作り上げている4分の1エーカーという面積は，

1840年代にイギリス政府からの補助を得ることのできる範囲で農民たちが所有できた最大の面積を再現したものである。一方，屋根のない状態の住居は，飢饉による立ち退きがもつ破壊的なインパクトを表している。

おわりに

ニューヨークのアイリッシュ・ハンガー・メモリアルは，破滅と転移を強調することで，アイルランド大飢饉の経験への反応やその表現をより複雑なものとして表している。これは，伝える形態や方法は異なるものの，シドニーのハイドパーク・バラックスや，トロントのダウンタウンにあるアイルランド公園といった他のアイルランド大飢饉の遺産とも響き合う点である。これらの遺産空間は，大飢饉の経験を直接的に伝える物語を連想させるモニュメントにはなっていない。むしろ，大飢饉の記憶を語る複雑さを表現したり，世界の飢餓という，より現代的な問題に対する意思表示をしたりしているのである。また，それらは遺産に移民コミュニティ間を力強く接続する役割があることをも強調する。最後にアプリンの議論を引用し，そのことを確認しておきたい。

> 私たちは現在の生活を地理と歴史の中に位置づけるために，場所と時間との結びつきを必要とする。遺産は時間的な点でも空間的な点でもこの作業を助けてくれる。また，自分自身を社会的に位置づける際にも遺産は役に立つ。つまり，遺産は内と外の両方に対する集団アイデンティティの感覚を涵養することで，コミュニテイや国家を結びつけるものとなるのだ（Aplin, 2002: 16）。

キーポイント

- 遺産は現在における過去の利用に関わる。根本的に，遺産は極めて選択的で文化的な構築物であるという特徴を持つ。また，有形無形，公式非公式を問わず，競合する多様な機能を有する。
- 遺産の経済的，文化的，政治的利用において存在する不一致や緊張を議論する際，「不協和音」という語がしばしば使われる。
- 遺産は，アイデンティティの語りを形成する際に主要な役割をはたす。そのため，景観や記憶といった概念の役割とも重なる。遺産は力をもっており，ヘゲモニー的な権力を補強し，集団のアイデンティティを強化すると同時に，支配的な位置にいない者たちを潜在的に締め出す。
- とりわけ移民のコミュニティでは，故郷を再想像できる空間への欲求が様々な記念行為や遺産を拠り所とする行為を作り上げてきた。

注

1) http://whc.unesco.org/en/about/
2) www.unesco.org/culture/ich/index.php?pg=00002
3) www.unesco.org/culture/ich/index.php?pg=00002
4) www.unesco.org/culture/ich/index.php?pg=00011
5) 引用元：Jane Holtz Kay 'Hunger for Memorials : New York's Monument to the Irish Famine', www.janeholtzkay.com/Articles/hunger.html,（2008年2月1日閲覧）
6) www.ny.gov/governor/press/01/march15_2_01.htm（2008年2月1日閲覧）

さらなる理解のために

Aplin, 2002 ; Graham et al., 2000 ; Graham and Howard, 2008 ; Tunbridge and Ashworth, 1996

（訳：上杉和央）

第 15 章　パフォーマンス，スペクタクルそして権力

イヴォンヌ・ウィーラン

はじめに——スペクタクルとパフォーマンスの歴史地理学

　スペクタクル［訳注：大量消費社会に生じるあらゆる見せ物的・表象的な要素。ギー・ドゥボールやロラン・バルトらによって概念化された］，パレード，そして公共のパフォーマンス（performances）を検証する中で，歴史地理学や文化地理学の研究者は公的パレードが権力の表現を演出するものであるとともに記憶の儀礼でもあると強調し，多様な国際的コンテクストにおける儀礼やスペクタクルの政治性に焦点を当ててきた（Goheen, 1993；Jarman and Bryan, 1998；Cronin and Adair, 2001）。これらの研究は，パレードが，「景観の隠喩（メタファー）」として，物質的，軍事的なものとして伝えられる多面的な影響を持っていること，またそれは，ページェント［訳注：歴史・伝説・宗教などをテーマにした行進］やイルミネーション，ファンファーレ，音楽を用い，過去の局面と公共の記憶を巧妙に私物化することを通じてもおきることを示してきた。近年はパフォーマンスのスペクタクルと空間性に関する研究が盛んであり，アイデンティティの形成と正統化，そしてその表現におけるパレードの役割の重要性といったテーマが繰り返し取り上げられている。

　このうち特に重要なのは，コンとヨーによる，シンガポールでの国家的な建国記念日パレード（National Day parades）の分析である。それによれば，建国記念日パレードは「過去の建築物のスペクタクルと，今現在の生き生きとしたスペクタクルが結びつけられることで」，その効果が生み出されているという（Kong and Yeoh, 1997：220）。この研究は，1965年から1994年の間に，シンガポール政府が国家的なアイデンティティを醸成するためだけでなく，国家の支配的権威を主張するために儀礼を考案し，景観上のスペクタクルを作り出そうと精力的な努力をおこなっていたことを示す。その一方で，「所有者の権力による監視にうまれた隙を利用する」抵抗の事例があったことも示されている（de Certeau, 1984：37，Kong and Yeoh, 1997：217 よりの引用）。

　歴史地理学者ピーター・ゴーヒーンは，19世紀後半のトロントにおける公共空間とスペクタクルの社会的価値を分析した（Goheen, 2003）。そこでは都市の中流階級がどんどん自信をつけ，影響力を持つようになったこと，また中流階層

の価値を主張する上で公共のスペクタクルを管理することが必要不可欠であったことが示されている。スペクタクルが都市の公共空間の性質と意味を再定義する立役者になったことを証明してみせたのである。彼の研究は，1884 年のトロント市 50 周年式典における大規模パレードが持った象徴的中心性に注意をうながす。このパレードは「主催者による観客を取り込もうとする意図的戦略からなり」，できるだけ多くの観客に機会を提供できるよう構想されていた（Goheen, 2003：80；Goheen, 1993）。彼の分析は，公共空間が「これまで常にそうであったように，今も争われる空間であることを示す。それは見ることも行くこともできる場であり，その中では共同で活動する諸組織と市民から構成される大衆が儀礼を演じ，承認を勝ち取るための主張をおこなっているのだ」（Goheen, 1998：479）。19 世紀後半のトロントの通りは，「威厳あるものからみすぼらしいものまで，高度に組織化されたものから自然発生的なものまで」，幅広く公共のパレードや行進の舞台として好まれた（Goheen, 2003：74）。そして，最大限の数の観客に観覧の機会を提供できるよう，パレードや行進は最も注目を集める時間に決行され，順路に都市の近隣地域の多くを取り込むことができるよう計画されていたのである（Goheen, 2003：80；Trigger, 2004 も参照）。

　一方，ジョンソンはアイルランドの記念パレードを劇的な形をとる公共のスペクタクルの例として取り上げ，「集合的記憶は歴史的言説と同じくらい地理的言説を通じて維持される」ことを検証してきた（Johnson, 2003：57）。スペクタクルの文化的意味に関するバルトの議論を用いて，彼女は，第一次世界大戦直後のアイルランドで，平和の日（Peace Day）と戦没者追悼記念日（Remembrance Day）〔訳注：第一次世界大戦終結を記念して定められた日。11 月 11 日〕の式典が開催された空間と，そこを囲む公式な図像が，公的な記憶を育てる上で重要だったと主張している（Johnson, 2003：78）。

　彼女が用いた空間的なアプローチは，バスティードによる 2 つの追悼パレードの研究でも用いられている（Busteed, 2005）。彼は，参加者の服装，振る舞いとともに，行進の組織，ルート，構成に注目して，行進に表現された抵抗を読み解き，地域の権力関係を明らかにした。すなわち，1867 年に死刑執行された 3 人の「マンチェスター殉教者」を記念して組織された 2 つのパレードには，従属的社会集団が独裁的な体制の支配に逆らうため，時間，伝統そして場所に関する地域の情勢を巧妙に利用してパレードしていたことが読み取れる。

　サグ＝ライアンによる 1913 年のニューヨークにおけるアイルランドの歴史ページェントの分析も，パレードに埋め込まれた政治的意図の存在を指摘する。

彼女は歴史ページェントがアイルランドの過去を表現する方法を分析し,「ページェントではアイルランドの遺産に関するパフォーマンスが演じられる。これにより,アイルランド文化が英国による大混乱と抑圧に直面しても継続性と回復力を保っていることだけではなく,英国文化に対して優位であることも示している。……それはアイルランド自治権を求める訴えを形作り,アメリカにおけるアイルランド文化復興の先陣を切るものとなった」と論じている（Sugg-Ryan, 2004 : 106）。

　これらの研究は,パレードと公共のスペクタクルに関係して,歴史地理学者が詳しく検討しなければならない幅広い問題があることを示している。中でも重要になるのは行進の空間,すなわちパレードのルートや軍隊の役割,そして装飾,照明,花火,音楽,一時的な構築物の利用といったものを含んで展開された劇場的な見世物の形態などの探究である。また,過去の諸相が公共のスペクタクルの中でどのように描かれているかを検討することも必要である。なぜなら,それは現在のアイデンティティに関する語り（narrative）の紡ぎ出しに際して,公共の記憶が重要であることを明確に示すからである。

　このように,共有された遺産や歴史という意識は,しばしば大変重要な役割をはたす。アザリャフが見通しているように,「国史はナショナル・アイデンティティの最も重要な構成要素である。また,過去を共有しているという意識は,民族の共同体と国民国家双方の文化的な生存能力と社会的な結束にとって必要不可欠である」（Azaryahu, 1997 : 480）。それゆえ,過去とは,場所のアイデンティティを形作り,特定のイデオロギーを支えるために,選択的に利用される象徴的な資本となる。集団的アイデンティティ——他のグループと対照して区別することによって定義される——の維持や正統化のために,共有される記憶という基盤が参照されるのだ（Graham et al., 2000 : 18）。

　このように,過去の出来事の選択的な再活用が記憶を空間化する公共の見世物と複雑に絡まり合う時,地理と歴史のダイナミックな関係は,公共のスペクタクルの中で強調されることになる。これらの要素を心にとめ,次節では,都市の文化景観においてパフォーマンスがもつ政治性について検討していく。その際,文化景観内での権力の強化や争いにおける公共のパフォーマンスの役割について考察するため,1900年の英国君主によるアイルランド訪問に伴うスペクタクルに特に注目したい。

帝国権力の公共のスペクタクル

　1821年から1911年までの90年間に，英国君主による計9回のアイルランド訪問が確認できる——ジョージ4世が1821年，ヴィクトリア女王が1849年，1853年，1861年，1900年，エドワード7世が1903年，1904年，1907年，そしてジョージ5世が1911年にそれぞれ訪問している——（Loughlin, 2007）。いずれの場合も，大量のファンファーレと式典が執りおこなわれた。これらの訪問を取り囲んだ仰々しさと華麗さは，都市景観の変容によって公共空間が政治化することを証明している。訪問の度ごとに当局は，創作された儀礼と景観のスペクタクルを巧みに利用して，英国君主がもつアイルランドの文化とアイデンティティに対する永続的な重要性を強調し，脅威になりつつあった分離主義者のナショナリズムを弱体化させようと試みたのである。支配的な権威を主張する国家によって，通りの装飾，一時的な構築物の建設，軍楽隊によるサウンドスケープ（soundscape），花火，君主に対する象徴的な歓迎式，王室の行進といった，君主訪問時のスペクタクルな要素は巧みに組み合わされ，「意味の網の目」（Ley and Olds, 1988）が紡ぎ出される。しかし，これらの諸要素は固定されたものではない。本章の趣旨に照らして特に注目すべきは，絶え間なく変化するアイルランドの政治的景観に対応して，当局がダブリンの文化景観の象徴的資本をいかに利用したかである（Whelan, 2005）。

　1900年のヴィクトリア女王訪問は，都市空間内のいくつかの場所が戦略的に意味づけられたことが明らかな例である。この訪問において，キングスタウン［訳注：現在のダンレアリー］からフェニックス・パーク内にあるバイスリーガルロッジ［ダブリン卿の夏の邸宅を指す］までの王室の行進は，「スペクタクルを演出する景観を選ばなければならない」とする見方のもと，慎重に調整されていた。「なぜなら，いくつかの場所は他の場所より重要であったからである。……パレードは単に中心的な空間を占有するだけでなく，空間を動いていくことでスペクタクルの効果を拡散させる」（Kuper, 1972：421）。はじめに，行進はより裕福なダブリン南郊を通り抜ける。そこでは多くの通りの名前からして，ダブリンの帝国内での地位を想起させるものになっていた。王室の行進がリーソン・ストリート橋に到達すると，以前の訪問時と同様，女王は公式に歓迎され，都市の鍵と市民の剣が贈られる。

　これまでと違っていたのは，中世の城門を模した構築物がより伝統的な凱旋門の代わりに建てられていたことである。トーマス・ドルーにより設計されたこの木製の構築物は70フィートの高さがあり，中世バゴトラース城を模していた。

この城では1649年8月に王党派の軍隊が議会派に敗北しており、クロムウェルのダブリン入りが可能となったのは、この戦いによってである。したがって、この印象的な展示物は単なる装飾的な模倣作品ではなく、アイルランドと王党派が味方として共に戦った歴史を想起させることで、ダブリンの文化景観の中に残っている象徴的資本を利用しようとする計算づくの試みが生み出したものなのである。

歓迎の式辞が述べられた後で、王室の行進は市域に入り、メリオン・スクエアを通ってカレッジ・グリーンへと進む。そこでは、トリニティ・カレッジの学生とフェローたちが集められていて、彼らの歓迎の声がこだましている。アイリッシュ・タイムズ紙の記者は、この区域が帝国の権力を劇的に表現する場としていかに適しているかを強調し、束の間の見世物が地域の大衆に対する政治的な問いかけとなっていることに注意をうながしている。

> 「カレッジ・グリーンの光景は、幸運にもそれを眺めることができた人々の心に長く、心地よいものとして残るであろう。ここはこの都市の中心であり、遠い昔から市域の中でおこなわれた全ての行進とページェントの中心でもあった。そして昨日は、女王の凱旋巡幸における偉大な集合地点であった。……広大な広場、周囲の壮大な建築物——トリニティ・カレッジ、アイルランド銀行、そしてその他の華麗な建物——の全てが、この光景の絵のような性質を高めるのに役立っていたのである」(アイリッシュ・タイムズ、1900年4月5日)。

行進はその後、デイム・ストリートとパーラメント・ストリートを通って北へ移動し、そこでリフィー川を渡り、川岸に沿ってフェニックス・パークへと向かう。スラムに覆われ、貧困に悩まされる北部のインナーシティは完全に避けて通るのである。

生粋の大英帝国の都市では、こうした演出されたスペクタクルが通常円滑に進む。しかし、20世紀初頭のダブリンでは、これらの王室のイベントによって内部分裂が具体化された。統一主義者(ユニオニスト)側の新聞が都市の装飾を喜ぶ一方で、民族主義者(ナショナリスト)側の解説者は、直ちに王室の訪問に対する地域からの異議を表明した。その多くは周到に準備された社会空間の政治化を批判した。例えば、アイリッシュ・ピープル紙の記者は「けばけばしい外国」国旗「の色はアイルランドによる歓迎を意味しない。それらは富裕なダブリンの統一主義者……がダブリン南部の見た目に英国らしさを一時与えたにすぎない」と抗議した。反帝国の敵対心と

第 15 章　パフォーマンス，スペクタクルそして権力　139

社会主義者としての批判が合わさって，記者はさらに不満を綴っていく。掲げられた全ての連合王国旗は，

> この首都が堕落していることを可視化する象徴なのだ。すなわち，イングランドの支配が未だに優勢な権力であることの象徴である。……みすぼらしい住宅に住む 20 万人の住民，荒廃した商業，ごった返す救貧院，そして絶望的な貧困と共にある，古く貧しい退屈な都市ダブリン。かつて誇らしい自由国家の首都であったダブリンは，旗，花でつくられた装飾，華美なイルミネーション，これら全ての下に，腐敗し，束縛された一州の最大都市に降格されたのである（アイリッシュ・ピープル，1900 年 4 月 7 日）。

こうした異議を利用して，闘争的な民族主義者は，王室一行がアイルランドに到着した晩にたいまつ行列の形をとって対抗的デモ行進をおこない，公共空間を政治の舞台とした。この対立的な直接行動は数週間後に最高潮となった。7 月 1 日，マウド・ゴンと「アイルランドの娘たち（Inghinidhe na hÉireann）」によって「アイルランドの愛国的な子どもたちのお楽しみ<small>トリート</small>」が開催されたが，それは女王が滞在中に主催する 2 つの「子どもたちのお楽しみ」を相殺するよう計算されたものであった。覇権主義を拒否する鋭い意思表示により，これらはこの年における最も名高い反王党派のイベントとなった（Condon, 2000：173）。ちょうどアイルランドの帝国への忠誠心を高めるよう公共空間が操作されたように，民族主義者たちはアイルランドの大英帝国に対する抵抗と関連づけて空間とスペクタクルを用いたのである。これは「ポストコロニアルな主体による模倣は……植民地言説を常に不安定にさせうるものとなる。そして，帝国による支配の構造の中で，政治的，文化的に極めて不確実な領域に位置づけられる」（Ashcroft et al., 2002：142）という主張を例証するものであろう。

おわりに

　本章で手短におこなった 1900 年のヴィクトリア女王によるアイルランド訪問についての解釈は，国家権力の仲介における景観や社会空間，スペクタクルな見世物の物質的な役割に注意を引こうとするものであった。本章は，様々な歴史的コンテクストのもとで公共のスペクタクルがもつ政治性を検証しようとする歴史地理学，文化地理学の新たな研究を引用しつつ，このような国家の式典が，壮大な見世物の魅惑と文化景観の象徴的資本を利用することで，その時限りのスペクタクルとして，大衆の意識に消えることのない影響を残そうとしたことを示して

きた。1900年には，壮観さと式典，見世物の要素と劇的な演出，視覚的要素と聴覚的要素の強調，これら全てが組み合わされ，「意味の網の目」が作り上げられた。それは国家によって巧妙に紡がれ，愛国的組織によって支えられていたのである。象徴的な歓迎行事，儀礼的な式辞，仮設の構築物，軍楽隊によるサウンドスケープの創出，装飾，花火そしてファンファーレは全体として帝国の化粧板となり，都市を一時的に壮観な劇場へと変えた。その一方で，王室の行進自体も「スペクタクルとして」の効果という点から都市空間を象徴的に占拠するために準備された。この事例は「可視的な景観はスペクタクルの単なる受動的な背景になるのではない。その構造と美的価値が私的領域を侵し，そこに刻み込まれた意味を視覚的に消費するように意図されて作られている」（Kong and Yoeh, 1997：220）というコンとヨーの主張を強化するものといえる。

しかしながら，1900年のダブリンのように，国家権力による空間を強く意識したパフォーマンスは帝国内の政治的敵対者から激しい反発をうけていたこと，そして敵対者の側も抵抗の象徴的な意思表示をおこなうために社会空間を利用していたことも，同じくらい重要である。アイルランドが自治権獲得に少しずつ近づくにつれ，王室の行幸に対する民族主義者たちの反対も高まった。そのため，君主のダブリン訪問は熱狂的な歓迎を広く呼び起こすことに成功したが，長期的な帝国への忠誠心をうまく涵養することはできなかった。実際，大英帝国が支配的な権威を主張するための手段として，儀礼や景観的なスペクタクルを創り出そうと努力することで，逆に隠そうとしていた亀裂が露わになっていった。民族主義のグループを対抗的な活動へと効果的に奮い立たせたという点で，これらのスペクタクルなイベントは，「イデオロギーは支配的である一方で，矛盾し，断片的で，首尾一貫しないものである。『政治的な問いかけ』を受ける人々が，いつもごまかされてイデオロギーの作用に気づかないわけではない」（Ashcroft et al., 2002：222）という見方を確かめさせてくれるのだ。

キーポイント
- スペクタクル，パレードそして公共のパフォーマンスを検証する中で，歴史地理学者や文化地理学者は，演出された権力の表現というだけでなく，スペクタクルな記憶の儀礼として公共のパレードの役割にも光を当ててきた。
- これらの研究はパレードが「景観の隠喩」として，物質的にも軍事的にも多面的な影響を持っていること，またそれは，ページェントやイルミネーション，ファンファーレ，音楽を用い，過去の局面と公共の記憶を巧みに私物化することを通じてもおきることを示してきた。

・過去の出来事の選択的な再活用が，記憶を空間化してアイデンティティの語りを肯定する公共の見世物と複雑に絡まり合う時，地理と歴史のダイナミックな関係は公共のスペクタクルの中で強調されることになる。
・1900年におけるヴィクトリア女王最後のアイルランド訪問に関する研究によって，国家の式典が，壮大な見世物がもつ魅惑的な力と文化景観の象徴的資本を利用することで，その場限りのスペクタクルとして，大衆の意識に消えない影響を残そうとしたことが示された。しかし，それは抵抗の象徴的な意思表示をおこなうために社会空間を利用する民族主義グループの対抗的な活動をも奮い立たせたのである。

さらなる理解のために
　Busteed, 2005；Goheen, 1993；Kong and Yeoh, 1997；Ley and Olds, 1988

（訳：網島　聖）

VI　モダニティと近代化

第 16 章　資本主義と産業化

ウルフ・ストロメイヤー

はじめに

　歴史を研究することには，時代の境界線をどう引くかという問題が常につきまとってきた。たいてい，戦争，王位継承や，ある技術的発明が初めて日の目を見た日付といった特別なできごとを根拠に，この境界線が引かれる。そうして時間軸上に目印をつけることで，研究者は歴史を組み立て，歴史に迫ることが可能になる。歴史地理学も例外ではない。歴史地理学研究は歴史学の成果に依拠することも多く，歴史学の成果が有益な地理学上の発見や知見をもたらしてくれているのだ。しかし，歴史学の正確さは自然科学における正確さと同じではない。文書資料によって，あるできごとにまつわる日付をある程度正確に示すことができたとしても，それがそのまま個別のできごとに意味を与える歴史の文脈(コンテクスト)を作り上げるわけではないからだ。

歴史地理的事象の時期を定める

　本章の主題と直接関わる例として，1765 年をとりあげ，ジェームズ・ワットによる近代的蒸気機関の発明を考えてみよう。するとすぐに，「1765 年」という年が，いくつかの候補の 1 つに過ぎないことに気づくだろう。ワットが蒸気機関に関するアイデアを思いついたのは 1763 年であり，実際の製造は 1775 年からおこなわれた。さらに，ワットの機械は，すでに確立された蒸気機関をもとに作り上げられており，先行するものは少なくとも 17 世紀終わりにまで遡りうる。そして，こうしたできごとの日付について歴史学的に正確さを求めようとする試みもさることながら，産業化と資本主義が勃興する過程やきっかけにおいて蒸気機関がもった重要性自体がもっと問題になる。産業化や資本主義は，しばしばモダニティに付随し，モダニティと同義であるとすらみなされている。こうした考え方では，特定の技術的発明を社会全体の変化の原因にしてしまう。さらに，モダニティの空間的側面は，発明（現在，地理学者によって「イノベーション (innovation)」と命名し直され，もてはやされている）の空間的普及と，そうした発明を可能にした資源の分布と輸送の問題から十分説明できるとみなしてしまう。しかし，蒸気機関に関する例をみても明らかなように，発明の空間的拡散

それ自体（本章の例だと蒸気機関）と，より広い文脈（産業化や資本主義，そして，あるいはモダニティ）とを短絡的に結びつけて説得的に論じるのは無理がある。私たちがここで問わなければいけないのは，特定の発明が続いて起こる過程を十分に説明できるのかということである。

　歴史の文脈に関わる過程の説明が不明瞭だと，（イノベーションやその他のできごとのような）個別の要素を意味あるものに方向づけることができない。逆に，転機となるできごとに依拠せずに広い歴史の文脈を定義することは不毛な作業となってしまう。私たちはどうやら「鶏が先か卵が先か」という問題に出くわしてしまったようだ。この問題は，ジグソーパズルをする時に出くわす状況に例えることができよう。1つの大きな絵が個々のピースから現れてくるが，各ピースは予め決められた「ふさわしい」場所を必要とするのだ。

　話を戻すと，本章の課題とは，私たちが説明しようとするもの——産業化と資本主義——と，その原因になる要素とのつながりを概念化するというものである。そして，ジグソーパズルがある種のデザイナーを必要とするように，多くの学者は現代世界をよりよく理解するために必要な様々な用語の定義を取り決めつつ，個々の構成要素とより大きな歴史像の両方について論じてきた。そして地理学者，特に歴史地理学者はこの手の議論に貢献してきたのである。以下，これらの研究のいくつかに注意を向けていこう。

　慎重な論者であれば，議論を始めるにあたって，本章のタイトルにある資本主義と産業化という2つの単語を混同しないようにするだろう。両者が表現する内容は同義でもなければ，歴史の中で対応する時間枠も異なるからである。しばしば混同され，互いを置き換える言葉として使われているが，資本主義と産業化は互いに関係しつつもそれぞれ独立した歴史の過程である。2つのうち，資本主義はより古く，より長く続いている。一方で，産業化は資本主義が加速した重要な一時期くらいに表現するのが適切であろう。資本主義の中の一段階を示す「産業資本主義」という概念は，この主張を例証し裏づけるものである。

　それでは，資本主義とは正確には何であるのか。そしていつ始まったのか。厳密にいえば，この点について歴史地理学者の中に意見の一致はみられない。突出した研究者のロビン・バトリンでさえ，有名な著書『歴史地理学』の中で「生産に関して拡大する資本家の関係」（Butlin，1993：148）と言及するだけで，具体的な時期や歴史上の特殊性についてそれ以上説明していない。こうした曖昧さこそがこの問題の特徴であり，そのため簡単には解決されないだろう。

資本主義を空間化する

　名高い「世界システム論」でイマニュエル・ウォーラーステインが示したように，資本主義とは「時空間」を再構築するグローバルな過程として最もよく理解することができる（Wallerstein, 1988）。その過程は，より多くの資本を生み出したいという関心からおこなわれる「あらゆるものの商品化（コモディティ）」（Wallerstein, 1983：16）を足場に進められる。つまり，この定義では，資本主義の「自己拡大（self-expansion）」がそのシステム的特徴において重要な要素となる。加えて，「成長」（あるいは「発展」）は2つの別個の空間スケールで起こる。第1に，「成長」は数値化されるものの増加に関係する。すなわち，生産や労働力のコストと交換の間の局地的な相互作用が剰余価値を生み，その剰余価値は地域経済に再投資されうるのだ。第2に，それは時を超えて複数の空間を不均等に関連づける地理的な過程を表す。それにより，歴史的に偶然の産物である「中心」と「周辺」が作り出される。

　資本主義は，コロンブスや（後の）クックがおこなったような探検の後，主にヨーロッパの通商ルートが拡張し，様々なスケールの空間が不均等な交易と商業の体系へと徐々に編入されていくこととして始まった。したがって，それは指向性と実践において本来的に「グローバル」なものとなり（Ogborn, 2000：43），この本の別の章でも議論されているように，歴史的に植民地主義と帝国主義のプロセスに非常に近い関係をもつ（Corbridge, 1987）。資本がこのようなやり方で空間へ関与する上で最も重要となったのは，富の創造にまつわるメカニズムに起こった以下3つの変化である。(1) 文字化された知識の普及や（Ogborn, 2002），様々な空間スケールを個々人の身体が移動することなど，様々なコンテクストにおいて流動性（モビリティ）が高まったこと。(2) 自然の季節的なリズム以外に，時間をはかる新たな方式が開発されたこと（Ingham, 1999）。そして，(3) 新たな形式の信用取引，紙幣・有価証券，そして国際的に運用される株式市場の発明を通じて，送金の様式がローカルな結びつきから解放されたことである（Black, 1995；Bonney, 2001）。

　産業化の正確な始まりがいつだったのかということも，いくつかの論争で主題とされてきた（Butlin 1993：233 参照）。イギリスが経済活動の産業化において，初期には先頭を進んでいたということにほとんどの研究者が同意しており，その中ではマニュファクチャーへの移行が社会における富の生産の根源として最も重要視されている。しかし，しばしば「産業革命」とも称されるこの過程に，はっきりと時間的かつ地理的な枠組みを与えることは難しいことが示されてきた

（Pinard, 1988 ; Royle, 1991 ; Stobbart, 1996 ; Townshend, 2006）。バトリンや他の研究者が産業化に関する一応の指標として示した農村空間の「プロト工業化」という概念は（Butlin, 1993 : 227-220 ; Cohen, 1990），全ての国や地域が同じくらいの長さの期間に，あるいは同時期に産業化のプロセスを経験してきたのではないという事実とも結びつき，産業化を単一の歴史として描き出すことは不可能であり，その歴史地理を具体的にとらえることが不可欠であることを示した。

　ほとんどの論者は，産業化の過程が，かつても今も，資本主義の原理に従って組織化された社会システムを加速させうるということに同意している。ただし重要なのは，そこで新技術により生産高が増加するだけではなく，社会が動くスピード全般が高速化すると示唆している点である。19世紀後半の鉄道網の広がりによる輸送スピードの上昇とともに，同時期の電信線を通じた情報の普及は，資本循環の増加やそれによる資本そのものの増殖を進める上で中心的な役割を担った。別の観点からこの過程をみる方法として，流動性に注目して分析する方法がある。これは，資本が空間スケールを横断して働くことを可能にする様々な流動性を強調するものだ。信用取引や投資の形での資本の流動性から資源や労働力の流動性まで（Cawley, 1980 ; Bourdelais, 1984），ニール・ブレナーが主張してきたように，資本主義を歴史的に特徴づけるものとは，領域化と再領域化が進む様々な空間スケールの中で，空間的に固定化されたものと流動するものの間の差異を利用できる能力なのである（Brenner, 1998）。そして，このような過程が複数の空間スケールをまたぐ潜在的な流動性にどう関わっているのかについては，いま一度注意しなければならない。例えば労働力の流動性と一口に言っても，日々の通勤パターン，19世紀の都市への大量移住から，現代の大陸をまたいだ移住や，インドの宿題サポートサービスをアメリカの子どもたちと結びつけるデジタルな形の流動性までを含むのだ。

　資本主義の生産様式を特徴づけるこれらの過程は，マルクスが言うように，決して安定的ではいられない。全く逆に，不安定さは資本蓄積の原動力であり，（価格，賃金，影響力，情報などの）差異を認識し，それに応じてなされる行為が資本蓄積を効果的に加速させる。したがって，その結果であるシステムは，人為的に引き起こされた様々な危機を通じて歴史的に作動してきた（Black, 1989）。そして，この点こそが近代以降のグローバル化社会の顕著な特徴となってきたのである。例えば，産業化としての資本主義が産業化された景観を作り上げたが——ヨークシャー，ルール地方，北フランスなどは，このような改変された空間の最もよく知られた事例であろう——，これらの景観の大部分が第二次世界大戦以

来，さらなる変化を遂げてきたことを忘れてはならない。それは「古く」て「伝統的」とみなされるようになった産業の脱産業化という文脈の中に位置づけられる（Linehan, 2000）。

　それゆえ，（資本主義の）経済システムの柔軟さは，定期的にどこかで危機をもたらす。資本主義とは，数多の空間スケールにおける差異から利益を引き出そうとする資本の意志や力を通じて，空間を生産，再生産する能力によって性格づけられるが，その「対価」には地域全体や国々の衰退があるのだ（Wallerstein, 1983 ; Steinberg, 2000）。こうした「危機」の概念が（そしておそらくは「衰退」の概念はそれ以上に），「自然」を資本主義システムへ編入することにも結びついていることは偶然ではない。自然は単なる資源として概念化され，直接かかるコストだけが計量されて労働と同様の扱いを受け続け，不足した時にのみ意識されることとなる。このため，ムーアが近世の資本主義における砂糖生産の産業化を例に示したように（Moore, 2000 ; D'Souza, 2006 も参照のこと），グローバルな資本主義の働きは自然と相対したときに地球規模で破壊的作用を及ぼすのである。

資本主義と都市

　「時空間」を再構築するグローバルな過程と関係し，さらにそれを加速させるものとして，都市化の過程がある。これは資本主義と近代化の両方と緊密な関係を持って進んできたし，そしてこれからもそうであろう（第 11 章参照）。この文脈では，資本主義の成長の中で都市が果たした役割，すなわちますますグローバルにネットワーク化した商業，資本，輸送における中心の発展と，建造環境の資本化，すなわち都市それ自体がグローバル資本による資本操作の場となることとを区別することが大切である。前者の過程は最初から資本主義の高まりとつながりがあったが，後者の過程は主に 19 世紀に多くの都市で起こった急速な経済成長の特徴である（Harvey, 1989）。両者の過程に共通しており，資本主義の発展と緊密に関係しているのは，労働の空間的分業の発達（Moore, 2002），そしてローカルスケールより広い空間を規定づける作用である。後者は商業および産業資本による私的利益の追求が，共有され公的に作用する慣習を生み出すことを可能にした（Harreld, 2003）。

　公共空間と私的空間の出現とその絶え間ない再編成のなかで，ジェンダー関係も変化した。そして，仕事や家庭そして余暇の景観はこの過程で形成され，また逆にこの過程を下支えするものとして刻み直された（Horrell and Humphries,

1995)。例えば，マリア・ミース（Mies, 1989：104-119）が「専業主婦化」と呼んだ過程は，資本主義の発達に関与するのみならず，社会－文化的過程としての資本主義を支え，維持することに一枚噛むものであった。このようなジェンダー化の過程は主に19世紀に変化した。この変化は資本主義の性質を変えたが，同時に資本主義の働きを通じてジェンダー化も変化したのである。一般的に，資本主義は生産様式として概念化され，本章のこれまでの議論も，資本主義時代の生産の過程とその文脈を変化させる上で重要なポイントを浮かび上がらせようとしたものであった。

　マルクスが単なる「使用価値」の商品化と名づけた事象と同時に，西洋社会における資本主義的発展の原動力は，生産から消費へと移行した。これ以降，商品は独立した交換価値によって主に性格づけられる。そして次第に，交換価値は視覚的効果を狙って設計された展示の形式，すなわち「スペクタクル（spectacles）」の形に頼って作られるようになる（Pinder, 2000）。究極的には，この過程の中に様々な形や外観をした余暇がとりこまれる。ツーリズム（Gilbert, 1999；Gilbert and Hancock, 2006）から，パノラマ，ジオラマ，映画のような完全に視覚的な形式のエンターテイメント（Clarke and Doel, 2005）までを含む余暇は，資本主義の中心的教義にまで高められるのである。そして，その過程で古い経済的行為を「突き崩す（corrupting）」（Strohmayer, 1997）ことになる。

おわりに

　結局のところ，変化する状況や技術に対して資本主義が順応性を持つことは近年の発展から明らかである。その最たるものとして，「第2の産業革命」と呼ばれるネットワーク社会の台頭を認めないわけにはいかないだろう。モダニティと産業化の文脈の下にある今日の発展が，250年前の啓蒙主義時代に始まった個人主義化の過程を継続させているということ。そして，この個人主義化の過程に近年あらゆる領域に広がった「競争」の概念が補完されているということ。こうした問題は，本書のような歴史地理学の知識と実践に最も重点を置く書物にとっても注意しておくべきものである。もっと狭い意味に取った歴史的視座からすれば，経済発展の速度はこうした現在進行中の過程の中で再び激しさを増していることに注意すべきであろう。産業化の波が世界中に行き渡るのに200年かかったのに対して，情報革命は20年でほとんどの地域に行き渡った（Castells, 1996）。その結果，差異から利益を搾取する資本の柔軟性がさらに増し，労働の実際（賃金，就労許可，労働条件，労働の非熟練化などを含む）がグローバルなスケールで絶

え間なく操作される空間支配が進んでいるのだ。

キーポイント
- 資本主義の特徴は，主に商品の生産と商品交換のシステムが発達することによって引き起こされた，延々と続く社会変化の過程として説明される。
- 資本主義の勃興を，探検，植民地主義，帝国主義そして産業化の歴史と密接に関わらせて把握することが重要である。そうして，現在広く流布するグローバリゼーションの概念が根づくようになったもっと前から，資本主義がグローバルなシステムであったと概念化することが喫緊の課題である。
- 例えば技術的変化に合わせて資本主義が変化したように，生産様式における様々な変化の関係は多面的なものであり，より大きな社会的，経済的変化を意識しながら，地理的に細やかな分析が要求される。
- 資本主義の根本的な部分は，常に空間の脱領域化および再領域化の絶え間ない過程であった。

さらなる理解のために
Black, 1995 ; Brenner, 1998 ; Moore, 2000 ; Strohmayer, 1997

（訳：網島　聖）

第 17 章　科学と技術

ウルフ・ストロメイヤー

はじめに

　「近代」には様々な定義があるが，その多くに共通してみられるのは，近代的な主体と客体の構築に「科学」と「技術」の両方が直接関わっているという点である。技術で満たされ科学に裏打ちされた近代は，これまでと全く異なる，その時点では「新しい」人間活動の舞台背景(コンテクスト)として，「進歩」の観念を伴って登場した。第 16 章では，舞台背景を変えるこのような客体の 1 つである蒸気機関を検討し，資本主義の現在進行形の歴史における重要性を明らかにした。本章ではより広い視野で，近代科学と技術の両者に付随する文化の変化を分析する。

　通常，近代やそれに関連する概念の定義は，全面的な断絶を念頭においたものとなっている。「近代(モダン)」世界はそれ以前の世界とは相当に異なっていると考えられており，それゆえそれを上手く記述するには「近代」という名詞か「近代的な」という形容詞を必要とする。つまり，世界はただ変化したのではなく，その変化は実質的なものであり，不可逆的なものでさえあったというのである。かなり最近まで「近代」は終わりがない過程だとみなされていたが，「ポストモダン」や「ハイパーモダン」的特徴という形で提案された近代の終点について，今では多くの議論がなされている。本章ではこのような主張をさらに掘り下げていくが，まずは科学や技術の対象物や慣行に付随する歴史地理を探究したい。

　最初に指摘すべきは，科学の進歩と技術の発展を下支えした地理空間が一連の重要な研究の焦点となる 1980 年代終わりごろまで，歴史地理学では科学や技術を独立した研究分野としてほとんど概念化していなかった点である（Livingstone, 1990）。この一連の研究の議論は人文科学における「空間論的転回」と密接に関係しており，そこでは科学や技術にともなう慣行は科学や技術が生み出される空間と深く結びついているという説得的な議論がなされていた。このうち技術の歴史地理については，このような議論は厳密に言えば新しいものではない。特に，革新(イノベーション)に関する問題については，豊富な研究の積み重ねがあった。

　しかし科学の歴史地理に関する問題は扱いにくいものだった。スティーブン・シェイピンのいうように，科学とは特定の地理から切り離された，普遍的な実践だと考えられてきたからである（Shapin, 1998）。確かに科学における真理の主

張は世界共通の言語である，場所から切り離された具体的な証拠に基づいてなされる。とはいえ，この20年の間，歴史地理学や隣接分野で力強く主張されてきたところによれば，様々な慣行によって科学はつくられており，この「様々な慣行の概念的固有性は特定の場所の訓練様式や社会化様式の帰結だった」（Shapin, 1998：6）。これは同分野でなされた非常にオリジナルな洞察の1つであろう。本章の議論もまた，そのような文脈や背景のもつ影響力に注目する。

近代科学

近代的な科学的思考方式の出現がいつであったかという問いは，より広い意味の近代性（モダニティ）や近代的実践の概念的発展（コンセプチュアライゼーション），そして特定の技術や技術に裏打ちされた実践の出現と明らかに関連している。例えば，1610年にガリレオ・ガリレイが木星の衛星を発見した（これは当時支配的であったアリストテレス学派の天文学の否定を意味する）が，望遠鏡はその発見にとって非常に重要なものだったとされている。これは技術と科学の間の密接な関係を示すものである。ガリレオの人生と科学的思考は，17世紀全体に及ぶいわゆる近代「科学革命」の一部を形成した。この近代「科学革命」はガリレオとデカルトに始まり，続いて啓蒙運動時代のより幅広い社会の変化につながった（近代科学革命や他の「革命」の批判的解釈については，Livingstone and Withers, 2005参照）。

17世紀を分水嶺として，それ以降「科学的」思考方法が優越したとみなすことは，ヨーロッパや世界の他の地域でそれ以前に存在していた実践の妥当性を相対的に否定するものである。ある程度これは意図的におこなわれ，類似・競合する他の科学的実践に対して，科学と技術の「ヨーロッパ中心的な」解釈を支配的でほとんど独占的な地位に押し上げるにあたり，この時期は重大な契機となってきた。とはいえ，デイヴィッド・リヴィングストンが主張するように，理性が新天地を征服していくこの「壮大な」（ヒロイックな）物語は，16〜18世紀のヨーロッパでは「神秘的」（マジカル）つまり「非科学的」思考方式と「論理的」思考方式に，絶対的な区別がなかったことを覆い隠している（Livingstone, 1990）。また，科学文化や科学的実践の形成に対する中国やアラブ諸国による貢献は，科学史ではわずかに認識されるだけであることが多い。この主な原因は，歴史叙述に圧倒的な影響を与えている目的論的衝動である。つまり，歴史的な変化や発展は，その未来であるところの現在にたどりつく道しかないという前提で提示されるのだ。それゆえ，ヨーロッパの存在様態が形成され，西洋諸国それぞれの経済や文化が世界的な優位性を競うような状況に進歩してきたことや，これらに対する「科学」の中心的役割

第 17 章　科学と技術　153

が，科学の進歩が起こったのは主にヨーロッパであり，19 世紀以降は北アメリカであったという仮定につながってしまうのである。

　1980 年代末以降の研究の多くは，啓蒙運動や，それが重視した，証拠に基づく思考形式，反権威主義的な経験に基づく形而上学的知識へと向かう転換を，科学の進歩と密接に結びつけている（Livingstone, 1990；Livingstone and Withers, 2005）。また啓蒙運動は，近代の進展と時期を同じくして，新しい形式の地理的知識と地理的実践の機会を土台にして起こったと考えられた。この地理的知識や地理的実践は，啓蒙主義の時代に先立つ大航海時代に大きなインパクトを持ったものである。実際，多くの研究者はポルトガルのエンリケ航海王子と彼の探検事業が，科学や証拠の時代が始まった瞬間であり，それ以前との断絶の瞬間だったと指摘している。これによりヨーロッパ式科学の，別の科学や進歩の観念を持つ空間に対する優位性が生まれることになった（Livingstone, 1990：364；Law, 1987）。言い換えれば，科学はコロンブス以来ヨーロッパによる征服を地理的に可能とするのに大いに貢献したし（Hugill, 1995），同様に科学は自然の征服に大いに関与した。それは多くの場合，侵略的な新しい実践という文脈においてだった（Wesseling, 1995）。

　この非常に地理的なストーリーにおいて，経済的な支配と（後の）帝国の構築，拡大，維持における科学の「使用価値」が強調される。しかし，これは科学の実践そのものにもっと興味を寄せる，好奇心に裏打ちされた別の科学史を覆い隠してしまう。加えて，ショーが論じているように，新しい科学の道具が「近代」地図の作製に特に用いられたのは，資源の位置を特定するという資本主義の要請と，近代国民国家構築の際に領域の境界を定めて管理する必要性との両方に影響されてのことであった（Shaw, 2005）。前植民地主義（プレ・コロニアル）や植民地主義の時代における旅行，またそれに関連する実践が，経済的な利益になる知識を生み出し広めることに影響したことは多少なりとも明らかであるかもしれない――これらが地理的実践の歴史における中心を形成しているのは確かである――。一方，最近の地理学における研究論文は，高度に身体化された行為としての旅行それ自体を，それに続く語り（ナラティブ）の焦点とするような数々の語りに目を向けている（Naylor, 2005）。

　シェイピン（Shapin and Schaffer, 1985）やブルーノ・ラトゥール（Latour, 1988）の先駆的な研究を受けて，最近の歴史地理学研究は科学の地理学に新たな展開を加えている。それによれば，医学から農業科学まで，科学領域での新しい実践は情報ネットワークの形に直接的に依存して展開した。すなわち，リヴィングストンが論じるように（Livingstone, 2005），科学や文書，普及のための技術

は密接に関連していると考えねばならない（Ogborn, 2004 も参照。ドライヴァーは遠隔地での知識構築における「航海日誌」の重要性を強調している。Driver, 2004）。科学進歩の歴史においてこのようなネットワークの重要性が認識されたとき，地理的な差異はその歴史の不可欠な要素となり，知の送り手と受け取り手の両方がそれに影響されるのである。また，このようなネットワークは現実のネットワーク体系の中でも（Finnegan, 2004），「想像された」知的対話を通じても（Mayhew, 2005）効果を発揮しうることに注意しておきたい。

ネットワークと同様に重要だったのは，空間を越えて信頼性が構築されうる方法である。距離の問題，短い寿命，（科学対話の参加者の共通語としてラテン語が未だあったとはいえ）即座に通信できる手段の不在という時代背景においては，知識の普及には科学に関する経験を標準化する方法が必要だった。この過程には知識生産における鍵とも言える場所が不可欠であり，そこには，実験室，博物館，文書館，フィールド，庭園（Livingstone, 2000 ; Withers, 2002），出版社（Withers, 2001）や「ヨーロッパ式の教室」（Shapin, 1998：7）といった空間も含まれる。これら具体的な「実践の場」（Withers, 2007：63）は，少なくとも啓蒙期以降，近代を通して，世界を整理・分類することに中心的に関わってきた（Withers, 1996）。そして，このような空間において，実践に関するもう1つの標準化が効果を発揮する。地図や温度計，時計やグラフといった技術は新しく発展した空間の中に定着し，新たな科学的見識の空間を越えた比較を可能にした（Law, 1987 ; Latour, 1998 ; Glennie and Thrift, 2005）。これらは帝国のさらなる野望に利益をもたらし，正当化するのに使われたのである（Mann, 2003）。

ところで，この「使う」という観念は，ジェンダーや階級による制限を受けるので，近代化する社会の中でも一部の集団しか「使う」ことはできない。事実，シェイピンらが論じるように，現在の科学実践では「専門知識」や組織によって空間を越えて信頼が確立されるのに対し，近世の科学実践では，「ジェントルマンの科学者」や彼らと結び付けられた実践によって信頼性を確立させたのである。彼らは知の進歩に従事する信頼できる個人であるというのだ。

近代技術

近代科学の歴史が示したように，科学から技術を分離するのは結局のところ不毛な作業でしかない。むしろ，科学文化の発展と技術の発展の間には明確なつながりが存在している。このつながりは，人類の歴史を通して様々な形態——相互依存でもあり相互に発展を後押しする関係でもある——で現れてきた。このつな

がりの好例は，18世紀半ばから出版されたディドロとダランベールの『百科全書』への広範囲にわたるフォリオ版の「補遺」(annexe) である。『百科全書』出版はヨーロッパ啓蒙の決定的な瞬間だったが，この補遺は，従来美しい自然物にのみ用いられてきた描写の詳細さと正確さを，技術に関する対象にも用いた契機であり，特筆すべきである。『百科全書』などの近代出版物が表すのは，技術や技術進歩への「近代的な」熱中にほかならない。技術と技術進歩は，おそらくほかの何よりも「近代」を特徴づけるようになったものである。望遠鏡については既に触れたが，印刷機（Eisenstein, 1979），近代的な道具の数々，汽車（Schivelbusch, 1987）や汽船，電信，発電機，写真のような例を取っても，技術進歩に関する言葉に満ちた，私たちになじみの深い状況が現れる。

とはいえ，このような近代的なモノは科学進歩に寄与したばかりでなく（19世紀の地理的知の文脈における写真の使用については Ryan, 2005 参照），全く新しい文化や将来の可能性をも創出した。実際，新しい方法，組織，分配，管理が従来の方式に取って代わり，既存の実践を動揺させるような一連の変革があってはじめて，技術革新が新しい技術になったといえるのだ。技術革新の普及とそれに続く実践についてのヘーゲルストランドの先駆的かつ非常に影響力のある研究（Hägerstrand, 1968）は，厳密には「歴史」研究に分類されないものの，技術変化は地理という学問分野の中心的関心事であることを再認識させるものである。

資本主義の文脈（前章参照）では，そのような革新は新市場の創出や既存の市場を定期的に再活性化することに寄与する。新技術はたいていの場合，古いやり方を，良いとされる新しいやり方に代えて，以前と同等の結果を得る。本や新聞が口伝の物語や布告の触れ役の伝統に徐々に取って代わったように，汽車は大型の馬車に取って代わった。技術変化全体における傾向の中で，そのほとんどに適用できるものが2つあるように思われる。速度の上昇と，人と人との関わりの個別化が進んでいくことである（Kern, 1983）。事実，近代以降に起こった——そして関連する——個別化の過程と速度の上昇について焦点を当てることで，私たちは近代化の歴史を意味のある方法で語りなおすことさえできるだろう。さらに，地球上の様々な場所においてこの経験が異なった性質を持ったことで，世界は「近代化された」程度に応じて分類されるようになった。最も知られているのは，「第一」世界と「第三」世界という使い古された区別である。

しかしながら，19世紀の技術変化は速度とプライバシーの上昇という形で日常生活や文化に影響を与えただけではない。同じように重大なもう1つの変化は，

写真と映画の発明を通じて視覚メディアの領域で起こった。その結果，日常的実践の視覚化と，視覚的方法を通して世界と関わるという新たな形態が急速に拡散した。例えば広告の出現・氾濫や，視覚化された議論の公共圏への普及は，近代以降の人間の交流方法を明らかに変えた。現代世界におけるインターネットでさえ，その成功は視覚的な性質によってもたらされた部分が大きい。

　近代の科学と技術は，デヴィッド・ハーヴェイが近代における時間と空間の圧縮と要約したもの——つまり経験と経済的な実践の加速——にまず間違いなく貢献している（Harvey, 1990：240；Sheppard, 2006；Kirsch, 1995 も参照）。資本主義システム内部の「時間－空間の圧縮」に関わる帰結については前章で分析している。よって，この21世紀でもハーヴェイの分析した傾向が継続し加速しており，今この瞬間の経験はインターネットのようなテレコミュニケーション技術を通じてもたらされたものだといえば十分である。それはこれまでと根本的に異なるが，これまでと同様に「技術化」された経験なのだ。歴史を通して，このような変化は非常に多様な方法で地域の現実に影響を与え，「不均衡な」発展をもたらした。さらに，技術や科学の変化は（それが国家や企業の直接の生産物でない場合でも）国家や企業の特定の利害関係に埋め込まれ続け，その利益に貢献するものであることも覚えておく必要がある。地理情報システム（GIS）が湾岸戦争に寄与したとするニール・スミスの分析（Smith, 1992）は，技術変化の歴史において忘れられがちな幅広い背景をタイミングよく再確認させるものである。

キーポイント

- 近代，科学，技術は，歴史地理学研究の土台となる三大要素である。ほとんどの場合，これら3つの個別の要素に関する議論は，このうち1つの用語（例えば「近代」）を別の要素（「科学」）の説明に使うというように循環している。
- 一般に受容された科学と技術の歴史は，明示的または暗黙の内にその範囲，方法，志向においてヨーロッパ中心的である。
- 科学と技術は，明確に分節化された諸地理に埋め込まれて（それを構成して）いる。その諸地理は主要な近代的実践の明確な出現と維持・持続を説明する。
- 速度と個別化は，技術で満たされた近代的実践に関わる文化を特徴づける2つの主要な過程である。

さらなる理解のために

Kirsch, 1995；Livingstone, 1990；Mayhew, 2005；Shapin and Schaffer, 1985［シェイピン，シャッファー，2016］；Withers, 2005

（訳：春日あゆか）

第 18 章　モダニティと民主主義(デモクラシー)

ウルフ・ストロメイヤー

はじめに

　前段の第 16 章，第 17 章で扱った内容の大部分は，「近代／モダニティ（modernity）」や「近代化（modernization）」といった語に収れんされるものであった。この理解に沿うならば，資本主義，科学，科学技術(テクノロジー)を特徴づけるあらゆる歴史地理は——因果関係にあるわけではないとしても——，社会やそれに関わる側面の近代化と結びついていることになる。そのため，これらの単語は言い換え可能なものとして扱うこともできるのだが，こうしたやり方で概念を説明しても堂々巡りで終わってしまう。例えば，「モダニティ」は「資本主義」を説明するもの（またその逆も同じ）と多分に思われてきたし，「科学技術」が「科学に基づいた」経済の発展をもたらしたとも考えられてきた。実際，これらの概念を十分に区別する学者や評論家は，ほとんどいない。

　あいまいな定義になっているのは，「モダンな」という形容詞の使い方に一因がある。モダンは，様々な過程(プロセス)，状態，文脈を，「（単に）新しい」，「それまでと異なる」，「画期的な」ものとして特徴づける際に使われる常套句となっている。このような使い方は一見，何の問題もないように思えるが，結果として，この世界についての知を生み出そうとする試みを明確にする言葉ではなく，むしろ混乱させる言葉となっている。そのことは本書のあちらこちらで，特に科学と科学技術に関心を向けた前章で，確認したとおりである。

「モダニティ」を区別する

　「モダニティ」や「近代化」に関するテーマは，いつも明確に主題化されてきたわけではないにせよ，長い間，歴史地理学が扱う典型的なテーマであった。「モダン」の概念は，「変化（change）」や「適応（adaptation）」といった観念を含意することが多く，なおかつ，それ以前とは根本的に異なる変容を伴うものとされる。すなわち世界のイメージは，「モダン」なモノ，「モダン」の過程や概念，そして「モダン」な構造を含むことで，もはやそれ以前の時代のものとは比較できないものとなったのである。

　歴史家をはじめとした人文学者が「近代」と呼ぶものに「先立つ」時代は，伝

統的に「中世」もしくはもっと簡単に「前近代世界」といった表題の下でまとめられてきた（この伝統的な見解への批判については Lilley, 2004 を参照）。そして，2度目の千年紀(ミレニアム)を迎える準備期間の頃，そこに「ポスト・モダン」という区分が新たに加わり，モダニティは終わりを迎えたかのようにみえた。

　建て前上，このような時代区分（「近代／モダニティ」）によって意味されるものは，形容詞（「モダンな」）によって意味されるもの次第で決まるということになる。しかし，ここで重要となるのは，「モダンであるとはどういうことか」という昔ながらの問いに答えようとするあらゆる試みが，「モダンな」という語を使用する時と場所の文脈に制約されているということである（Toulmin, 1990, esp. 5-44）。言い換えると，「モダンな」「モダニティ」「近代化」といった観念は，歴史と地理に対する注意深さと正確さを求めていく過程で循環論法的に構築されていくものなのだ。この点はまさに歴史地理学者や他の歴史研究者たちが明らかにしようとしてきた点であり，特にここ30年ほどは，より広範な文脈や流行，文化横断的な営為への注目が次第に高まってきた（Ogborn, 1998；Tang, 2008）。

　研究者たちが「モダニティ」という語を持ち出す際には，おおまかに言って，社会的，文化的な変化に関わる3つの側面に注目している。まずは，いろいろな方法で自然を服従させようとする人間の試みを示す場合。ここでの「モダニティ」は，科学や科学技術の進展といった，進歩に関わる幅広い観念の影響を受けたものとなる。次に，モダニティが他地域の編入という徹底的に地理的なプロセスを示す場合。それは探検やコロニアリズムに始まり，現代のグローバリゼーションにまで達するプロセスで，中には資本主義の発展や広がりと同義ととらえる議論もある。そして3つ目は，「モダンな」という言葉によって指し示される議論が，世俗化（secularization）の過程，民主主義，公正などに関わる政治的で極めて規範的なプロジェクトを特徴づけている場合である。これら3つの側面のうち，1つ目と2つ目については第16章，第17章のほか，本書のいくつかの章で取り上げられている。そこで以下では3つ目，すなわちモダニティに関わる政治的プロジェクト——その頂点には，ほぼ間違いなく民主主義に関わる実践が位置する——とそれを生み出す歴史地理についてみていこう。

　政治的プロジェクトとしてのモダニティと地理との結びつきを伝統的かつ可視的なかたちで最もよく表現してきたのは，歴史的事件の起こった場所である。これまで地理学者は，歴史家によって紡がれた糸を使って，革命や国民国家の形成，また外交交渉の成立に関する空間に注意を向けてきたが（Harvey, 1979；Heffernan, 2001；またセクション2も参照），具体的な場所に関心を寄せた研究

は意外にも少数に留まっている。例えばバスティーユ襲撃に関する明白で包括的な歴史地理を十分に論究した者はいまだいない（ただし，現代のシンボル的利用の分析には Bonnemaison, 1998，バスティーユを理論的に言及したものには Bassett, 2008：905 がある）。

もちろん，そういった明らかに場所に特化した研究が欠如しているからといって，歴史地理学者がモダニティに関する政治的側面を分析してこなかったわけではない。むしろ，政治的側面やそれらと場所との結びつきを生み出す表象ないし実践に関する研究（Konvits, 1990；Maddrell, 1998；Helleiner, 1999；Clayton, 2000；Power, 2001；Graham and Shirlow, 2002；Moran, 2006）や，社会の近代化プロセスにおける地理的空間の構築に関する研究（Sparke, 1998；Collier and Inkpen, 2006）は，次第に盛んになっている。そして，これらの研究者の認識が統一されているわけではないが，多様なスケールをめぐるポリティクスを示すモダニティの側面に注目している点では，ほぼ一致している。

本書で取り上げられるテーマの中にも，新たな理論的枠組みの中で論じられることで，政治的な意味合いを獲得した——「政治的なもの（the political）」となった——ものが多くある。そして今度は逆に，それらがモダニティの新しい解釈を導くというわけである（Strohmayer, 1995）。モダニティを日常の歴史的，物質的，政治的文脈に位置づけようとする歴史的探究は，そのようなテーマの典型例で，中でも代表格は，近世ロンドンの制度空間を読み解いたマイルズ・オグボーンの研究だろう（Ogborn, 1998）。ただし，そこでも空間にポリティクスを埋め込んだかたちで分析することに対しては抑制的なのであるが。

モダニティと公共圏

これまで確認したように，モダニティに関わる歴史地理研究には，空間を論じる研究と具体的な場所を論じる研究とがある。そして，それらには主に2つの軸からなる「ポリティクス」という分析枠を付加できる。人々が出会い，アイデアを交換し，集合的な行動規範を考える場の中に生じる「ポリティクス」を明らかにするという軸と，近代的な統治形態に関わる実践の周辺で醸成されるポリティクスとモダニティのつながりを解釈するという軸である。

これら2つの軸は歴史地理学の研究や思索の動機となってきたが，空間的な視点からみたときに，両者には共通する重要な点がある。いずれも，個々人と社会全体が相互に築き上げる関係を円滑にするよう，公共的（あるいは公的な出資によって），合理的に企図された空間の中で——そしてその中でのみ——機能する

特有の科学技術(テクノロジー)に依存しているという点である。以下では，まず1つ目の軸に関わる重要な概念，「公共圏（public sphere）」について，論を進めることにしたい。その後，2つ目の軸に関わる歴史地理学研究について，「統治性（governmentality）」の概念を中心にみていくことにしよう。

さて，先に世俗化について注意を喚起しておいた。世俗化とは，啓蒙主義やその直接の政治的結果（アメリカやフランスでの革命がおそらく一番よい例である）に関連した実践で，思考やアイデア，行動を自由に表明するための新たな空間の発達を求めるものとされる。初期の共和主義や根源的な民主主義の実践といった政治理論と地理的な場とを結びつける理論の定式化に大きく貢献したのは，ユルゲン・ハーバーマスの『公共性の構造転換』である（原著は1962年，信頼できる英語版は1991年に刊行された［訳注：日本語版の初版は1973年］）。実際，この本やその中で披露された考えは，この時期の歴史研究に最も影響力を持ったものであった。

ハーバーマスは歴史に意識を向ける社会学者として教育を受け，フランクフルト学派の著作群にも学んだ。『公共性の構造転換』において，彼は18世紀の啓蒙主義の時代——啓蒙主義は19・20世紀の資本主義の展開を理解する鍵となる——における新たな社会形態の誕生を，カフェや（文字通りの）サロン，フリーメーソン支部などといったブルジョワジーたちの日常的な空間と結びつけた。このような日常的な空間の中でこそ，ブルジョワジーたちは初めて自分たちの計画(デザイン)の利害を効果的に話し合う——そして慣行化する——ことができるようになったのであり，また多様なスケールの情報ネットワークを作り，先導していくことが可能となったのだという（Ogborn, 2007）。そして，そのようなビジネス上の利益の実現に役立ったのは，同時に並行して起こっていた彼らの政治的な自由や影響力の拡大であり，これが今日まで続く政治的権利をめぐる——極めてモダンな——闘争の増加へとつながった。

ハーバーマスの研究が歴史地理学へ与えた影響は明らかで，特に，歴史上の具体的な慣行を空間的に分析することで近代の歴史を規範的に解釈しようとする全ての研究に顕著に表れている（Howell, 1993）。また，啓蒙主義の空間に関する議論は地理学者から概ね好意的に受け止められ，多様な研究が進められたが，一方で，その排他的特徴についての問題も指摘された。すなわち，そもそもそれは主に西（正確には北西）ヨーロッパの「公共圏」出現に付随した空間であり，そのような空間への出入りは構造的に階級やジェンダー，人種によって制限されるものだったのである（Bondi and Domosh, 1998；Cooper et al., 2000）。さらに，

公共圏の概念にはそれが全く都市のものであるというバイアスが組み込まれており，様々な「公共の場」への出入り（Goheen, 1998；Kincaid, 2003），特に「通り」の利用（Goheen, 1993b）をめぐっては，地理的な制限が加えられていたとも指摘された。これらの批判によって，進歩的な政治にみえる「公共」の性質の起源を私的な関心や欲求に結びつけるハーバーマスの概念には，限界があるということも示された。私的な関心や利害が，個人的かつ拡大する利害の明白な表現に直接結びつくわけではない。それゆえ，近代政治の中心的アクターとしての政治的な個人の存在は，打ち立てられているというよりも暗示されているに過ぎないのだ。

さらに，「私（the private）」の観念が「公共（the public）」と結びつけられるのは，「私」が経済に関係する行動を生み出す場合に限られていた点も批判されるようになった（McGurty, 1998；「公共」と「私」の差異化に関する重要な著作の考察として Baydar, 2003 がある）。子育てや教育，社会ネットワークへの参加といった社会に関係する他の行動や慣行は，ハーバーマスの枠組みではさほど重視されていない。彼の言う「政治的なもの」とは，極めて特殊な状況下で生み出されたものなのである。

それゆえ，歴史地理学が公共圏と——たとえ歴史的には偶然だとしても——そこに内在する進歩的な特徴との魅惑的な結びつきを問題視し続けてきたのも驚くべきことではない。例えば，ハーバーマスは計画（プランニング）が進展し大衆化する中で，公共の領野と私的な領野との境界面が構築される点に，近代の民主主義社会形成のカギを求めていた。しかし，2 つの領野の区分は普遍的ではなく，著しくジェンダー化され，したがって限定的に構築されたものであることが明らかにされている（Lloyd and Johnson, 2004；表面上は普遍的にみえるデザインのジェンダー性についての議論は次を参照．Leslie and Reimer, 2003；Jerram, 2006）。このような計画された空間に普遍性が欠如していることによって，「計画」，「計画者」，「計画されたもの」の間には複雑な関係が生み出されるのであり，モダニティを統治（ガバナンス）の参加型形態（Llewellyn, 2004）へと導く過程（むしろ，実際には「プロジェクト」である．Habermas, 1987 : xix）として単純に読み解こうとするあらゆる試みは，否定されるのである。

モダニティと統治性

これまでに述べたハーバーマス流の思想や分析に加え，モダニティや「モダンな」政治に関心を寄せる歴史地理学者たちは，ミシェル・フーコーの著作からも

刺激を受けてきた（Philo, 1992, 2000 ; Hannah, 1993）。実際，フーコーの考えには地理学者が利用できるアイデアや歴史の問題と共鳴する素材が多くみられる。

　中でも，とりわけ地理学に刺激を与えてきたのは「統治性」の概念である。「統治性」は，政策の実現に意味のある社会的な諸慣行を（歴史的もしくはその他の方法で）分析しつつ，個人と社会の間を橋渡しすることで，「政治的なもの」の場を描き直す。その中心にあるのは，国家が適切とみなす空間に市民の身体を位置づける装置であり，技術（テクニック）である。そこでは，遊牧的（ノマド）な慣行が違法とされ（Hannah, 1993），住居のナンバリングや（Rose-Redwood, 2006a ; Strohmayer, 2009），身体の規律化／訓練（Crowley and Kitchin, 2008 ; Hannah, 2009）とそれに関わる諸実践——それは西洋社会でも植民地でもみられる——（Legg, 2006）を通じて，都市的なカオスの場が読みやすいものへと変えられていく。このように，統治性は明らかに，空間における歴史的身体の位置決め（ポジショニング）（もしくはRose-Redwood, 2006 の論じる「ジオ・コーディング」）やふるまいに関与する。そのため，歴史的な連続性や変化を研究する場合，統治性の概念は「生政治（biopolitics）」の観念にも関わるものとなる（Legg, 2005 : Gandy, 2006 : Nally, 2008。第20章も参照のこと）。

　フーコーによる統治性の追究や，その成果に依った歴史地理学者の研究で重視されたのは，国家を運営するための技術が爆発的に拡大するプロセスとしてのモダニティである。そこでは新しい官僚制，新しい制度，そしてそれらに調和する（もしくはそれらから生まれた）新しい心性といった様式の中で，統治行為の最適化が図られたことが論じられてきた。また，近代社会における専門家（エキスパート）という役割の出現と受容が，個人と社会とを結びつける重要な役割を果たしたことも，多くの歴史研究で説かれている（Hannah, 2000 ; 興味深い事例研究として Braun, 2000 もある）。こういった全ての技術が社会の近代化に構造を与え，統治行為を日常化し，最終的には個人と国家が共謀する感覚を生み出していったのである。

おわりに

　以上のことから，個人の自由の実現と，社会的結びつきの歴史的な形成という，モダニティにおける2つの「ポリティカル」な軸は表裏一体の関係にあることが明らかとなる。「公共圏」や「統治性」にまつわる検討が，いずれも社会発展の主たる条件をとらえようとするものであることは明白で，相反するものではなく，互いに補完し合うものとみなさねばならない。

最後に1点，注意を喚起しておきたい。近年の地理学研究では「モダニティ」に重要性が与えられ，それにかかわる研究テーマも増加した。しかしそれは，結局のところ「（人文地理学の）実証的研究や概念的研究で取り上げられる時間の幅が相対的に狭まる」（Jones, 2004 : 288）という好ましくない状況を——意図的ではないのだが——生み出すことにつながっているのである。もしかすると，歴史地理学はこのような指摘に対して比較的無縁であるかもしれない。しかし，その歴史地理学においてでさえ，キース・リリーなどごく一部の研究者の研究を除いて，中世景観の理論的な研究が学術雑誌に載ることがほぼなくなってしまった。

その一方，幸いなことに，ここ10〜20年ほどの間は，このような時間に対する好奇心の減退とともに，それまでの英語圏の空間と時間に対する支配的枠組みを超えるような地理的好奇心の拡大がみられる。その結果生まれてきたのが本書でも取り上げている多様な研究群であり，それらは21世紀の人文地理学の刺激的な研究文化を特徴づけるものとなっている。

キーポイント
- モダニティは歴史地理学の中で頻繁に使われる言葉だが，あいまいに使われている。
- モダニティは，社会や文化，経済の変化の過程を解釈したり，分析したりする際に使われる概念と結びつけて使われることが多い。
- 加えて，「モダニティ」という概念は，統治の進歩的形態や，包括的形態が生み出されることを説明する役を担うものとなっている。
- 統治の包括的形態に関する議論で重要な役割を果たしたのは，ユルゲン・ハーバーマスである。彼の『公共性の構造転換』は，近代のポリティクスの起源をたどる歴史研究にとって，よき手引書である。
- 歴史地理学者は，「公共」と「私」の差異に加え，モダニティに関わるポリティカルな側面を分析するべく，「統治性」の観念にも目を向けるようになった。

さらなる理解のために
Braun, 2000 ; Hannah, 1993 ; Harvey, 1979 ; Howell, 1993 ; Nally, 2008

（訳：上杉和央）

VII　境界を越えて

第19章　グローバリゼーション

デヴィッド・ナリー

はじめに

　「全ての社会的な力は前身，先例，根源を過去にもつ」と人類学者アルジュン・アパデュライは言う（Appadurai, 1996：2［アパデュライ，2004］）。確かにそうであり，グローバリゼーションもまた例外ではない。用語自体は近年の造語で，「世界規模化する（globalize）」という動詞が初めて登場するのは1960年代であるが，多くの研究者はこの現象が非常に長い歴史をもつものと認識している。

　ところが，グローバリゼーションの歴史地理をより厳密に説明しようとすると困難が生じる。グローバリゼーションは，人類がアフリカを出た最初の移動に始まるのだろうか。それともずっと下って13世紀末，ヴェネツィア商人マルコ・ポーロが，クビライ・カーンやアジアの隠れた驚異についての奇妙な物語とともに帰郷した頃であろうか。というのも，その物語がヨーロッパと「極東」との交易を再度呼び起こし，別の若き探検家，ジェノバ生まれのクリストファー・コロンブスの想像力に火を付けて，インド亜大陸に至る別の航路の発見を試みる中でアメリカ大陸を「発見」させ，ヨーロッパの植民地拡大の大きな波を始動させたのだから（第1章，第2章参照）。あるいは，国際主義の精神によって「万国博覧会，世界時が誕生し……世界共通語……国際地理学連合が企画され，そして100万分の1国際図が提案された」（Cosgrove, 2001：207）19世紀後半に，グローバリゼーションの種が蒔かれたのであろうか。

　こうした問いの枠組みは，起源譚や体系的な進歩の足跡に満ちた，単一で画一的なグローバリゼーションの「原－歴史」を前提としている。これと対照的なアプローチの1つが，グローバリゼーションを出来事ではなく過程として概念化するものである。歴史学者A.G.ホプキンズはこの方法を用いてグローバリゼーションを「整然とした段階の連続ではなく，重なり合い相互に作用する一連の諸過程」と表現する（Hopkins, 2002：3）。「近代性（モダニティ）」「グローバリゼーション」「資本主義」のような主要概念の相互補完性・相互依存性だけでなく，ある考え方や行為が，当初語られた状況を越えて再浮上し続けてきた経緯を把握しようとする。

　このように多様な切り口で複数のテーマを渉猟するというホプキンズの研究方法は，エドワード・サイードが歴史の「対位法的な」読解（Said, 2000：186）

と呼んだものに極めて似ている。グローバリゼーションを脱中心化した対位法的な読解は，境界を超える人々の移動，通信ネットワークの拡大，財やサービスの流通，世界宗教の広がり，市場的関係の深化，国際機関の創立，コスモポリタニズムの高揚といった現代のグローバリゼーションに特有とみなされている多くの要素が，激しさも影響も異なり，ときに反対の結果をも伴いながら，数世紀にわたって存在していた事実に目配りしている。

例えば，アンドレ・グンダー・フランクら（Frank and Gills, 1993）によれば，地球規模の世界システムの基盤は青銅器時代に始まった（この時期に，集約農業・プロト工業・地域間交易の網の目の拡大が最初の筆記システムの発明をもたらしたメソポタミア南部の都市国家群（現在のイラク），そして，最盛期に北は現在のシリア，南はスーダン共和国まで拡大し，灌漑農業を導入したエジプト帝国が出現していた（Gills and Thompson, 2006））。一方，著名な社会学者イマニュエル・ウォーラーステイン（Wallerstein, 1974）は，現代の世界秩序は，資本主義世界経済が初めて定着した植民地時代初期に始まる構造的変化の結果なのだとしている（第16章参照）。ウォーラーステイン曰く，地球規模の「世界システム」の出現は，「周辺国家」からの余剰収奪を通じて「中核国家」が経済的かつ政治的に発展していく，本来的に空間的な過程であった（Taylor and Flint, 2000）。ホプキンズは，これらグローバリゼーションの異なる理論は根本的に相容れないものではなく，グローバリゼーションという過程が「初期，プロト，近代，ポストコロニアル」と異なる形式をとるのだと指摘している（Hopkins, 2002：3）。

こうして見ると，フランクらの研究はホプキンズの言う「初期のグローバリゼーション」に力点をおいたものであり，一方，ウォーラーステインが強調する「新世界」の植民地化以後に確立した西ヨーロッパの覇権についての議論は，ホプキンズの言う「プロト・グローバリゼーション」によく当てはまっている。その他，ケネス・ポメランツは，新世界におけるヨーロッパの植民地探検事業（土地の集約的利用を不要にした「生態環境上の授かり物」，正確には生態環境上の救援と呼ばれる）と，旧世界における広大な石炭埋蔵地という「地理的幸運」（これにより重要な「エネルギー革命」が起こった）が結びついたことで，1750年以降，ヨーロッパと東アジアの「大分岐」が生じ，上述の特徴をもった真に世界規模の経済が成立したと述べている（Pomeranz, 2000：13, 16, 23［ポメランツ，2015］）。

エンリケ・デュッセルは独自に，グローバリゼーションは，ヨーロッパが新世界の「発見」により生じた新しい「惑星というパラダイム」（Dussel, 1998：4）の中心にヨーロッパ自身を位置づけ直そうとした，「自己再帰的意識」の結果で

あると論じている。スペインが新しい大陸を発見したのだと 1503 年に最初に推測したのがアメリゴ・ヴェスプッチであった。このとき初めて，グローバリズムの基盤となる構造が理解可能になったのである。それゆえ，デュッセルはアメリゴ・ヴェスプッチが「実質的に…最初の近代人」であり，最初の真の世界市民だと考える。「近代の主体性は空間的に発展する」（Dussel, 1998 : 10）のである。

世界のフラット化

　グローバリゼーションの起源ばかりに焦点を当てると，継続して調査されるべきグローバリゼーションという過程の諸相が隠されてしまう可能性がある。マンフレッド・B・スティーガーの一連の著作（Steger, 2005, 2009a, 2009b）は，グローバリズムのイデオロギー的側面に注意を喚起した。スティーガーが言うように，グローバリゼーションの理論は強い規範的主張に支えられている。その主張にはいくつかの信念が含まれている。1 つ目に，グローバリゼーションは経済成長と同義であり，市場の自由化によって最もよく促進されるということ。2 つ目に，グローバリゼーションが速度を速めようが遅めようが，その進行は一方向にして止まることはないということ。3 つ目に，グローバリゼーションは誰にとっても有益であること。最後に，グローバリゼーションは民主主義と自由の拡大を進めるものと仮定されていることである。このようにして見ると，グローバリゼーションは，主体である私たちに問いかけ（Althusser, 1971），私たちが同意し望むであろうシステムを生み出している（Boltanski and Chiapello, 2005）。言い換えれば，グローバリゼーションは社会的な切望として登場するのである。

　スティーガーが捉えたグローバリゼーションのイデオロギー的特質の多くは，ジャーナリストのトーマス・L・フリードマンによる，賞まで獲得したグローバリゼーションの解説書『フラット化する世界』（Friedman, 2005 [フリードマン, 2006]）で明らかにされている。フリードマン曰く，グローバリゼーションには区別可能で相互に関連する 3 つの時代が存在する。その最初は，彼がグローバリゼーション 1.0 と呼ぶ時代である。この時代は，コロンブスが船出して歴史の偶然によってアメリカ大陸を発見し，「旧世界」と「新世界」の間で貿易を開始した頃に始まった。フリードマンは，この「発見」が「世界を一体にする」状況をつくり出し，初めて現実的な「世界統合」の波を起こしたと述べる。グローバリゼーション 1.0 における変化の主たる原動力は，馬力，風力，後に汽力という動力の生産的な利用であった。これらは，彼の言う「発見の時代」を促した中心的存在とみなされている。世界統合のこの最初の時代に，世界のサイズが「ラージ」

表 19.1 フラットな世界という存在論（フリードマン，2006）

	時期（年）	技術	担い手	縮小度
グローバリゼーション 1.0	1492-1800	馬力，風力，汽力	国家	ラージからミディアムへ
グローバリゼーション 2.0	1800-2000	電報，電話，パソコン，ワールド・ワイド・ウェブ（WWW）	多国籍企業	ミディアムからスモールへ
グローバリゼーション 3.0	2000- 現在	パソコン，光ファイバーケーブル，ワークフロー・ソフトウェア	「力を得た個人」	フラットへ

から「ミディアム」に縮小したとフリードマンは述べている。つまり，財と人々の動きが，世界の遠く離れた全く別の地域を，より近くに結びつけたのである。

次の大きな時代がグローバリゼーション 2.0 で，1800 年から 2000 年にかけて続いた。この時期，世界は「ミディアム」から「スモール」にまで縮小した。フリードマンによれば，グローバリゼーション 2.0 における変化の重要な主体は「多国籍企業」である。産業革命とオランダやイギリスの合資会社の拡大策が先鋒となり，多国籍企業は新しい市場と「手付かずの」労働力資源を求めて縮小しつつあった世界に目を付けた。そして労働力は「捕えられ」，フリードマンがヨーロッパ特有のシステムとみなした資本主義的生産の囲いの中に持ち込まれた。世界統合は，グローバリゼーション 1.0 では輸送費用の下落（特に鉄道と汽力）に支えられたが，グローバリゼーション 2.0 は遠距離通信費用の下落を推進力とした。

そしてフリードマンは，ここ最近の統合現象は以前の時代と質的に異なると言う。グローバリゼーション 1.0 ではヨーロッパの国々が主役であり，グローバリゼーション 2.0 ではオランダ，イギリス，後にアメリカの企業が世界統合の原動力となった。しかし今日のグローバリゼーション 3.0 では，「力を得た個人」が世界経済を動かしている。個人がコンピュータを持ちインターネットでつながっている限り，彼の言葉を借りれば，世界経済に「接続して作動」（プラグアンドプレイ）できるのである。重要なのは，世界統合の全段階が，人類のより一層の幸福を目的に，グローバル・ノース［訳注：北半球の先進国］の地域によって進められていることである。世界はフラット化することによって，より平等になっていく。古いことわざを引くならば，グローバリゼーションは「船をみな持ち上げる上げ潮」なのである。

フリードマンの議論は——その後スパーク（Sparke, 2007a, 2007c）が批判したように，「フラットな世界という存在論」と特徴づけられるが——数々の側面から批判できる。1 つ目に，この議論が批判を含んでおらず説明的であり，かつ規範的でもあることである。この点で参考になるのが，ジョン・エイブラハム

(Abraham, 1991)の「我々はどのように発展していくべきなのかという議論は，……我々が今までどのように展開してきたのか，という観点から一般に導かれる」という議論である。つまり，フリードマンは過去の発展を語っているだけでなく，拘束を解かれた資本主義に支えられたグローバリゼーションが，今も，そしてこれまでも「力を与える」過程であり，人間の不平等に対抗する優れたものであり，それゆえ現在，明白に支持されるべきものなのだと主張しているのである。

しかし，フラットな世界という存在論は不穏にも，巧妙に現在と過去の不平等を忘却している。1人当たりの収入という点で，世界の富が資本主義の展開時期に非常に増加したことはほぼ疑いないが，増加した収入が数少ない人々の手に集中したことも事実である。実際，ジョン・ベラミー・フォスターが指摘するように，「中核地域と周辺地域との格差は，1750年を1対1とすれば，1930年には4対1，1980年には7対1に拡大した」（Foster, 1999：20）。1990年代，世界の358人の富裕層の純資産は世界人口のうち最も貧しい45％（約2.3億人）の総収入と等しく，2006年に国連は，2％の富裕層の成人が世界の富の50％以上を支配していると報告した（Davies, 2008；Harvey, 2009：58-60）。こうした理由からデヴィッド・ハーヴェイは，グローバリゼーションは世界レベルで階級の力を再編成し確立する手段なのだと問題提起している（Harvey, 2005b）。

「フラットな世界」の2つ目の限界は，その・目・的・論・的・な性格にある。つまり，歴史が本質的な目的をもつと仮定し，西洋がこれまでも，そしてこれからも貧しいグローバル・サウス［訳注：南半球の開発途上国］の発展を主導するのだとしている点である。アダム・スミスの信奉者として，フリードマンは，世界の「成長」は世界の「発展」と同義であり，さらには，人類，特に西洋の変革がより広いスケールで社会的，政治的そして経済的変容を推進するのだと確信している。地理学者のJ.M.ブラウトは，このような視野の狭い思考法を「地理的伝播主義」と印象的に表現している（Blaut, 1993）。

フリードマンら伝播主義者たちは世界を「永続的な地理的中心と周辺，つまり内側と外側」として理解する。そして「内側は先進し，外側は立ち遅れる。内側は変革し，外側はそれを模倣する」（Blaut, 1993：1）。こうした紋切り型の「ヨーロッパ中心的な」グローバリゼーションの語りによれば，「全てはヨーロッパで起こった。ルネサンス，啓蒙主義，産業革命が最初に始まり，それによって西洋の生活水準は飛躍的に向上した。そして今や，これら西洋の偉業が世界に広まっているのである」（Sen, 2006：125）。「地理的伝播主義」は非西洋の人々による成果を無視している（あるいは，これらを欧米の進歩に関する壮大な年代記の脚

注に追いやっている）だけではない。そうした考え方は「道徳的自己中心主義」(Ignatieff, 1999 : 6) の感覚を育てるのであり、これを見過ごせば、嫌悪や偏見、暴力の政治(ポリティクス)を導きかねないのである（Amin, 2012）。

グローバリゼーションと新自由主義の覇権

「グローバリゼーション」を、万人にとっての幸福や普遍的な願望として「西洋的価値」を表明する、単純な手段だとする説明もみられる。例えば、アメリカの新保守主義的な哲学者フランシス・フクヤマは『歴史の終わり』において、ベルリンの壁の崩壊とソビエト連邦の崩壊は、自由市場の資本主義に代わる実現可能な全ての政体が終わりを迎えたことを示していると論じた（Fukuyama, 1992）。フクヤマの観点では、歴史は自然な終着点へと達し、そして「未来は単純に現在の延長となる」(Eagleton, 2011 : 6)。1980 年代の世界的変化についての議論を支配し、また、以後数十年においてアメリカの世界的な野望の方向を形作る役割を果たした自由市場の勝利を確信する雰囲気を、フクヤマの著書は強力に掴みとっている。自由市場の原理は、長くアメリカの対外政策の特質を規定していると考えられてきたが (Smith, 2005 ; Westad, 2007)、突然のソ連崩壊は、アメリカに、自国の戦略的優先事項こそ国際的な価値だとする見方を許した。こうして、アメリカの「国家安全保障」が世界の紛争の起きている領域へと地理的に広がったのである（Dodds, 2007）。その際、「第一世界」を当然とする見方が、「第二世界」に対する物質と言説の支配を通じて擁護された（Goldberg, 2003）。

ニール・スミス (Smith, 2005 : 202) が述べるように、アメリカの国境の「世界への拡張」は多様な手段で成立している。WTO（世界貿易機関）、IMF（国際通貨基金）、世界銀行など、世界経済を統括する機関が偏狭な一連の経済政策（自由市場、民営化、マネタリズム、金融自由化、輸出特化型の経済成長、公共資産の私有化、そして福祉国家の後退）を推し進めている。これはアメリカの国益の刷り込みを受け入れさせ、合法的な鞘取りと債務奴隷状態を通じて世界的に強制するものである（George, 1992 ; Hoogvelt, 2001 ; Harvey, 2005b ; Peet, 2009）。一方で、ハリウッド映画、企業広告、MTV やインターネットメディアが、「超大国」かつ「超文化」な「文化的覇権国」（Meinig, 2004）としてのアメリカを確立させている。その結果、一国の信念・価値が疑われもせず、世界の時代思潮を規定するのである（第 15 章参照）。

もちろん、剥き出しの軍事力も世界的な野望を求める別の手段となっている。スミス曰く (Smith, 2005 : ix)、「テロとの戦い」の継続は、単に「軍事的手段

によるグローバリゼーションの継続」なのである（Chomsky, 2003b ; Kiernan, 2005 ; Hobsbawm, 2007 ; Kearns, 2009）。アメリカ主導の軍事攻撃は，圧政に対する自由の戦いと表象されているが，中東で最も生産的で利益の上がる産油地帯に対するアメリカの支配を打ち立て（Retort, 2005），また，イラク社会の再編成へと道を開くものである（Chandrasekaran, 2006）。権限が暫定政権に渡される時までに，アメリカは税，貿易，投資に関する法律の自由化に着手し，イラクの資産を最高額の企業入札者へばらばらに売却することを許可した。これは極めて重大なことである。というのも，イラク憲法は非常に重要な財政的資産の民営化を明確に禁止しており，また，第二次世界大戦後に定められたジュネーブ条約も，占領軍が被占領国の法律の規定に干渉することを禁じているのである。こうした規制を無視して，オーダー 39 として知られる法的な指示によって国有資源の民営化について成文化し，イラク国内の銀行・鉱山・工場の海外企業による所有を合法化し，海外からの直接投資の障壁を撤廃し，そしてイラク国外への利益の送金を許可したのだ（Klein, 2007 : 345 ; Hervey, 2009 : 55-56）。

　作家で批評家のナオミ・クライン（Klein, 2007 : 328, 351）は，イラクがいかにして「容赦ない資本主義者の実験室へと変化し」，そこでテロリズムとの闘いと資本主義の拡大とが 1 つの政治的な計画に接合されたのかを論じている。彼女は，イラクの統治が世界的な支配の枠組みを提供すると信じるアメリカの政権内部の人々について議論する際，「ワシントン・コンセンサス」という語を頻繁に用いている（第 6 章参照）。

国家の退場？

　現在のグローバリズムは，（フリードマンには失礼ながら）国家の衰退も，フクヤマが予告した代替可能性のない未来像も，もたらしてはいない。ハーヴェイ（Harvey, 2003）が指摘するように，資本家の活動は，人・資本・商品の流通を可能にする条件を整える国家組織に依存してきた。例えば 17 世紀への転換期に，イングランド政府は紅茶，綿，絹とアヘンの市場における支配権を握るために，東インド会社を設立して特別の免税と貿易独占を認めた。1602 年，オランダはオランダ東インド会社（VOC）を設立し，南アジアの商品市場の支配に向けて，貿易規制と国家による独占を実施してこれに対応した（Ogborn, 2000, 2008）。

　確かに今日では，より一層「複雑で，変化に富み，階層化された」非政府組織，国際的金融機関，国連機関，そして金融会社の集合が，世界規模の統治領域から成り立っている（Duffield, 2001 : 12）。しかし，マーク・ダフィールドの言うこ

のような「新興の政治的複合体」は，自由な市場環境に作用し，またそれを管理するという両面で，自らと協調する国家の力を未だに必要としている。世界規模の歴史的・地理的過程とみなされる資本主義の伸長（Arrighi, 1994）は，止むことのない利益と蓄積を生み出すために，絶えず「見える権力」を展開させなければならないのである（Harvey, 2009：99-100）。

ただし，こうした流れは，カール・ポラニーの記すように（Polanyi, 2001：76［ポラニー，2009：126］），あらゆる物の商品化，つまり資本主義的関係の「グローバル化」が不可避的に抵抗を生み出す，というストーリーの一部に過ぎない。

> 市場のメカニズムが人間とその自然環境の運命を左右する唯一の支配者となることを許せば，……社会の破滅という結果を招くであろう。いわゆる「労働力」という商品は，たまたまこの固有の商品の生産者となった個々人に影響を与えずして，無理に押し付け，見境なく使用し，もしくは使わずにとっておくことはできないのである。市場のシステムが人間の労働力を処理するとき，「人間」というタグが取り付けられた肉体的，精神的，道徳的存在を処理することになる。人間は文化的慣習という保護膜を奪われることで，社会に剥き出しにされた影響で朽ち果ててしまうだろう。つまり，人間は悪徳，堕落，犯罪，飢餓による激烈な社会的変動の被害者となって死ぬことになる。自然は元素にまで分解され，地域社会や景観は踏みにじられ，河川は汚染され，軍事的安全は脅かされ，食料や原料の生産力は破壊されるのである。

つまり，市場が物質的世界の「唯一の支配者」となることを許せば，生活自体の破壊を受け入れざるを得ないことになる。それゆえ，ポラニー（Polanyi, 2001）は，資本主義的関係のグローバル化という試みは，常に市場のメカニズムの緩和を目指す対抗運動に出くわし，衝突し，それによって市場のメカニズムが人間－環境関係の生きられた世界のなかに「再埋め込み」されるのだと理論づけた。現に 19 世紀，ホプキンズが「近代グローバリゼーション」と呼んだ時代に，市場関係の拡大を目指す動きは，長時間労働の制限を含む労働者にとってより良い環境を求めて沸き立った,強力な社会運動と衝突したのである（Kearns, 2009 参照）。

反グローバリゼーションとその不満

こうした過去の大衆運動は――「下からのグローバリゼーション」と称されることもあるが――今日の，グローバル資本主義の権力に対抗する草の根の活動にとって重要な先例である。アッシュ・アミンとナイジェル・スリフト（Amin and

Thrift, 2013) の言葉を借りれば，そのような「現代における不平等の根源に対抗する試み」には，食の主権［訳注：人々が健康で文化的な食料を持続可能な方法で生産し，また，その実現のためフードシステムや農業を決定する権利］，オープンソーシング［訳注：ソフトウェアのソースを公開すること］や消費者のボイコットから，金融取引税，協同組合事業，地域主導の経済的開発，そして持続可能な生計に至る，あらゆるものが含まれる。そのような異種混淆的な実践は一緒にされて，「反グローバリゼーション」活動というレッテルを貼られがちである。しかし，アマルティア・センが的確に指摘しているように，「反グローバリゼーションという批判はおそらく今日の世界で最もグローバル化している倫理運動であろう」（Sen, 2006：124［セン，2011：174］）。このことは，蛇足ながら，現在は代替可能性のない状況なのだとするフクヤマの見解が，イデオロギー的に動機づけられたものであり，世界中に及ぶ特権的で不正義な権力を阻止する対抗的な潮流を無視していることの証拠でもある（Hoogvelt, 2001）。

　もっとも，センは，いわゆる反グローバリゼーションの行動者たちは無意識に，（そしてほぼ無益に）不正義をグローバリゼーションそのものと同一視していることも付け加えている。「貧困や格差の広がった暮らしを，社会，政治，経済の制度的失敗ではなく，グローバリゼーションの弊害とみなすのは誤りである。そうした失敗は全く偶発的であり，世界が身近になることによる当然の帰結ではない」（Sen, 2006：122［セン，2011：171］）とセンは述べる。また，反グローバリストは誤って，「『市場（the market）の結果』であるとして，民間の取引，公的な計画，そして非市場的な組織を管理するあらゆる規則を，市場の存在と結びつけ」て考えがちである（Sen, 2006：136［セン，2011：190］）。資本主義市場を創られたものとみなすことは，以前にポラニー（Polanyi, 2001）が論点とし，その後も2つの啓発的な研究（Chang, 2008；Harcourt, 2011）で再言されているが，そのような視点によって，資本主義市場が今とは違った形で創られる可能性が開けてくる（George, 2004；Barnes, 2006）。「市場経済はグローバル化された関係の中だけで機能するわけではなく，また一国の内部だけでも機能し得ない」とセンは結論づける。そして，続けて次のように述べている。

　　市場の結果は，教育や識字能力，疫学，土地改革，無担保の小口融資制度（マイクロクレジット），適切な法的保護などに関する公共政策に大きく影響される。そして，これら各分野において公的な活動として実施されるべき事柄が，ローカルおよびグローバルな経済的関係の結果を劇的に変えるのである（Sen, 2006：138［セ

ン，2011：192］）。

おわりに

　センが論じている批判的な公的活動を促す上で，歴史地理学の役割はあるのだろうか。役割は確かに存在する，しかしそれは，グローバリゼーションの起源（その主題自体は重要であるけれども）に狭く焦点を絞ることを越えて，主流となっているグローバリズムの説明を下支えする規範的な主張に対し，批判的に検討を加えるものでなければならない。フリードマン（Friedman, 2005）の地球の一体化という楽天的な見方，フクヤマ（Fukuyama, 1992）による，「歴史の終わり」によって普遍的で均質な「最後の人間」が誕生するという単調な説明，あるいは，サミュエル・ハンチントン（Huntington, 1996）やロバート・カプラン（Kaplan, 2000）が提起する，和解不可能な文化が距離を縮めた世界という舞台を共にすることで，不可避的に文明の衝突が起きるという扇動的な語りなどが，そうした検討に値するだろう。このような理論のそれぞれは，多様性や複数性に対し，ときに賞賛するふりを装ったとしても，ある種の暴力となるのである。批判的な歴史地理学は，そうした欠陥を指摘する際に有効な位置を占めている。

キーポイント
- 地球規模に広がる世界システムの起源については意見の一致をみていないが，すべての研究者は，現在のグローバリゼーションが過去に重要な根源と前身をもっていることについて同意している。
- 今日，歴史地理学者は，植民地的または（後期）帝国主義的な関係を通じた覇権的地位の確立にみられるような，グローバリゼーションのイデオロギー的側面に大きく注意を払うようになっている。
- 世界規模の歴史的・地理的プロセスとして見た時，資本主義の展開は現在のグローバリゼーションを多分に形成してきた。
- 歴史地理学者は，グローバリゼーションが自然な力であり万人にとっての幸福であるという見方に異議を唱えてきた。歴史は，グローバリゼーションが「勝者」と「敗者」を生み出してきたことを示している。そして，グローバリゼーションが「歴史の終わり」，ましてや「地理の終わり」を示すとは思われない。

さらなる理解のために
　Appadurai, 1996［アパデュライ，2004］；Meinig, 2004；Ogborn, 2008；Smith, 2005

（訳：島本多敬）

第20章　統治性(ガバメンタリティ)

デヴィッド・ナリー

はじめに

　1976年，著名なフランスの哲学者・社会理論家ミシェル・フーコー（1926-1984）は，フランスのラディカルな雑誌『ヘロドトス』の企画したマルクス主義地理学者のグループによるインタビューを受けた。最初に対談者の言葉を用心深く聞いた後，フーコーは，地理学がまさに自らの知的探究にとって「可能性の条件」であることを認めた。彼は続けてこう述べた。

> 研究を続けるほどに，諸言説の編成と知の系譜学を分析する必要があるように思われてくるのです。それは意識や知覚様式，イデオロギーの形式という類のものからではなく，権力の戦術と戦略という点からおこなわなければなりません。戦術と戦略は，教化，分配，境界設定，領土管理，そして領域の組織化を通じて展開し，一種の地政学を生み出しました。そこにこそ，私の関心とあなた方の方法が共有されるのです。地理学はまさしく私の関心の中心に位置すべきものです（Foucault, 2007a : 182［フーコー, 2000 : 47］）。

　今思えばこのインタビューは，フーコーの後の著述を推し進める研究課題の簡潔なスケッチを提供したようである。そこには「権力の戦術と戦略」への強い着目と同時に，彼が後に「空間とはあらゆる権力行使の基礎である」（Foucault, 1984：252）と述べた認識も現れている。こうした考えは，フーコーの代表作『監獄の誕生』（仏語で出版され，インタビュー後に英訳された）で既に具体化されていた。この本では，自由主義的支配の歴史地理に関する彼の考えが基礎づけられている。フーコーが権力に対する明らかに空間的な分析を展開し，その知的探究が後に「統治技術」――つまり個人と人口に対する支配の行使，あるいは彼が簡潔に「統治性」（Foucault, 1994a）と名付けたもの――の考察をどう組み立てたのかについては，立ち止まって考える価値があるだろう。

規律権力

　『監獄の誕生』は，1757年の，国王殺害を企てたロバート＝フランシス・ダミアンに対する拷問と公開処刑の恐ろしい描写から始まる。ダミアンへの処罰の身

体的で公開的な性格は，現代の囚人に対する抽象的で感情を排した投獄とは対照的である。フーコーは刑罰の行使におけるこの重要な変化——身体にもたらされる苦痛から，生命の管理と秩序化に基づく社会的支配の巧妙な形式へ——を考察し，そこに典型的な規律権力（disciplinary power）を見出した。彼が規律権力の概念化の際に依拠したのは，イギリスの哲学者・社会改革論者のジェレミー・ベンサム（1748-1832）が最初に唱えたパノプティコンの原理であった。ベンサムは，観察されているか否かを知られず，監視者が囚人を監視できる特別な施設（パノプティコン）を考案した。ベンサムはパノプティコンによる刑務所システムの建設を望む一方（実際にはそのような計画が完全に実現することはなかった），パノプティコンの根底にある原理は学校，病院，工場，救貧院，兵舎，そして精神病院に移入できると強く主張した。つまり，そうした建物が進歩的な民主主義国家の組織的構造づくりに役立ち得るのだとしたのである。

　ベンサムのデザインの中に，フーコーは，社会を統治するための技術と対象の双方を再定義する試みを見出した。フーコーによれば，ベンサムの提案の新規性は階層的な監視の原理よりも，むしろ環境，ここでは監獄という物理的な空間を，囚人の身体に作用し得る「権力の装置と媒介物」（Foucault, 1979 : 30）に作り変えようとした点にあった。行動の「規準化」という目標——つまり，犯罪者の振る舞い全般や行動の様式に望ましい変化をもたらすこと——は，残虐刑を繰り返すのではなく，囚人の環境を注意深く監視することにより達成される。ベンサムのパノプティコンの中で，囚人は自己を規律することを学ぶことだろう。言い換えれば，規範的な行為が暴力を使うことなく強いられる（enforced without force）のである。「建築の中にある単純な思想こそ全て」（Bentham, 1843 : 66）という有名な言葉は，それをよく表している。

　懲罰の暴力を統治技術に置き換えるこの試みを，フーコーは自由主義的支配に不可欠な特徴とみなした。といっても「残虐さや苦痛を減らし，思いやり，配慮，人間らしさを増やす」よう定めたことと自由主義とが結びつけられたのではない。彼が強調したのは，行為の変化を実現させるための戦略的な場——「分析可能」で「操作可能」な力，つまり「政治的な装置」——として囚人の身体が立ち現れる点である（Foucault, 1979 : 16, 24）。この身体に対する政治性の付与（彼が後に「政治－解剖学」と呼んだもの）は，権力が「日々の生存の最も細部まで」（Foucault, 1979 : 198 [フーコー, 1977 : 200]）貫くことを可能にした。また，規律の諸装置は「他者の身体が単に望ましいことをする，というだけでなく，決められた技術，速度そして効率において望ましく実行するよう，他者の身体を支

配するあり方」（Foucault, 1979：138）を決定づけるのだと説明する。事実，決して服従のための暴力が減少したわけではないが，自由主義政府は身体を「有用で」「従順な」ものに変える権力の新たな側面を表していた。「自由を発見した『啓蒙』は，規律も発明したのである」（Foucault, 1979：222）。

　ここで，近代的な監獄の誕生に関するフーコーの理論の大きな特徴について，いくつか強調しておきたい。まず，彼は近代刑法の「闇の部分」について議論している（Foucault, 1979：222）。それは，「改革の時代」の世論を特徴づけた信心深さと人間主義(ヒューマニズム)にもかかわらず，刑事司法の近代的機構にいわば「『身体刑』の痕跡」（Foucault, 1979：17）として残されたものである。近年ドメニコ・ロズールド（Losurdo, 2011）が自由主義の「対抗－史(カウンター・ヒストリー)」と銘打っているものの多くは，フーコーのそうした系譜学と大部分合致している。

　次にフーコーは，資本主義のもとでの労働者の服従には規律権力の拡散が不可欠だが，そのことは見過ごされてきたと論じている。ニコラス・ローズ（Rose, 1999：4）が指摘しているように，権力的な支配により統治するという古い方法は，個人の能力の利用ではなく「抑圧」を意味していた。こうした方法は，労働者たちを鼓舞して商品生産によるさらなる剰余価値の産出を望む資本家には，あまり魅力的ではなかった。フーコーは繰り返し，規律権力は「抑圧的」なのではなく，望ましいと思われる行動へと誘発し駆り立てるものであると強調した。

　同じ理由で，彼は規律のシステムをしばしば「技術(テクノロジー)」と呼んだ。つまり，産業資本主義における機械化の進展が，新しく一層生産的な分業を促した（MacKenzie, 1984）のと同じく，「規律の技術」が，新たに人口に作用する一層効果的な方法を生み出したのである。この重要な点をフーコーは次のように述べる。「私たちは17世紀の技術的発明――化学，冶金術――についてよく語っているが，人間を支配し，その多様性を管理し，最大限に利用して労働という有益な製品を改良していくこの新しい技術の発明については言及されない」（Foucault, 2007b：146［フーコー，2000：97-98］）。ここで示されるのは，身体の政治－解剖学が資本主義の政治経済と明らかに密接な関係にあるということである。あるいは『監獄の誕生』で述べられているように，従順さと有用性は「穏やかさ＝生産＝利益」という結果の三本柱を実現するよう設計された「同じシステムの構成要素」（Foucault, 1979：218-219）であったことである。こうして見ると，「規律の技術」は「我々の経験，願望，我々同士や他者との関係」を媒介する（Rose, 1999：11）――つまり，日常生活の行為を規定する権力なのである。

統治技術

　フィリップ・ハウエルは，地理学者が「フーコーの規律の系譜学において，空間の特別な位置をすぐに見出した」と指摘している（Howell, 2007：300）。ハウエルはフェリックス・ドライヴァー（Driver, 1993）によるイングランド救貧法の分析，そしてクリス・ファイロ（Philo, 2004）によるイングランドとウェールズにおける狂気の空間性の研究を挙げて，フーコーの初期の仕事に関わる重要な労作だとしている（Mayhew, 2009 参照）。ドライヴァーは貧民の規律的な管理の地域的多様性を地図化することに関心を寄せ，ファイロは，フーコーによって見出された「権力－知」の結び付き——いかにして計算の様式が「真理」という地位を生み出し，政治的戦略に影響を与えるのか——に強い関心を寄せていた。両者の仕事は，フーコーの概念の計り知れない豊かさと，それらがどのようにして歴史的分析に利用し得るのかを示したものである。

　フーコーの政治的で哲学的な著述に対する関心の高まりは，『監獄の誕生』に続く研究を生み出した。『性の歴史』——特にその最後の部分——において最も注目すべきは，彼が，より慎重に統治に関する未解決の問題を説明すること，そして，特に自身が「国家の統治化」（Foucault, 1980：221）と呼ぶものに関心を示したことである。これまでの研究は権力が個人へどのように作用するのかについて微視的に着目しており，集合的現象として人口がどのように標的にされ，管理，制御されたのかという問題は残したままだという彼の考えが，こうした関心の変化を推進した。例えば，著名なエッセイ「統治性」において彼は，少なくとも 18 世紀以降，統治がいかにして生命自体の管理を引き受けたのかを説明しようとした。

>　統治が関与する……対象は人間である。ただしそれは，富，資源，生活手段，独自の空間的特徴・気候・灌漑・土壌の豊かさを備えた領域，そしてその他のものと様々に関係し，結び付き，絡み合った中にある人間である。また，社会的慣習，個人的習慣，行動・思考の様式といったものと関係する人間であり，そして，飢饉・疫病・死といった，事故や不幸のようなものとも関係する人間である（Foucault, 1994a：209 ［フーコー，2000：257］）。

　実は，このような論点の多くは，彼が『監獄の誕生』で議論したものに基づいている。例えば，政治的行為の促進における経済の役割の強調（その例に，望ましい統治を「家政＝経済的統治」として描いた重農主義者フランソワ・ケネーを引用する（Foucault, 1994a：207 ［フーコー，2000：255］）），自由主義の合理性

に対する関心（特に，支配の戦略としての「自由」がどのように登場するのかについて），そして人々の習慣と行為に対する「介入の場」としての空間への着目などは，『監獄の誕生』と同様である。フーコーはこれらの論点を，18・19世紀における統計学や人口学の誕生，そして公衆衛生のキャンペーンの急速な拡大といった多数の歴史的事例を引用して説明し，近代国家が次第に人々の「集合的な健康，安全，そして総生産性」（Roberts, 2005 : 35）の管理に対して関心を寄せる証拠とみている（Elden, 2002 参照）。

　一方，彼はまた，この「人口をいかに統治するか」という問題が，君主権力（sovereign power）（物や身体を奪い取る，処罰する権力）から「生権力」（biopower）（「至高の機能が，もはや殺すことではなく，徹底的に生を与えることにある権力」（Foucault, 1980 : 139［フーコー，1986 : 176-177］））への変化と表裏一体であることを示そうとしたように思われる。ただし，フーコーはこの変化が年代学的に整然とまとめられないことも明らかにしている。生権力が単純に君主権力と置き換わった訳ではないからである。事実，『性の歴史』の最後で明確にしたように，ナチスが実行した優生学による人種差別的計画こそ，最も純粋な形式の生政治による統治であり，そうした体制の下で，ナチスは支配的な人種の「純潔」を維持しようと，人ではなく「劣等種」を殺害した。大虐殺はこうして「重要な／生存に関わる」ことと認識されたのである（Foucault, 1980 : 137）。

社会の空間編成

　多くの地理学者にとって，フーコーによる「統治性」の歴史は，社会の空間編成に関する興味深い考え方を示している。なぜならその考え方は，ローズ（Rose, 1999 : 35）が「囲い込みの空間」——病院，工場，学校，監獄など——と呼ぶもの，そして規律的なまなざしによる「政治−解剖学」といった初期のフーコーの焦点を超えたところにあるからである。例えば，マシュー・ハンナ（Hannah, 2000）はフーコーによる統治性の研究を援用し，19世紀のアメリカにおける国勢調査の実施に光を当てた。ハンナは，国勢調査が「内在するより大きな文化的コンテクスト」を反映していた（人種のカテゴリーを構築し「外国人」を特定する，など）だけでなく，推計しているまさにその対象（「国家の社会的身体」）を実際に構成するものだったことを見事に示した。ハンナは国家が国勢調査を「権威づける」のだとするのではなく，正確に言えば，国勢調査が国家を創り出し権威づけているのだと論じている。つまり，法律的，社会−文化的，政治的集団としての「国民国家」は統治性の作用によって現れるのである。

また，フーコーの概念を植民地権力の行為を検討するための「道具」としている研究者もいる。人類学者のポール・ラビノウ（Rabinow, 1995）やアン・ストーラー（Stoler, 1995），歴史学者のギャン・プラカシュ（Prakash, 1999），理論政治学者のティモシー・ミッチェル（Mitchell, 1991）はそれぞれ，ヨーロッパの植民地が，社会の統治，身体の規律，空間の秩序化を初めて試し，また改良する「近代化の実験室」として最適の地だと認識されていたことを示した。

　ミッチェルが指摘するように，フーコーはヨーロッパ北部に焦点を当てたため，「規律権力のもつ植民地主義的性格は明瞭には語られない。しかし，この種の権力のモチーフとなる，パノプティコンという幾何学的な秩序と身体にくまなく及ぶ監視を特徴とする模範的な施設は，植民地において創出されたのである」(Mitchell, 1991 : 35, 強調は筆者)。ミッチェルは続けて，「一望監視の原理はオスマン帝国と接するヨーロッパの植民地で考案され，パノプティコンの類はほとんどがヨーロッパ北部ではなく，植民地インドのような場所に建設された」と述べている。正当性を欠き，また遠く離れて支配しようとした植民地権力は，ヨーロッパでは行き過ぎとされる支配形式を実施せざるを得なかったのである。

　このテーマは，植民地デリーの「都市の統治性」に関するスティーブン・レッグの研究のなかで展開されている。レッグは，「自由主義的支配が依拠する過程を植民地の人々が支えることができるか」という疑念が続いたことで，政府・統治・規律の再構成が強行されたと主張している（Legg, 2007 : 24）。「非文明的な主体／臣民」は自律的に発展できないという恐れから，植民地政府は人々の行動を矯正する一層管理的な役割を担わざるを得なかった。規律権力と君主権力は，ニューデリーの居住景観に表れた。そこでは美的，衛生的，そして治安上の関心が住民管理に反映され，空間的な分離による特権の保護と秩序の保証が企図された（Legg, 2007 : 214-215 ; Scott, 1995）。

　同様のテーマをアイルランドにおけるイギリス植民地行政の研究で扱っているナリーは，ドライヴァーの成果（Driver, 1993）を引用しつつ，アイルランド救貧法（イングランド救貧法の全面改定から4年後の1838年制定）が単に個々の貧民の生活を規律するだけでなく，アイルランドの農業経済の変化を導くために用いられたことを明らかにしている（Nally, 2011b）。アイルランド救貧法の起草者ジョージ・ニコルズ（1781-1865）は，この新法をイングランド救貧法との類似から，「啓蒙的な善意」の道具，そして「信頼できる気質を取り戻し，あるいは定着させ，……彼ら［アイルランドの貧民］に地方自治をさせる」手段だと表現した。しかし，ニコルズは自らの広い権限で，アイルランドの自給的農業を

農業資本主義へ「移行」させることもまた明確にした（Nally, 2011b；Foucault, 2007c 参照）。

　ナリーは国家主導の社会工学（Scott, 1998）に向けたこの試みが，貧民の身体を対象にした規律権力から，広くアイルランドの社会的身体一般を対象とした一種の生政治への変化を示すと論じている。この変化で重要なのは，植民地的パターナリズムを人種改良の新たな政治へと適合させようとする試みであった（Duffield and Hewitt, 2009；Venn, 2009 参照）。ナリーはこの「貧民の救済」という望み（第3章も参照）が，アイルランド飢饉の時期において，次第に排除と立ち退きという暴力的なプログラムに変貌していった過程を明らかにしている。タニア・リーが別に議論しているように，植民地における「改良への意志」は，「たとえ不可能ではないにせよ，大量の死者と釣り合わせるのは困難であった」（Li, 2007：68）。アイルランドでは，「ネイションの社会的慣習の健全化改革」（Trevelyan, Nally, 2011b：209 よりの引用）を促すとの期待から，多くのエリートや官吏が，飢饉を近代性(モダニティ)への近道として受け入れたのである。

　フーコー（Foucault, 1980）曰く，こうした「生きさせる」ことと「死なせる」ことの表裏一体性は，まさに近代国家の人種主義(レイシズム)の特質である（Foucault, 2003 参照）。カメルーンの研究者アチル・ムベンベによれば，「殺人行為に合理的な目的を付そうとする試み」は，一般的に宗主国の外側で示された。つまり，植民地は特に，法的秩序による支配と保証が停止され得る場所なのである。そこでは例外的に国家の暴力が『文明化』のために実行すべきと考えられている」（Mbembe, 2003：23-24）。植民地では，逸脱行為をなくし，勤勉さを高め，そして良い社会秩序を守る手段として，殺人が日常的に認められる（そして無害化される）。殺人，あるいは人々を死に直面させることが，重要な／生存に関わることとみなされるようになったのである。

　この自由主義的で民主主義的な価値と植民地における統治性との間の緊張関係は，ジェームズ・ダンカンによる19世紀セイロンのプランテーション経済に関する研究で議論されている。ダンカンは，コーヒープランテーションにおいて「死亡率を道徳的に受け入れるよう規定した」妥協の過程をうまく跡づけている（Duncan, 2007：7）。農園の労働者に規律を守らせ最大限の生産性を確保しようとする農園主は，「能力の違い」を示す労働者たちを支援し，改良させなければならないという問題に出くわした（Duncan, 2007：21）。ダンカンによれば，農園主は苦しい商品生産のなか，労働者に規律を守らせなければならなかったため，「イギリス本国から発せられる人道的統治の理念」を拒絶し，代わりに，「ただ生

き延びさせることを目的とした，一種の権威主義的な生権力」を取り入れることになったという（Duncan, 2007：190）。事実，地域の人々に飢餓や立ち退きとの戦いをもたらした徴税行為は，官吏にとって不可欠な賦課だったのである。もしこれらの財政的な負担が弱められたならば，国家は現地の人々に重労働をうながす強力な手段を失っていたであろう（Duncan, 2007：182）。

　この種の植民地的経営は，カリブ海地域でイギリスが採用した統治の戦略と見事に類似している。1833年の奴隷制度廃止法可決により，農園主たちはいかにして奴隷労働者——人種的に劣っていて怠けがちだと考えられていた——を自発的な「自由」労働者へ変えていくか，という問題に直面した。トマス・ホルトは次のように述べる。

　　「自由という問題」……は，彼らに自由労働者としての規律を受け入れさせるため，専ら「元奴隷」の文化を徹底的に改良することで対処された。特に，自給自足的な生存から離れた社会的環境を創り出し，彼らの物質的欲求を徐々に拡大させる必要があった。その過程で，元奴隷を信頼できる労働者階級に変える内的な規律が浸透していったのである（Holt, 1992：xxii）。

ホルトは，「人種主義者の思考を貫く共通のテーマは，『先住民』には内的な制御が欠けているため，外部の管理者が必要である」（Holt, 1992：307）というものだったとも述べる（第8章参照）。イギリスの奴隷解放決定は，「古典的な自由主義の内的矛盾が曝け出され」（Holt, 1992：xix），「自由」がかつての奴隷の行動や欲求を管理する手段として姿を現した瞬間なのである。国家が，最大限の生産性を確保するよう行動を秩序化する，という新しい「穏やかな」統治方式を採用したときも，君主権力——それは暴力と肉体的な服従を重視する——という古いモデルが完全には放棄されなかったことは，繰り返し確認しておくべきであろう。フーコーの言う近代性の「闇の部分」は，厳密には，暴力の種を宿す「秩序」の中に潜んでいた。マルティニークの研究者，フランツ・ファノンが述べたように，「たとえ哲学や知性が人間の平等を宣言するために用いられるとしても，それは人間の絶滅を正当化するためにも用いられてきたのだ」（Fanon, 1967：29）。

おわりに

　人口の統治・支配・管理に関するフーコーの分析は，公衆衛生（Brown, 2009），都市計画（Yeoh, 1996），人口学（Legg, 2005），食料供給（Nally, 2008），戦争（Gregory, 2004；Tyner, 2009），犯罪（Herbert, 1996），人種（Crampton,

2007），疫学（Kearns, 2007），売春（Howell, 2009b），そして地図化（Rose-Redwood, 2006b ; Crampton, 2007）など，地理学者に幅広い問題について思考するための新しい道を開いた。これらの研究には，フーコーがある程度詳細に言及したテーマを掘り下げたものもあるが，多くは彼が講義やセミナーで簡潔に述べただけ，あるいは全く議論されていない主題を扱ったものである。

かつて彼は自身の仕事を，「未完成の橋台と先を見越して引いた複数の点線との間」でおこなったものと評したが，地理学はそうした終わりのない議論を手助けするにふさわしい分野であろう。フーコーは，「私の著作は哲学や歴史研究ではなく」「諸問題の歴史的な場で意味をなす哲学的断章である」と明言した（Foucault, 1994b：222-223）。それゆえ，ハウエルが「地理学の最良の仕事は，単にフーコーに賛成か反対かではなく，彼とともに，あるいは彼に続いてなされてきた」（Howell, 2007：292）と強調するのは，極めて妥当なのである。

キーポイント
- 統治性は，社会をより支配しやすくする戦略と戦術について表現する。
- 統治性は，フーコーの規律権力に関する初期の議論から構築された。そこで彼は規律権力を，「有用で」「従順な」身体の生産と定義している。
- 歴史地理学者はフーコーの考えを用いて，権力がいかにして社会の空間編成を指向していたのかについて示してきた。
- 統治性は「穏やかさ」と「権威主義」の形をとって展開することがある。歴史地理学者は「自由主義的」な支配の戦略が，いかにして，極めて暴力的な結果を生み出し得るのかを明らかにしようとしてきた。

さらなる理解のために
Crampton and Elden, 2007 ; Duncan, 2007 ; Foucault, 1994a［フーコー，2000］; Legg, 2007 ; Nally, 2011b

（訳：島本多敬）

第 21 章　自然－文化

デヴィッド・ナリー

はじめに

　自然（nature）という言葉は，英語の語彙の中で最も「影響力があって，かつ曖昧な語」（Haraway, 1991 : 1 ; Foster et al., 2010 : 32）の 1 つだと言われてきた。確かに自然の意味は多様である。ある者にとって，自然は人間の生において最も神聖にみえるもの，つまり，私たちの「中心」あるいは「本質」，精神生活を規定し，個々人を決定づけるものである（第 9 章参照）。別の世界観においては，自然は何よりもまず「原初的」な環境であり，まさしく日々の喧噪からの隠れ家となる。このときの「自然」は，「社会」と対立する存在として理解される。小自作農にとっては，自然は豊かな恵みであり糧である。環境に関する集会では，活動家たちが拡声器を通して自然を「保護」すべきだ（あるいはもっと懐古的に，進歩のために「失われた」）と申し立て，一方，企業の役員会議の場では，自然は「企業の社会的責任」による保護のもとで「管理」すべきものとされる。

　初期の植民者は自然を，開かれたフロンティア，飼い馴らされるべき「処女」地として考えた。マルサスとその一派は，自然を，人間の放蕩を不可逆的に制限もしくは「抑制」するものとして提示した（第 9 章参照）。最初の産業資本家の目は，自然は眠っている資本，つまり，経済的成長をもたらす「原材料」ととらえたが，多くの生態学者は自然を「生物圏」として再概念化し，地球上の生物を単に養うというより，むしろ積極的に調整する動的なシステムなのだとしている。

　私たちがまなざす自然や，望ましい「未来の自然」を含めた理想像とは，疑いなく，文化的な信条や感性により強くフィルターのかかった（媒介された）ものである。自然の中に人間の存在が見出せることは否定できない。そのため，自然というものが人間活動の領域から区別され，「別個の存在論的な空間」（Braun and Castree, 1998 ; Hinchliffe, 2007）を占めるものだとはもはや判断できない，と結論づける者もいる（Haslanger, 1995 参照）。カスツリーとブラウン（Castree and Braun, 2001）は，社会関係が「隅々まで」拡大したために，自然なるものと社会なるものの間に，はっきりとした形而上学的な区別はない，と明快に述べている。こうした考えは，地理学で幅広く人気を集めてきた。その背景には，地理学が過去の環境決定論との関係から何とかして距離をおきたいという，もっと

もな願いを強くもつ学問分野だということもある（第8章参照）。

　人間は「自然の生き物」だという古い見方は，当然受け入れられなくなっている。事実，近年では，「守り保存すべき」自然は「どこかに」あるのだろうか（Braun and Castree, 1998 : xi）と，地理学者や他の社会科学者が問うことさえ珍しいことではなくなっている。ダナ・ハラウェイ（Haraway, 1991）はこの立場をきれいにまとめ，自然は決して社会的構築に先立つものではないと議論している。形あるものは全て煙と消える［訳注：マルクスとエンゲルス『共産党宣言』（1848）の一節（all that is solid melts into air）を踏まえたもの］というわけである。

自然を歴史化する

　自然の概念に関する著名で独創的な研究のいくつかは，史的唯物論の伝統に根差した地理学者の仕事に由来する。その筆頭がニール・スミスの『不均等発展』（Smith, 2008a）である。その課題は，資本主義の展開に連関して自然が立ち現れる様を描き出すことにあった。自然を歴史化する(historicize)——もしこう言ってよいならば——方法は，「第一」の自然と「第二」の自然（Schmidt, 1971 参照）の区別に最もよく現れる。前者は「外部」にあって人間の活動が及ばない世界を指し，一方，後者は人間によって進められた物質世界の変容を表すものである。

　スミスによれば，「第二の自然」は交換経済の歴史的展開にしたがって現れるという。「交換を目的とした生産にともなって，自然の生産がより広いスケールで起こる。人間は自らの存在に関わる直接的なコンテクストだけでなく，社会的自然の全体をも創り出す」（Smith, 2008a : 65）。また，彼は，「社会的」もしくは「第二の」自然は，ジグザグのプロセスを経て現れるとする。はじめに，交換経済は人間を階級，生物学的性別(セックス)，ジェンダーなどによって差異化した新しく複雑な労働の区分を生み出す。そして，資本主義的生産が「以前は別々の地域に分かれていた人々の集団」を結びつけ，その過程で，市場・国家・私有財産・資本家集団によって支配された全く新奇な社会編成を構成する（Smith, 2008a : 65）。そして彼はこう結論づける。「そのような社会は，自然とは明確に区別されて出現する……。第二の自然は，第一の自然から生み出されるのだ」。

　スミスの分析は，歴史的に資本主義のもとで社会的自然が生産されてきたことに対する力強い批判となっている。市場システムが具体化し，グローバル化する権力として資本主義が展開すること（第19章参照）は，第一の自然が人間関係によって形づくられた社会的な物質として再構成されることを意味する。この「第二の自然」の生産は，物質が「人間以外の力や過程の影響を受けない……という

意味で，自然でなくなるというわけではない」とスミス（Smith, 2008a : 68）が明確にしている点は重要である。つまり，これはキース・テスターが「魚は社会的にそう分類される限り魚である」（Foster et al., 2010 : 34 よりの引用）と論じるような，過度に構築主義的な自然へのアプローチではなく，むしろ，人間がいかにして世界に「質的」かつ「量的」な変化を及ぼし，その世界がまた，いかに人間を人間として（再）形成していくかを強調する，弁証法的な説明である。「自然との関係は社会関係の展開と共に発展するのであり，社会関係が矛盾する限り，自然との関係も矛盾する」（Smith, 2008a : 68, 強調は筆者追加）。

　自然の歴史化は，不均等な地理的発展に関するスミスの大きな理論を提起する。スミスにとって，生産の過剰と不足，資本の蓄積と収奪，貧困と富裕，（特定の人々の）繁栄と（それ以外の人々の）社会的堕落は表裏一体である。スミスの理論は社会経済史の「対位法的」（Said, 2000 : 186）な読解であり，自然の歴史地理を位置づけ直すもの（Simmons, 1998）である。地理学者や社会科学者は，この方法を他の文脈でも有効に用いるようになった（第10章も参照）。例えば，（歴史学者のパトリシア・ネルソン・リメリックによって名付けられた）「新しい西部史」の研究者たちは，視野の狭い歴史や地理を批判的に捉えなおす視点でアメリカのフロンティア史を検証し直し（Zinn, 1980 参照），「フロンティアを文明が野蛮に勝利した場所とみなす神話」を掘り崩している（Kearns, 1998 : 377）。歴史学者フランシス・ジェニングスが述べるように，「ヨーロッパ人は（アメリカの）この場所で，野生(ウィルダネス)を発見したのではなく，創り出したのである」（Wright, 2005 : 113 よりの引用）。

　ウィリアム・クロノンやドナルド・ウォースターといった研究者たちは，アメリカ・フロンティアの拡大につれて姿を消していったファースト・ネイションの文化を美化することなく，自然の商品化が独立したローカルな農耕文化を掘り崩すようなやり方で資源を再定義していった点を明らかにしようとしてきた。言い換えれば，サバルタンを社会的に支配するために，「第一の自然」から「第二の自然」が生産されたのである。カーンズは新しい西部史の貢献に関するレビューの中で，次のように述べている。「自然を支配しようとする欲求は人間の支配を引き起こす……先住民の農耕システムは，マルサス主義者が想定したように災害によって内側から崩壊したのではなく，植民者が土着の自給自足の文化に対して公然と戦いを仕掛けたために崩壊したのである」（Kearns, 1998 : 389, 396）。

　一方，植民地では「第一の自然」の接収と再構成が極めて急速であり，政治戦略に代わって暴力が恒常的に用いられた。例えば，ウガンダのカラモジャの場合，

政治学者マームード・マムダニ（Mamdani, 1982：68）によれば，イギリスの植民地政策が強制的に天然資源を収奪し始めたため，住民は生産手段を奪われ，不安定な畜産農業に後戻りさせられた。ナイジェリア（Watts, 1983），アイルランド（Nally, 2011b），そしてインド（Davis, 2001）において，自然の商品化は極めて破壊的な飢饉を招き，いくつかの共同体と生活手段を完全に消失させた。端的に言えば，植民地権力による「第二の自然」の生産は，周縁化された集団を「第一の自然」との（多くの場合）破滅的な関係へと押しやったのである。それゆえ「自然災害」と呼ばれているものとは，実際は，全く新しい自然との関係——多くの場合，次第に危険度が増す——を強いられた結果なのである（Pelling, 2001；Smith, 2006）。

　プランテーション経済に関する最近の研究は，植民地支配が本国の利益のために，「第一の自然」の管理をどの程度目指していたのかについて論証している。植民地セイロンのコーヒープランテーションに焦点を当てたジェームズ・ダンカン（Duncan, 2007：35, 40）は，利益の最大化を目的とする，人間性の制御（市場向け生産体制を受け入れさせるための日常的な身体の規律化）と環境の制御（全く新しい「モノカルチャーの」生態系の構築）という2つの試みを明らかにした。ダンカンの研究は，プランテーション経済が単に植民地と本国間の新しい政治的関係だけでなく，自然との全く新しい社会関係をも生み出したことを示している。

　この手の「生態学的帝国主義」（Crosby, 1986）と呼ばれるものが，ヨーロッパの諸国家の「出発」にどの程度中心的位置を占めていたかを認識することは重要である。ヨーロッパ列強は生態学的実験から膨大な利益を得た。植民地の接収により入手した「ゴースト・エーカー」（領土外の土地であり，本国の環境収容力を増加させた）が，ヨーロッパの経済成長を弱めかねない人口圧力の低下に寄与したとする研究者もいる。

　また，植民地交易が「旧世界」に新たな根菜作物，とくにジャガイモ・キャッサバ・サツマイモを持ち込んだことは重要である。ヨーロッパ人はアフリカに，トウモロコシ・落花生・トマト・キャッサバ・サツマイモ・タバコの導入もおこなった（その地で，これらの作物は焼畑農業のサイクルと「商品作物」の生産パターンにより定着した）。一方，中国にはトマト・トウガラシ・サツマイモが導入され，16世紀以降の中国の人口増加の維持に貢献しているとされることもある（Kiple, 2007）。さらにこうした植民地の「ゴースト・エーカー」は，イギリスのようなヨーロッパの国々が都市化し，産業経済へ進展することを可能にした。

　重要なのは，こうした強制的な食物転移が，特定の栽培型植物を本来の生産，

加工，消費の文脈から切り離すことを意味していることである（Crossgrove et al., 1990：228）。転移過程には普通，その作物の生育を補っている種は含まれておらず，そのため栄養が不十分で，病原菌や害虫の攻撃に対してより脆弱な人工的モノカルチャー環境を招くことになる。1840年代のいわゆる「アイルランドのジャガイモ飢饉」は，単一の根菜作物への過度な依存がもたらした結果の有名な例である。また，「コロンビアン・イクスチェンジ」［訳注：コロンブスの新大陸「発見」以後の15・16世紀における，アメリカ大陸とアフロ・ユーラシア間での動植物・人口・技術・思想観念の移動］（Crosby, 1972；Grove, 1995）の頃に始まった自然の再構成によって，貧しい人々がトウモロコシを安価なカロリー摂取源としたために，ペラグラ病がアフリカ，メキシコ，インドネシア，中国の風土病になった。このように「第一の自然」を服従させようとした歴史的な試みは，各地域の人々を生産手段から疎外し，外的影響に対して一層脆弱にさせ，そして栄養不足や栄養不良による疾病の影響をより受けやすくさせた。

一方，「第二の自然」の生産は，西洋にとっての環境的な他者として「熱帯」を再構築する植民地言説に即して展開した（Clayton, 2013）。実際，「第一の自然」から「第二の自然」への改変は，ヨーロッパの優位性を具体的に示すものとみなされ，逆に，南半球の深刻な低開発状況は「自然の摂理」として正当化された。いわゆる第三世界は，土壌の自然環境上の優位性を利用できない人々であふれているとされたのである。こうして「原生自然」は，「野生の」人々と象徴的に融合させられた（Gregory, 2001）。

分子化する自然

ごく最近，社会科学者は生命科学，特にゲノム科学の展開に関心を向けつつある。このゲノム科学は，遺伝子組み替え技術を使うことで，科学の方法だけでなく，私たちの生命自体への理解をも大きく変えようとしている（第17章参照）。医療の分野では，スイッチオフすることが可能な細胞を創り出すことができると主張され，一部ではこれによって，例えばガンの完治につながると考えられている。

査読誌『倫理・政治・環境』に発表された最近の論文では，今や技術的に可能となった「人間工学」が気候変動問題の解決策になるかもしれないと議論されている。著者のリャオら（Liao et al., 2012）は，遺伝子操作による赤身の肉アレルギーの誘発が，畜産に伴う温室効果ガス排出の抑制につながるのではないかと述べる。また，着床前遺伝子診断のような技術を使うことで，使うエネルギーの少ない小さな子どもを産めるよう，より小さな胚を「選択する」こともできるとする。さ

らに驚くことに，著者らは出生率を低下させるために，人間の認識可能な容量を増加させる方法について論じているのである――頭の良い人々は，子どもの数が少ないという前提が彼らにある。

リャオらはこの研究に対する厳しい反応を見越して，我々の議論は「自由を向上させる」可能性があるのだと結論づけている。もしこれらの提案が実施されれば，中国は異論の多い「一人っ子」政策をしなくて済むだろうし，人間はより頭が良くなり，偉業の達成が一層可能になり得る。さらに，赤身の肉の消費を減らすことで，過度に負担のかかっている医療サービスへの圧力を軽減することになり，動物たちの苦しみも最小限にできるだろう。そして，望ましくない人間の振る舞いに罰則的な税金を科す必要も減ることになるだろう，などと彼らは議論している（Liao et al., 2012）。

こうした議論は倫理的な問題に溢れているが，本章の目的からすれば，こうした明らかに無理のある提案が私たちの「人間の本質（nature）」の理解に対して何を意味しているのかという点が興味深い。上記のような人間の「性質（nature）」に対する劇的で「優生学的な」操作は，1万年以上前にイヌ，ヤギ，ヒツジなどを飼い馴らして以来，動物の性質に対して人間がなしてきたこと，または200年ほど前の「科学的繁殖」の始まりによって人間が実現させたことの再来や強化だとする意見もある。そうした技術の適用は人間の動物化に対する不安を巻き起こし，そして人間と他の動物との区別を大きく壊していく。それをイタリアの哲学者，ジョルジョ・アガンベンは「人類学機械」の作用という言葉で語った。そうしてアガンベンは，「他のあらゆる闘争を左右する決定的な政治闘争は，人間の動物性と人間性の間にある」と述べる（Agamben, 2004: 80）。

彼以外にもジル・ドゥルーズ，ジャック・デリダ，ダナ・ハラウェイやロベルト・エスポジトといった著名な哲学者が，この「生政治（バイオ・ポリティクス）」という問いを提起しており，その問いの元となったミシェル・フーコーのポスト・ヒューマニズム的姿勢をさらに批判的に展開させている。彼らによる生政治の理論（第20章参照）には，私たちが人間以外の動物をどうとらえているか，そしてもちろん，人間をどうとらえているかを考える上で，欠くべからざる重要性を含んでいる。その「人間」の中には，障がい者，非西洋の人々，子ども，女性，貧困層など，白人や男性，成人，よく「文明化された」西洋の国民／主体（サブジェクト）よりも概して動物に「近い」とみなされてきた人々も含まれている。フーコーの生政治概念の含意を総括して，エスポジトは「区別可能で定義可能な人間の本質」というものは，少なくとも「時の流れと共に，文化や歴史によって刻印されてきた意味から独立しては，もはや

存在しない」と述べている（Esposito, 2008：29）。では，もし生命そのものが「無限に変容可能」なものであり（Rose, 2007：1），「人類の自己道具化」（Habermas, 2003）が技術的に可能だとするならば，「人間の本質」とは何なのだろうか。

　遺伝子科学によって，私たちの自然についての理解は変革を迫られている。2010年，J・クレイグ・ヴェンター研究所所属の研究者グループは，全く新たな形式の人工的な生命を創り出したと発表した。『エコノミスト』誌に掲載された「創世記の再来」と題した記事は，この発見の重要性を「(科学者たちは) メアリー・シェリー［訳注：Mary Shelley（1797-1851）。小説『フランケンシュタイン』の作者］が想像したものを本当に実現させた。……その成果は，生命誕生以来例のない，先祖がいない生き物(クリーチャー)である」と説明した（Economist, 2010, n.p.）。研究者の中には，このような科学の展開は生命に対する「存在論以後の（post-ontological）」認識というべき「第三の自然」の始まりだとする者（Fukuyama, 2003；Habermas, 2003），また，「自然以後の世界」への転換点だとする者もいる（McKibben, 2006）。こうした視点は，自然を超越論的に理解しよう――人間の生命は神聖であり，自然の改変は「神のようにふるまう」も同然なのだ（第9章参照）――と固執する人々に対して厳しい問題を提起している。

　スミスの言葉に立ち返ってみれば，「自然」が長く人間活動によって形成されてきたことはほぼ疑いない。今，違っているのは，科学的な発見によって自然の「枠組み」に関わる規定要因が改められていることである。やはり，こうした自然の改変の単に「量的」な次元だけでなく，「質的」な次元が重要なのである（Smith, 2008a：77）。すでにみたように，スミスの説明は，世界規模での資本の展開と，物質世界にもたらした変容を強調していた。曰く，資本主義による「自然の私物化は世間一般の需要を満たすためではなく，特定の需要――つまり利益――を満たすためにおこなわれる」（Smith, 2008a：78）。

　地理学者のシアン・サリヴァンは，現在の自然保護運動がどのようにして，地球規模の「人間以外の自然，そして自然のダイナミクス」がより大きな利潤を生みだすよう再構成されているかを見事に示している（Sullivan, 2013：199）。サリヴァンは，資本主義的発展の危機を明らかにすることなく，「保護された自然」が金融あるいは取引上の用語にパッケージし直されることにより，環境問題は急速に「資本蓄積のフロンティア」へと変貌しつつあるのだと議論している（Sullivan, 2013：200；Baldwin, 2009 も参照）。皮肉にも，多くの場合，資本主義によってもたらされた環境問題が，資本蓄積の枠組みへさらに自然を投入する機会をもたらしているのである。

同様の文脈で，多くの地理学者（Fitzsimmons and Goodman, 1998 ; Castree, 2001 ; Nally, 2011a）は，資本集積の促進のために新しい「農業的自然」（Braun and Castree, 1998：10 ; Powell, 2000）がいかにして創出されているのかについて研究を進めている。知的財産権（IPR）により管理された遺伝子組み換え生物（GMOs）の存在が，大規模な自然の私有化につながっていることが，これらの研究者により議論されている。また，エコ・フェミニストのヴァンダナ・シヴァ（Shiva, 2010：234）は，「私有の（private）」という単語の語源はラテン語で「奪うこと（to deprive）」を意味するのだと，注意を喚起している。かつて種を実らせた作物は種なしの不稔性作物となり——つまり，再生可能な「第一の」自然から再生不可能な第二（第三？）の自然へと実質的に変容している——，一方で，以前は食料，飼料，住居として使用されていたバイオマスが破砕され，富裕な消費者に売るためのバイオ燃料として再構成される。国連は最近，バイオ燃料は世界の農業市場で最も急速に成長している領域であることを明らかにした。

バイオ燃料を取り入れて不安定な炭化水素経済を改善できるようになったことで，世界規模でグローバル・サウスの土地の購入（いわゆる土地収奪）も疑いなく加速してきた。こうしてバイオ燃料産業の勃興は，世界の貧困層に厳しい負担をもたらした。例えば，SUVの燃料タンクを満たすためにはトウモロコシを約450ポンド使用する。これは1人の人間が丸一年食べていけるだけの食料である。こうしてみると，比較的富裕なヨーロッパや北アメリカの国々の「エネルギーの安全保障」を高めるためにつくられた「農業的自然」が，世界の貧しい地域の人々が持つ食の主権を脅かしているのである（Nally and Kearns, 2011参照）。

これまで私たちは，植民地プランテーションの主な特徴が，人々と場所との「有機的（オーガニック）」な結び付きを切り離し，「自然の新たな物質交換（メタボリズム）」（Wood, 2000：39）を創出したことであると確認してきた。しかし，植民地農業が貿易の独占と実験的な労働者管理の形態に依存していたのに対し，現代のアグリビジネスは概ね，生命と生物資源の独占に依拠している（Shiva, 2000：3）。その実現は，新たな農業−生物工学と，「生物としての人間の不可欠な（バイタル）／生存に関わる能力を支配し，管理し，工学的に操作し，再構成し，調整する」力の強化（Rose, 2007：3）によって可能となった。緊密化する生命科学とアグリビジネスの資本主義との関係は，生物学的な介入をもたらし，以前は不可能だった方法で自然の商品化を加速させた。すなわち，マルクスが資本主義を，限界を打ち破る機械と表現したのは，概ね正しかったのである（Calasso, 1994：237）。この劇的な自然の再編成——コロンビアン・イクスチェンジ以後，例のない「量的」かつ「質的」な変化——

によって，自然との社会関係は常に動的な様相を示している。

人新世(アンソロポシーン)における自然

　フーコーは晩年の著作にこう記している。「数千年にわたり，人間はアリストテレスのいう『政治的存在であり得る動物』であった。近代の人間は，その政治(ポリティクス)が生きている自らの存在に疑問を投げかける動物である」(Foucault, 1980：143［フーコー，1986：181］)。この記述はますます妥当なものとなっている。人間による自然の利用が広範囲かつ集約的になったことで，多くの科学者は，人間は新たな歴史的時代「人新世」(「新しい人類」を意味する)に突入したと主張している。生物種としてのヒトが地球上に暮らしている期間は「地球の歴史の1万分の1未満」であるにもかかわらず，人間が引き起こした変化が地球を「地質学的スケール」で作りかえている——「地質学的速度よりもずっと速い」(*Economist*, 2011) ということが重要——という証拠は，次第に否定できなくなっている。『エコロジカル・リフト』(Foster et al., 2010) の著者たちは，海洋の酸性化，生物多様性の消失，成層圏のオゾンの減少，大気中の微粒子の増加，化学物質による汚染，窒素やリンの循環の変化，そして地球規模での淡水資源の減少について言及し，生態学的な限界を短期間で超えつつある証拠としている。地球がそれらの影響を吸収する包容力は，生物種としてのヒトの生存を危機に直面させるほどに脅かされている (Dalby, 2013)。

　人間が地質学的観点から今や自然の営力であるということを受け入れるならば，歴史家のディペッシュ・チャクラバーティ (Chakrabarty, 2009) が言うように，社会科学の中で新たに「生物種としてヒトをとらえること」を進めていく必要性は明らかである。チャクラバーティは次のように述べている。

> 地球温暖化が引き起こす不安は，多くの人が世界的な核戦争を恐れていた日々を連想させる。しかし両者には非常に重要な違いがある。核戦争が起こったとすれば，それは権力者が意識的に決定を下したものだっただろう。一方，気候変動は人間活動の意図しない結果であり，科学的な分析を通じてのみ，生物種としての我々の行動の影響が示される。生物種としてのヒトとは，気候変動という危機の時代を浮き彫りにする，人間の新しい普遍史(ユニバーサル・ヒストリー)の登場人物なのかもしれない (Chakrabarty, 2009：221)。

　あらゆる分野の人文地理学者は「社会的自然」の研究に大きく貢献してきた一方で，人為的な気候変動の問題に関しては，明らかに研究が不足している。おそ

らくその理由は，気候変動が「インパクトの低い」問題で——ロブ・ニクソン（Nixon, 2011）の言う「ゆっくりとした暴力」という形で——気付かない間に進行するか，もしくはすぐに慣れてしまうからである（Buell, 2004）。この差し迫った話題について研究している数少ない人文地理学者の一人，サイモン・ダルビー（Dalby, 2007a : 160）曰く（ただし，Gibson Graham and Roelvink, 2009 も参照），私たちは実際に「自分たちの生存する文脈を，地球レベルでの生命圏そのものという非常に大きなスケールにおいて構築している」。そして，重大なことに，その結果について十分気づいていないのである。ここに地理学者や社会科学者にとって深遠な課題がある。

チャクラバーティ（Chakrabarty, 2009）が主張する「生物種としてヒトをとらえること」とは，非直線的な因果関係をつかむことを意味している。例えば，新たな様相をみせる「複合災害」の場合，単に複数の災害が同時に（「次々と」）起こっているだけでなく，問題が別の問題と組み合わさって拡大するという潜在的可能性が含まれている（Parenti, 2011 : 7）。

生態学者たちはしばしば，「大きな転換点」あるいは「フィードバック・ループ」という言い方をする。しかし，社会心理学者のハラルド・ウェルツァーが問うているように，人新世においては，いったい何が社会的行為だというのだろうか。そのような問いに対する答え——あるいはその最低限の見積もり——を持っておくことは，予期される複合的な危機に直面した際に，人類がどのように反応し得るのか十分に理解するために，重要なことである（Dalby, 2014）。

おわりに

ウェルツァーは，「生物種としてヒトをとらえる」には，行為とその行為の意図しない結果との複雑な連鎖を理解することができる，新しい思考法も必要だとしている。「行為の連鎖が空間／時間的に拡大するとき，因果関係もまた移り変わっていく。社会的行為は a-b-c-d-e という連鎖，あるいは行為と反応の連続ではなく，むしろ関係の展開として生じる」（Welzer, 2012 : 87，強調は筆者追加）。言い換えれば，人為的な気候変動の問題は私たちに新しい推論方法の展開を求めるのである。その方法は，人間以外のアクターと人間のアクターとの「徹底的な対称性」（Robbins and Moore, 2012 : 15）を認め，同時に，気候の異常により最も大きな打撃を受けそうな場所は，もともと問題を引き起こした行為や過程に関わる場所ではないことが多い，という事実を十分に認識するというものである。地理学はそうした「人文以上の」あるいは「ハイブリッドな」地理（Whatmore,

2002）の分析で，大きく進歩してきたといってよい。そして，一定程度ではあるが，地理学者は時代遅れな因果関係の機械論的説明に異議申し立てをする，新しい関係論的な思考方法をも前進させた（Jones, 2009）。

　人為的な気候変動を理解する際，地理学者は技術の変化の歴史的分析からも教訓を得ることができよう。事実，気候変動の負担を移し替える技術力は，急速な経済成長と産業化による有害な影響を移そうとする現在進行中の力と共鳴している。このことに関するオットー・ウルリッヒの洞察に満ちた考察（Ullrich, 2010 : 318）を，長くなるが引用しておきたい。

　　負担を移転させる力は，現代の技術を神秘的なものに見せることができる。それは現代技術の働く許容範囲についての感覚を騙すのである。負担は移転され，非常に広い時空間に分散される。しかし，我々の認識できる空間・時間的範囲はかなり狭い。計測された汚染度や，未来あるいは別の空間にかかる負担について，我々が知っていることは抽象的であり，現在知覚できる現実性からはあまりに離れたところにある。今ここで行動を決定させる感情や思考とは，ほとんど，あるいは全く関わらないのである。30万年という放射性物質の半減期を誰が具体的に想像できるだろうか。オゾンホールに関する知識は，例えば，冷蔵庫から冷たい飲み物を得ることや高性能な自動車がもたらす快適な移動といった我々の感覚に今すぐ訴える実用的な利益に対して，いかほどの影響があるのだろうか。実用品と負担との時間的，空間的，個人的な分離——その時なされている行為と結果的に起きる苦しみとの乖離，あるいは個人的に享受できる利益と集合的に降りかかる不利益が一致しないこと——は，現代の科学技術の非常に誘惑的な特徴である。

　もし，未来を危機ではなく有望なものにしたいのなら，もちろん今すぐに，一見別々で関連の薄そうな社会問題をまとめて考察する方法を鍛える必要がある。

　このような話題は，歴史地理学者の関心からは遠く離れたものなのだろうか。決してそうではない。政治が未来志向になればなるほど，正確な過去の認識が必要となってくる。人生は前向きにしか生きられず，後ろ向きにしか理解できない，というセーレン・キェルケゴールの有名な記述は確かに正しい。この後ろ向きの感覚は，常に変化する自然－文化の関係を考えるために，そして未来を考えて危機の瞬間を浮き彫りにするために重要なのである。

キーポイント

- 「第一の自然」——世界の「外側」にあって人間の活動が及ばないものを指す——と「第二の自然」——人間によって世界にもたらされた変化を指す——との間の区別は有用な装置であり，多くの地理学者は今日，自然の中に人間が存することに疑いはないとしている。そうした研究者によれば，社会関係は「隅々まで」拡大し，「自然」なるものと「社会」なるものとの間に明確な区別はない。
- 特にニール・スミスによって理論化された自然の歴史化という方法は，資本主義が歴史的に物質的世界の「量的」かつ「質的」な変化をいかに強制してきたのかについて，考察する新たな道筋を開いた。
- 自然の商品化は特定の時代に加速してきた。新大陸の「発見」に続いた農業的自然の生産は，自然との全く新しい「物質交換(メタボリズム)」を創出した。一方現在の「バイオ革命」は，これまでよりも劇的な方法で自然を調整し操作することが予想される。多くの場合，その上を覆っているものは利潤の最大化である。
- 進行する気候変動は，自然と私たちとの社会関係に関する別の急激な変化を示している。物質的世界への人間の影響は非常に大きく，多くの科学者は今日，人間は人新世という新たな歴史的時代に突入したと主張している。こうした生活を改変させる潜在的な変化を評価するために，新たな関係論的思考が必要となるであろう。

さらなる理解のために

Castree and Braun, 2001；Chakrabarty, 2009；Dalby, 2007a；Smith, 2008a；Whatmore, 2002

（訳：島本多敬）

VIII　歴史地理的知の生産

第 22 章　歴史地理学の伝統

ウルフ・ストロメイヤー

はじめに

　地理学が学問として扱いやすくなるように，これまで各主題に沿った区分がたくさん設けられてきた。中でも「歴史地理学」は，次の課題へ取り組んでこなければならなかった。それは，地理学と歴史学という 2 つの学問分野の伝統や手法，主な実践の橋渡しをすることである。歴史地理学について記述する試みは，2 つの学問分野それぞれで，当然のように捉えられている。学問的思考や実践を継承し，組み合わせるものである。それは初めのうちは，静的な空間の見方に動的な時間の概念を持ち込むということだった。空間は地質学的な時間の上に位置づけられる一方，時間は，初めから境界が与えられた空間の中で扱われた。それゆえセクション 2 で示されたように，地理学と歴史学との間で，最初にみられた最も「自然な」収束点が国民国家だったのも，なんら驚くことではないのである。そしてその後は，地域や地方自治体のような，より「下位の」地理的スケールで結び付けられることも普通になった。

学問分野と下位分野

　当然ながらこのような広い文脈における「確立した学問分野」というのは，相対的な用語である。神学や法学，医学といった例外を除けば，現在，学校や大学教育レベルで教えられる（それゆえ，広く公衆のイメージするところとなる）分野の大部分が，「長い」19 世紀の中で確立されたということは思い出す必要がある。分野が制度的に区別される以前，知の領域を区分したり細分することなどは，文字通り「考えられなかった」。例えば今日の文脈では，時間と空間の区分は，多くの人にとって一般的に受け入れられるものだが，「近代的な」大学科目の確立以前に知の探究をした者にとって，両者の分離はほとんど無意味なことのように思われた（Wallerstein, 2001）。

　空間も時間も独立した領域として概念化されていなかったのであれば，地理学そして地理学者が，長い間「歴史地理学」という下位分野を外部に向けて（はっきりと）示さなかったことは当然である。代わりに，ブローデルの生活様式(genres de vie) や，ドイツの文化景観 (Kulturlandschaft) といった様々な概念を通じて，

地理学者は歴史の中に面白みを見出した。同じ理由で「歴史地理学者」と自ら称する者は，20世紀に入ってしばらく経った頃にようやく登場した。その頃，「社会的，または社会文化的変化に関する地理学」(Dodgshon, 1998：1) という観念が，地理学の中で独立したアイデンティティを得，また普及してきた。ポール＝ヴィダル・ドゥ・ラ・ブラーシュやエスティン・エヴァンス，カール・サウアー，そしてH.C.ダービーやその他の研究者による成果の中，ついに「歴史地理学者」が世に現れた時──この章でより深く議論するように──，彼らは細かな記述と，物質に根ざした問いという方法論的な方向性を共有したのだった。

このような方法論はそれ以来，歴史地理学的な学識の大半で規範となった。1930年代以降，特に英国やアイルランドの大学における「歴史地理学」とは，そのような形態のものであった。歴史地理学の実践者たちは，経験に基づいた方法論を有し，それは「科学的」であるとも考えられていた。前者を（「証拠」に基づいて）確立することが後者の状態（「科学」）にあることを示す，というわけである。後の2章は，歴史地理学における証拠と，知への地理学的主張との間の重層的な関係について，より詳細に論じている。対してこの章の目的は，地理学的知の生成と正当化，そして使用に関する議論の枠組みを提示することである。

歴史地理の学史へ向けて

これまでの章で触れてきた，地理学全体，特に歴史地理学の研究事項やテーマ，問題点は，上記のような曖昧な背景の中で発展した。それらの確立された，それゆえいくらか「伝統的な」関心事に加えて，近年は地理学史に対する研究が増えており，その中には「歴史地理学」に貢献するものもある。地理学の発展 (Livingstone, 1992 ; Gould and Strohmayer, 2004) や，その理論や思想について (Glacken, 1990 ; Peet, 1998 ; Martin, 2005)，また地理学の「歴史」の妥当性や時間的な位置づけ (Domosh, 1991 ; Driver, 1992 ; Buttimer, 1998 ; Mayhew, 2001)，あるいは「地理思想の歴史」に関する大切な側面やエピソードに対し，明示的な再解釈をおこなう論考 (Wyly, 2009)。それらは全て，歴史的に動機づけされた地理学知に対する重要な見識と深遠さを与え，学問の歴史に関わる言説の確立へ大いに寄与した。これら一連の文献各々の検討を紹介する余裕はないが，それまでの地理学史が直線的，進歩主義的であり，それゆえ必然的にスムーズな筋書きを読者へ提示しがちであったことは指摘すべきだろう。また，そのような研究の多くは，歴史を学問的な好奇心の対象とするため，その歴史から「安全な（十分な）距離」を取ることを前提としているが (Barnett, 1995)，本書ではその

ような「安全な範囲」については議論しない。そういった歴史地理学史の文脈化については，他へ譲ろう。

　現在より重要なことは，コンテクストに言及する際は常に，それを文脈化する必要がまたある，ということである。つまり「コンテクスト」はそれ自体が明白なものでもなく，必ずしも均一な範囲や規模に収められるものでもない。例えば現在，地理学史と歴史地理学史の両方で伝統的とみなされている証拠のほとんどは，とりわけ利用可能な言語の中でのみ位置づけられる傾向にあり，西洋社会以外の探究が概して排除されている。それは，「コンテクスト」を当たり前のものにするべきではない，と再認させてくれる。「西洋」的伝統と呼ばれるものでさえ，その中心は一般に英語で表されるテクストや思考のネットワークであり，それによって新たな知的経験と出会う可能性の幅が狭められている。英国や米国，アイルランドの地理学者の，言語能力の低下が進行している中，このような状況がより進むのではないかとさえ危ぶまれる。さらに，似たような可能性の幅の「狭まり」は，英語圏以外の地理学でも発生している。それは支配的な言説の中にある有力な学問動向を，他言語の伝統の中へ持ち込むことのできる個人の能力に，学問的威信が与えられているからである。

「チェック・リスト」としての風景／景観

　ところで歴史地理学には，本書でこれまで扱ってきたような主要な概念や実践を育み——程度の差こそあれ——形づくり続けている，共通認識も多く存在する。その中で代表的なものは，景観の復原を提示する伝統であり，景観復原は歴史地理学の学問上の目的ともみなされてきた。その点では考古学との共通点がなくもないが，そのような「復原作業」は，過程に重点を置く通時的方法で，またはスナップ写真を撮るような共時的方法でおこなわれる（Bassin and Berdoulay, 2004）。いわゆる「計量」革命の起った1950年代終わりから1960年代にかけて，「復原」は純正な歴史地理学研究であることを示す唯一の指標だった。これからみていくように計量革命以後，そのやり方は様々なアプローチにより批判されてきた。

　しかしそのような認識論的関心についての議論以前に，歴史地理学におけるどんな「復原」の形でも最終的に直面する問題は，知識を追究する中で目の当たりにする史料の純然たる有限性であった。これは歴史地理学特有の問題ではない。実際，姉妹分野である文化地理学でもこの問題はあてはまり，1950年代初頭には，記述的関心や表意的方法が単なる「チェック・リスト」的方法をもたらし，事実上「不毛な」景観を生み出していた。歴史地理学が科学的思考を重視したのも，

同じような背景があった。ある特定の学知が受け入れられたならば，新しい発見とそれに続く新たな証拠を発掘しない限り，その共通して受け入れられた歴史地理学が変更されることはない。新しい情報がもたらされない中，歴史地理学の調査は「描かれ，定位されきった（mapped）」ものとしか示されず，学問的な関心が払われることもなくなったのである。

　上記のことは多少無神経な評価かもしれない。それでも歴史地理学の相対的な静止状態を説明することに寄与している。例をとって示そう。地理学から発した歴史研究で代表的なものの1つに，都市形態学がある。特に故 M.R.G. コンツェンや，コンツェンの後継者であるジェレミー・ホワイトハンドがバーミンガム大学で設立した「都市形態学派」により，具体的な地理学的実践の体系として教授された［第12章参照］。時間の空間に対する影響の議論は，しばしば物理的要素の蓄積からなる「層」へと還元され，問題の都市形態を形成するより大きな社会的，経済的，政治的な力のことはほとんど考察されなかった。後者について大きな説明スペースが割かれている場合，それらは当の物理的要素と矛盾する可能性があるものというよりは，むしろ調和するものとして概念づけられた。

　さらにまた，形態と視覚的な証拠の重要性に関わる主張と根本的に合致する形で，この歴史地理学的な思考型は，度々，安定的な時代区分を設定する歴史家の研究成果——例えば「チューダー朝イングランド」，「金メッキ時代アメリカ合衆国」，「ワイマール期ドイツ」——を受け入れ，それらの区分を，空間的な細目や差異で満たしていった。そのような研究はどこにでもあてはめられると考えられた。鍵になる要素——都市計画，家々や都市定住の形態，土地利用パターン——はどんな空間的，時代的な限界をも構造的に超越しながら，有機的に発展すると考えられた。ヨーロッパの都市に注目が集まったのも偶然ではない。1970年代あるいは1980年代よりも以前，歴史地理学は主にヨーロッパの地理学者の関心事であり，非ヨーロッパ空間に関心が示されることはあっても，それは極めてまれでしかなかった。

　都市形態学への着目とよく似たものとして，歴史地理学者による，地域や境界の果たす役割，そしてその重要性への広範囲に及ぶ注目がある。ここでもまた，目に見える要素が歴史的傾向や影響，拡散過程についての非常にわかりやすい尺度と証拠になっている。特に地域は，歴史的記述を厳密にしていく中で，「時代」概念が果たしてきたのと同じような役割を地理的記述において担ってきた（Wishart, 2004）。確かに，歴史地理学における「早期の」研究は，豊かな学識のタペストリーを次世代へと伝えてきた。しかしながら，長きに渡り歴史地理

学を定義づけてきた重要な実践と新たな動向とは，次第に意見を異にするようになったのである。

歴史地理学と「空間論的転回」

　何が歴史地理学の変化を引き起こしてきたのかを，正確に指摘することは難しい。「文化地理学」のような地理学の他の下位分野とは違って，歴史地理学はそれほど劇的な変化を遂げておらず，むしろ忘れ去られてしまったかのようにもみえる。それを救いうるのは，スポンジのように新しい傾向や考えを吸収する若い能力だけである。もし地理学者が歴史を取り扱う方法の変化を要約し，影響を及ぼした画期を特定する必要があるならば，躊躇なくデニス・コスグローブの著作『社会構成と象徴の変化』(1984) を挙げるだろう。同著は歴史地理学研究へ新たな方法論や対象資料，用語をもたらしながら，景観が構成され，広められ，最終的には管理されるような手段を綿密に分析する重要性を強調している。

　コスグローブの研究は，絵画や他の視覚文化（Matless, 1996），写真（Ryan, 1994, 1995；Schwartz, 1996），地図（Edney, 1997）についての研究を刺激し，正当性を与えた。それは単に歴史地理学で意識的に用いられる研究材料の幅を広げただけではない。生産と消費の様々な物質性や状態が，地理や景観の生産，再生産，係争へいかに影響を与えるのかという分析を，理論的な裏打ちをもっておこなえるようにしたのだ。「係争」が歴史地理学の中に有効な概念として出現したという事実は，単に成果の理論的（かつ，それゆえイデオロギー的ではない）方向性の証明となっただけではなく，次第により異質な，そして多様な層からなる「景観」へ目を向けさせることにつながった。

　また景観は，歴史地理学における多くの研究で焦点となり続けているが，モダニティ（Ogborn, 1998）やナショナリズム（Bassin, 1999），グローバリゼーションまたはコロニアリズム（Driver, 1992；Bonnett, 1997）のように，大きな変化をもたらす過程とますます関連づけられるようになった。ここに挙げた主だった例はすべて本書で大きく取り上げられているが，これは決して偶然ではない。以前の景観研究では，景観の「韻」をつくりあげる要素や――はっきりと表現していないかもしれないが――一貫した歴史的意図と調和する要素が強調されてきた。しかし，上記の例のような文脈におかれることで，景観は徹底的に，また意図的に脱自然化されたのである。このことが最も顕在化しているのは，ナショナリズムの文脈だろう。つまり，前の世代の学者は，「アメリカ人」，「イギリス人」，「アイルランド人」，「ドイツ人」といった語と自己を同一化させたり，それらの語を

用いたりすることにほとんど困難はなく，度々「自己充足的な」過程としてそれらの用語と調和するように地理を解釈してきた。目的を持って景観の構造を読解する，すなわち景観を目的論的に解釈してきたわけである。それに対して今日の歴史地理学者は，歴史地理が多様に発展しえたことを（「係争」ないし異議を申し立てる形で）認めている（Passi, 1996 に幅広い例がある）。

　伝統的な歴史研究の目的を動揺させる1つの方法は，サイモン・ネイラーが間接的に議論しているように（Naylor, 2005），様々な歴史的過程に内在する流動性を認識することである。それは現在の「定着した」物質的証拠だけではなく，それに関連する情報が循環し，様々な地理的空間や地理的尺度へ影響を与え，逆にそれらから影響を与えられもすると認識することである。例えばマイルズ・オグボーン（Ogborn, 2007）やチャールズ・ウィザーズ（Withers, 2001）の著作では，様々なニュアンスを含む地理の出現を見て取れる。それらは歴史地理学の非目的論的な学識を，効果的に伝えるものとなっている。

人間主義，政治と歴史地理学

　さしあたり方法論的な考察を要約し，上述の変化を異なるコンテクストの中で読み直しながら，過去の文書や展開を「政治的に」読解することの（明白ではないものの）端緒となった近年の動向に焦点を当てよう。歴史科学にミシェル・フーコーの思想が導入されるのに伴い，現在も進化し続けている語り（ナラティブ）として「歴史」を概念化する試みは，だんだんと減ってきている――意識的に取り入れられた主題についてのコンテクストと，人文科学における学問は「現在の歴史」を主要な関心事とする，というフーコーの概念（Foucault, 1977 : 30）を利用する考え方，その両方の形で，である――。その代わりに地理学者（また他の学者）は，歴史を異なる構造をした配列の連なり，と捉えるようになった。その連なりの意味は，画期的だと認められるような主張のネットワークを通して構成される。その上で地理学は，いくつかの主張が「真実」だと「受け入れられる」ための条件を作り出す時，他の分野とは異なる重要な役割を果たしたと考えられるようになった（Driver, 1985 ; Philo, 1992 ; Matless, 1992 and 1995）。さらにフーコーの経験的な研究成果の持つ歴史的な豊かさを考えると，歴史地理学で彼の成果が求められたことは驚くべきことではない（Philo, 1987 ; Driver, 1989 ; Hannah, 1993）。

　このような研究に加え歴史地理学における重要な展開として，アラン・プレッド（Pred, 1990 and 1995）やデレク・グレゴリー（Gregory, 1982）の著作も挙げておきたい。両者は，カール・マルクスによる成果の人間主義的再解釈や，ト

ルステン・ヘーゲルストランドによって展開された非歴史的な概念に近い「時間地理学」といった多様な研究からインスピレーションを得ている。彼らの研究は，歴史の具体的な衝突現場である「日常」へ意識的に焦点をあてており，日常が歴史的な意味の構築される場となった。他の研究成果とともに，この一連の成果では，歴史地理学は理論に基づく実践体系として現れている。

しかしながら，数多くの地理学者は必ずしも「歴史地理学者」というラベルを受け入れる必要がなく，自分たちの説を補強するために歴史的資料を用いていることは頭に置く必要がある。数多くの著書を生み出し，現代の地理学者から功績を認められている人々を見渡してみると——デヴィッド・ハーヴェイ，ニール・スミス，ナイジェル・スリフトらが心に浮かぶ——，その著作には，様々な目的で歴史的資料が用いられていることがわかる。他の研究者の場合もそうだが，こういった著書は，「時間」と「空間」が早期に分離したことについての妥当性と望ましさ，そして分離の実現可能性に関する疑義を，新たな視点から極めて直接的に投げかける。そして，「『歴史地理学』という用語は同語反復である。なぜなら全ての地理学は，時間と場所に特有である（べきだ）からだ」というディアーの有名な主張の擁護をうながすのだ（Dear, 1988：270）。

キー・ポイント
- 地理学が独立した学問分野となって以降，長い間，歴史地理学は下位分野として明示されていなかった。
- 事実，多くの地理学者は意味ある「空間」と「時間」の分離の可能性について疑問を持っていた。
- 「歴史地理学」と称されるようになった学者から示された成果の大部分は，過去の景観の復原に関わるものだった。
- 近年，歴史に関する地理学は，1970年代以降の多くの人文科学を特徴づける「文化論的転回」に感化され，景観が歴史的に構築された方法を分析してきた。
- これらの研究は，一般に受け入れられた時間と空間のつながりに疑義を呈することで，歴史的な語りを構築する支配的な様式を脱自然化しようとした。すなわち，「進歩」や「国家」，そして「民主主義」という概念に蓄積された目的論的な語りは，歴史的には偶然に，地理的には制約のある中で展開したものなのである。

さらなる理解のために
Barnett, 1995 ; Bassin and Berdoulay, 2004 ; Domosh, 1991 ; Gould and Strohmayer, 2004 ; Livingstone, 1993

（訳：阿部美香）

第 23 章　視覚化された地理

ジョン・モリッシー

はじめに

　歴史地理学のどんな研究や記述も，現在の視点から，ある場所の過去の姿を想像し描かざるを得ない。過去へ接近するにあたり，私たちは研究の核心である歴史地理について語るため，様々な種類の資料を用いる。例えば，研究対象と同時代の地図や絵画，画像やその他視覚資料などである。つまり視覚化は「地理学の実践の中心にある」（Aitken and Craine, 2005 : 251）。

　しかし，視覚的表現が用いられるのは，過去の地理を記述（depiction）する際だけではない。視覚資料はそれ自体が，伝統的な文献資料の分析によって明らかにされる，様々な地理を脱構築する資料（sources）としても，有益に利用されうるのである。本章では，歴史地理学的知の生産における視覚資料の利用について探究する。その目的は，視覚化された地理について幅広く考察することで，多様な視覚メディアにより過去の地理が可視化され表象されていることを示し，適切な視覚分析の技術について考えることである。

地図学の伝統における地図と地図作製

　視覚的に表現された最も重要な資料の 1 つが，地図である。クリス・パーキンズが記すように，「作図し，読図する能力は，人間のコミュニケーションにとって非常に大切な手段の 1 つであり，言語の発明と同じくらい古いものである」（Perkins, 2003 : 344）。19 世紀後半，大学の講座に登場した地理学は，西欧による植民地政策を描き，地図化する上で中心的な役割を果たしていた地図学（カルトグラフィー）と一体のものであった。帝国主義の全盛期，イギリスのハルフォード・マッキンダーやドイツのフリードリッヒ・ラッツェルといった代表的な地理学者たちは，植民地拡張を下支えし，帝国の科学的事業の重要な担い手となった（Livingstone, 1992 ; Heffernan, 2000 ; Driver, 2001）。

　地図という地理学的手法は，「ヨーロッパの帝国事業にとって何よりも効果的な道具となった」（Heffernan, 2003 : 11 ; 第 1 章も参照）。それゆえに，地図作製は単に知識を蓄積し表現する記述的な方法ではなく，むしろ，空間が「調査され，記録され，ついには支配される」という，エドワード・サイードのいう「地理学

的な暴力行為」（Said, 1993：271）を助長する主要な営為として捉えることが肝要である。地図本来の用途を当時の文脈に置くことで，その地図を生み出した社会や組織，そしてイデオロギーの多くを知ることができる。言い換えれば「地図化とは，思考のありようを反映する過程」であって，「単なる芸術品」ではないのである（Perkins, 2003：343）。

　これまでの実証主義的な作図・読図の伝統は，表現のうちに現実の世界を客観的に模倣できる，というデカルト的信条を反映したものだった。これに対し，1980年代のブライアン・ハーリーの研究は，実証主義を批判し，言説や権力そして知に関心を向ける芸術・人文・社会科学のより広範な議論に地図を持ち込むことで，地図学の分野に大転換をもたらした（Harley, 1988, 1989a, 1989b）。エルヴィン・パノフスキー，ミシェル・フーコー，そしてジャック・デリダの著作を引用しながら，ハーリーは地図表象が特定の歴史的なコード（codes）とともに社会的に構築されたイメージ（image）であることを明らかにした。そして記号論に依拠しつつ，地図が「単純で理解可能な『現実』の諸側面を正確に映し出し，事実の体系として表現できる」（Harley, 1989b：82）という認識の欠陥を示した。その上で，帝国主義や人種，ジェンダーといった特定の社会関係を地図に描き出す，権力の様々な側面を提示した（Wood, 1993；Dorling and Fairbairn, 1997；Perkins, 2003も参照）。批判地図学（critical cartography）の祖であるハーリーは，地図とは究極的に「目的論的な言説であり，権力を具体化し，現状の体制を補強して，特別な輪郭の内側に社会的相互作用を凍結させる」ものであること，また地図表象のもつ政治的・文化的含意を無視する分析はいずれも，実は「歴史に無関心なのだ」と述べている（Harley, 1988：302-303）。

　地図作製の政治的，文化的な記号体系を脱構築するというハーリーの視点は，あらゆる形式の地理的表象に関する，多くの問題において有用である。例えばエイトケンとクレインは「地理的表象を解釈することで，どのように社会や空間が編成されているのか。また支配的なイデオロギーを浸透させる文化的なコードを通じ，権力を持つ集団によって空間の構築と表象がいかに操作されているのかを見抜くことができる」と論じている（Aitken and Craine, 2005：254）。このほか歴史地理学に大きな影響を与えた批判地図学研究に，ジョン・ピックルズ（Pickles, 1992）やデニス・ウッド（Wood, 1993）のものがある。ピックルズは解釈学を大いに活用してプロパガンダ地図をテクスト分析し，ウッドは地図が持つ伝達力について探究して「地図上のコードという形で具体化される，シンボルと神話を理解することの重要性」を強調した（Aitken and Craine, 2005：240）。

最近では，歴史地理学研究の様々な文脈で，歴史地理情報システム（歴史GIS）が用いられている（例えば『歴史地理学』Historical Geography の 33 号を参照。ウェンディ・ビグラー，ドン・デバとマーク・レスブリッジ，また，ポール・エルとイアン・グレゴリーによる成果が掲載されている）。歴史GISでは，資料のデータはアナログ形態からデジタルのフォーマットへ変えられる。

そしてアン・ケリー・ノールズが指摘するように（Knowles, 2000：452），デジタル空間データベースの蓄積は，「特に都市や輸送，商業，環境史の分野で，近い過去を GIS 分析する」様々な機会を創り出している（Ell and Gregory, 2008 も参照のこと）。歴史地理学における歴史 GIS の重要性に関して，ノールズは「地図データが他の分析方法では明らかにできない歴史的事実とその変化の特質を明らかにできる」と主張している（Knowles, 2000：453）。しかしながら（上記で概観したような，伝統的な地図学において考慮すべき，権威や権力，そして知識に関する問題と同じく），歴史地理学における，GIS の問題意識なき使用について，いくつかの懸念も示されている（例えば，Gregory, 1994；Curry, 1995；Pickles, 1995 を参照）。

景観／風景の視覚化

歴史地理学における重要な研究領域の 1 つに，過去の文化景観の探究がある。過去の建造環境の痕跡は，現在の景観の中にも多くみられるが，より新しい時期の構築物で覆われているため，過去の景観に関して情報を得られる部分は限られてしまう。過去の特定の時間における特定の空間像を明らかにしようとする際，私たちは同時代の描写——文字であれ視覚的なものであれ——をレンズとして想いをめぐらせていく。そしてイアン・ブラックが概説したように，過去の景観を描き出す時，「絵画，スケッチ，版画，そして建築図面などは全て，過去の景観における象徴的な地理を復原する，まさに考古学的実践にとって価値あるものである」（Black, 2003：487）。つまり，様々な視覚資料の全てが有効となる。

ここ 20 年以上にわたり歴史地理学における景観研究は，概して実証主義的で記述的なサウアー流の景観解釈ではなく（第 13 章参照），一層文脈を重視し，理論的に状況を踏まえた解釈をなす傾向を強めている。そこでは景観は，読解されるべきテクストとしてみなされる。エイトケンが論じるように，現在の地理学者は景観を単純に所与のものとして眺めるのではなく，「場所は盛んに生産され，それらは争い合っている」ことを認めている（Aitken, 2005：241）。そして，複雑に折り重なったあらゆる景観を理解するための鍵となるのが，場所が生産され

る過程を精査し，脱構築することなのである。

　こうした目的のため，例えば文学的比喩や図像学を用いた新たなテクスト分析が重要になってきた（Cosgrove and Daniels, 1988 ; Barnes and Duncan, 1992 ; Cosgrove and Domosh, 1993）。例えばデニス・コスグローブは，イタリアの建築家，アンドレア・パラディオの作品を扱い，風景を通じた文化的な意味とその視覚的生産について検討している（Cosgrove, 1993）。16世紀の北イタリアにおける風景の想像（envisioning）を考察するにあたり，彼は「人間集団がいかに周囲の物質的環境に適応し，また物質的環境を変質させていったのかを理解するためには，経済的，社会的，環境的制約の中で生きる人間へ力を与えた，知的営為と精神的感覚への着目が必要だ」と主張している（Cosgrove, 1993 ; xiii）。

歴史地理学における視覚資料の使用

　視覚資料の使用は，景観／風景に関する歴史的研究だけに限定されるものではない。それらは，歴史地理学的研究一般にとって豊かな知の宝庫なのである。主要な資料は，過去の写真やポスター，はがき，ダイアグラム，スケッチ，版画と様々である。また，例えばアニメや映画のような映像媒体も資料に含まれる。重要なことは，それらの資料全てを，これまで文献資料を扱ってきた時に求められていたものと同等の注意，そして体系的な検証を要する資料として認識することである。ジリアン・ローズが論じるように，「視覚資料がイメージであることがまさに問題なのであり，それが力強く魅力的であるからこそ，批判的に考える必要がある」のである（Rose, 2007 : 262）。イメージにあふれたこの世界の中で，純粋な視覚イメージなどは1つもない。そのため，視覚資料を文脈（コンテクスト）の中に置いて考えることが非常に重要なのである（Rogoff, 2000 ; Schwartz and Ryan, 2003 ; Mirzoeff, 2005）。さらに視覚資料の分析は，単純にそれらがどう見えるかだけを考えてはならない。それに加えて，どのように見られているかについても関心を払うべきである。

　視覚イメージは無数の形で人々に影響を及ぼし（affect），権力／知の言説ネットワークにおいて重要な役割を果たす。そうして社会的分類やヒエラルキーを可視化させる（Hall, 1997）。ゴードン・ファイフとジョン・ローは次のように論じている（Fyfe and Law, 1988 : 1）。

　　可視化について理解するということは，その出所と社会的な機能について問うということである。それはまた，可視化における包摂と排除の原理に留意

し，可視化の果たす役割を見つけ出し，その役割が世の中に広まっていく方法を理解し，そして，可視化において当然のものとされているヒエラルキーや差異を解読することである。

1990年代以降，多くの歴史地理学者・文化地理学者が，広告や芸術作品，写真，そして映画といった視覚資料に埋め込まれた権力関係の研究がなおざりにされていることを強調してきた（Cresswell and Dixon, 2002 ; Aitken and Craine, 2005）。最近では，画廊や博物館，劇場，映画館のような視覚的な「陳列・上演空間（パフォーマンス）」に対しても，批判的関心が払われてきている（Blunt, 2003 : 85）。このような状況にもかかわらず，クレスウェルとディクソンが映画の地理学的考察に関して述べたように（Cresswell and Dixon, 2002），私たちは文書の解読と同様には，映像を読解する批判的能力を有していない（映画と表象に関する，地理学以外での優れた研究は以下を参照。Jowett and Linton, 1989 ; Carnes, 1996）。ロブ・バートラムは，次のように重要な問題提起をしている。

> 視覚イメージが地理的知を表す重要な方法を形作ってきた一方で，その視覚イメージに対する私たちの解釈は時に批判的意識を欠いている。つまり，視覚イメージは現実をそのまま反映するものとして使われ，誰が，いつ，どうやってそのイメージを作り出したのかは問われてこなかったのだ（Bartram, 2003 : 150）。

また，バートラムは視覚イメージの解釈がいかに「文化の生産と経験をめぐる哲学的・理論的な議論と複雑に関わっているか」を強調し，あらゆる視覚資料へ体系的かつ批判的に関わることの必要性を繰り返し説いている（Bartram, 2003 : 158 ; Hannam, 2002 ; Aitken and Craine, 2005 ; Rose, 2007 も参照）。

視覚イメージの方法論

では，視覚資料を用いるためにはどんな技術が必要なのだろうか？　エイトケンとクレイン（Aitken and Craine, 2005）は，4つのタイプの資料（絵画，写真，映画，広告）に関して，記号論，フェミニズム分析，精神分析，そして言説分析という分析方法を提示している。また，バートラム（Bartram, 2003）は視覚イメージの根幹にある，記号（sign）とその意味（signification）との関係の体系的な検討方法を，簡潔かつ的確に述べている（地理学以外の，表象と視覚文化に関する有益な研究は，以下を参照。Lacey, 1998 ; Alvarado et al., 2000 ; Thwaites et al.,

2002 ; Croteau and Hoynes, 2003)。

　そのような中で，視覚イメージに関するローズの研究は，おそらく歴史地理学者が参照すべき最も重要な成果だと思われる（Rose, 1996, 2007）。2007年に発表された，地理学における視覚イメージの方法論の包括的な研究で，彼女は視覚資料の分析に有効な手法を選択的に示している。すなわち，構図の解釈，内容分析，記号論，精神分析，そして言説分析（彼女はこの分析技法について，テクストと間テクスト性に焦点をあてた検討と，社会的慣習とまなざしに関する検討から概観している）である。どの分析手法を選んだとしても，彼女は批判的な視覚イメージの方法論を展開すべきことを強調する。つまり「ある図像に含まれるまなざしと私たち自身のまなざしとは異なる」ことを了解しておくことが必要なのである（Rose, 2007：262）。

　ローズは，視覚イメージの意味が作られ効果を発揮する3つの場について示している。それは「生産の場，図像そのものの場，そして見られる場」である（Rose, 2007：257）。3つの場所全てに対してローズは，批判的に読解されるべき3つの側面——技術的側面，構成的側面，社会的側面——を強調し，それらを批判的に読むことで，いかなる視覚イメージもより深く理解できるのだとしている。

> 技術的側面は，視覚イメージを作り，組み立て，展示するために用いる道具や装置に関わる。構成的側面は，視覚イメージにおける視覚的要素の構造と性格，評価に関係する。そして社会的側面は，ある視覚イメージを生産し，浸透させ，解釈する社会的，経済的，政治的，そして制度的な実践及び諸関係と関わる（Rose, 2007：258）。

上記の区別は，実際にはより流動的である（ローズも，「場」と「側面」との間に多くの重なりがあると認めている）。しかしこのパラダイムは，歴史地理学的研究において視覚イメージを使用する際に，有益な方法をもたらすのである。

　実際の研究においては，視覚イメージの意味が形成される際の3つの場の区別が有効である。その区別を用いることで，視覚イメージの（ⅰ）構築，（ⅱ）媒介（メディア），そして（ⅲ）消費という点に対し，個々の問題関心の中で関心を向けることができる。

　（ⅰ）視覚イメージの構築——つまり，生産過程において意味がどのようにコード化されるのか——について焦点を当てる場合，基本的で重要な問いには以下のものがあげられる（視覚研究における問いの立て方について，より完全なものは

Rose, 2007：258-259 を参照)。
　○いつ視覚イメージが作られたのか？
　○どこで視覚イメージが作られたのか？
　○どうやって視覚イメージが作られたのか？
(ⅱ) 視覚イメージあるいはメディアそれ自体——つまり，その構成要素と特徴——に関心を向けると，問うべき研究上の問題には以下のものがある。
　○視覚イメージを構成しているものは何か，またそれらはどのように編まれているのか？
　○視覚イメージはどこに視点を置いて描かれているか，そして見る者の視線はどこに向けられているのか？
　○視覚イメージの様式は何か，またその核となるものは何か？
(ⅲ) 最後に，視覚イメージの消費——人々がどのように意味を読み解くのか——について研究の焦点をあてるならば，以下の問いが有効である。
　○視覚イメージの元々の受け取り手は誰であったのか？
　○様々な受け取り手がどのように視覚イメージを解釈するのか？
　○時を超えてその都度示されるその視覚イメージの地理はどういったものか？

　視覚資料に関して探究したいという問題意識は，幅広い理論的な関心によっても支えられている。例えば，ポスト植民地主義理論の要素を用いれば，植民地における社会的な二項対立の構成を検討することに関わるだろう。資料学的な研究がフェミニズムの理論による批判的な成果を摂取するならば，ジェンダー化された社会のヒエラルキーの問題にも焦点が向けられていくだろう。ただ，理論の枠組みがどのようなものであろうとも，視覚資料の批判的な分析において何よりも重要となるのは，歴史化，空間化，そして文脈化された意味に迫るその資料へ「問い」を抱き続けることである。

おわりに

　本章では歴史地理学において，視覚資料を扱う際の重要な論点をいくつか概観した。視覚資料は歴史地理学者にとって実に魅力的な研究素材である。それらは過去における人間の地理を描き，追究するための豊かな素材となる。ただ，視覚資料に依拠しすぎることには危険も伴う。例えば，ハナム (Hannam, 2002：190) は，表象やシンボルを特権的に扱ってしまうと，物質的，身体的な条件に理解が及ばず研究が抽象化されてしまうとして，マルクス主義やフェミニズムの視点から

重要な批判を示している（Smith, 1993 や Aitken, 2005 も参照）。また，ブラックはデレク・ホールズワースの研究を引用しながら，「過去の建造環境の創造とその機能についてより十全に理解していくためには，視覚資料を広く文献資料と組み合わせて分析する必要がある」と論じている（Holdworth, 1997 ; Black, 2003 : 489)。

　実際あらゆる研究の文脈は，究極的には，使用可能な資料が限られていることに規定される面もあり，多くの歴史地理学者は視覚資料の情報とともに，文書や口述，あるいは他の物的資料を使用している（このことは次の最終章でも取り上げる）。とはいえ歴史地理学における視覚資料の使用は，文脈化，探究，読解の中で体系的かつ批判的になされるべきことであり，その重要性は変わらないのである。

キー・ポイント
- 視覚的表現は，過去の場所の記述だけに利用されるのではない。それ自体が資料として有効である。
- 批判地図学においてブライアン・ハーリーは，特定の社会的関係を描くように作用する，権力の様々な側面を提示した。
- 近年は，歴史地理学的研究の様々な文脈において，歴史 GIS が用いられている。
- 視覚イメージは，歴史地理学的研究における知の宝庫である。例えば，景観／風景の生産に関しては，絵画やスケッチ，建築図面といった様々な視覚資料を有効に用いることができる。
- 視覚イメージの分析には，構図の解釈，内容分析，フェミニズム分析，精神分析，記号論，そして言説分析といった様々な手法が有効である。
- ジリアン・ローズの 2007 年の研究により，視覚イメージの意味の形成における，3 つの場の有効な区別が提示された。これによって，視覚イメージの（ⅰ）構築，（ⅱ）媒介（メディア)，そして（ⅲ）消費，という点を探究することができる。
- 歴史地理学における視覚資料の批判的な分析において最も重要なことは，歴史化，空間化，そして文脈化された意味に迫る資料への「問い」を持つことである。

さらなる理解のために
　Harley, 1988 ; Pickles, 1992 ; Rose, 2007 ; Schwarz and Ryan, 2003

（訳：阿部美香）

第 24 章　証拠と表象

ジョン・モリッシー

はじめに

　最終章で取り上げるのは、あらゆる研究を規定するもの、つまり証拠（evidence）である。人文地理学は現在の世界にある多様な資料を証拠として利用しており、それだけでも十分重大な問題が提起される。しかし、中でも歴史地理学の場合は、もはや私たち自身が目撃し証明することができない過去の世界を扱っており、その研究の提示（や表現）が遺物、記録、そして記憶に依拠しているという点で、よりいっそうの問題が含まれることになる。アラン・ベイカー（Baker, 1997）の「死者はアンケートに答えない」という端的な指摘からも、歴史地理学の調査や記述における証拠というものの難しさを考えることができるだろう。本章では、歴史地理学の研究及びその表現における4つの重要な側面——フィールド／研究分野、資料、解釈、そして語り——への注目を通じて、この難題のいくつかを概観したい。

フィールド／研究分野

　歴史地理学は伝統的に、人口、移民、植民地の拡大と入植、農業及びその変化、産業化、都市形態学といった、様々なフィールド／研究分野（field）における多くの重要な論点に関わってきた。これらの分野では、研究活動の「長きにわたる経験主義的な伝統」のもと、過去の環境の「再構成」と、景観や社会における物質的な変化の歴史に焦点が当てられてきた（Nash and Graham, 2000 : 3）。

　しかし近年は、新しい視角や主題（テーマ）が歴史地理学に現れている。それは自然や文化に関する知の生産を理論化しようとする人文地理学全体の関心に共鳴したもので、主に（ⅰ）歴史地理学という分野を構成する対象の拡大、（ⅱ）対象に込められた意味の多様性についての認識、そして、（ⅲ）歴史地理学的知識の語りにおける文脈と状況性のいっそう綿密な理論化、という3つの方向に顕著である。

　主題に関しては、物質世界についての伝統的な関心から、権力・イデオロギー・人種・ジェンダーについての新たな政治、文化そして象徴（シンボル）の問題へと、近年、大きな広がりをみせた。この展開を支えたのは、係争的な過去が有する複雑さを考慮した歴史的空間の理論化である。そして、その結果として、過去を状況に応じ

て注意深く解釈することも不可欠となった。地理的フィールドにおける状況づけられた知（situated knowledges）という概念（人文地理学では1990年代半ばまでに台頭してきた）が歴史地理学でも探究され，知の生産に対する理論や方法論はいっそう分化し，文脈的，内省的になっていった（Ogborn, 1996）。

　この流れの中では，証拠こそすべてという，理論に無関心な歴史地理学――自明（self-evident）派とでも言える研究――の限界が浮き彫りにされた（Harley, 1989b）。例えば歴史的景観研究の場合，ジョージ・ヘンダーソンの言うように，自然や文化の知が状況づけられたものだというのは「『自明』派にとってずいぶん厳しい報せ」であった。そして議論の方向は「景観／風景の意味が対象から文脈へと移行するにつれて，景観／風景は社会生活を検討する概念としていっそう力強いものになっていった」（Henderson, 1998：94-95）。

　ニュアンスに留意して過去の知を位置づけるこのような歴史地理学内の試みは，フィールドワークについての検討や，フィールドワークの実践（practice）が長期にわたってどのようにして特定の歴史地理学的知を生み出してきたかの検討とも軌を一にしていた。例えばヘイドン・ロリマーは，「地理を学ぶという実践，そして知識形成の起こる場（アリーナ）が，歴史地理学の歴史の中に有効に位置づけられる」状況を示した（Lorimer, 2003：197）。また，1950年代のある家族のスコットランド，グレン・ロイへの調査旅行を事例としたニック・スペディングとの共同研究では，「旅行すること」や「住むこと」といった身体化したフィールドワーク実践の意味をとらえ，このような慣習が「科学的調査の場が経験され理解される方法」を最終的に作り変えていくと論じている（Lorimer and Spedding, 2005：13）。

資料（ソース）

　歴史地理学のフィールド／研究分野が何で構成されるかという問題は，当然，そのフィールドでどのような証拠を見出すかということにも関わる。近年は「『フィールドに基づいた』経験主義や科学の『厳密さ』の制約から比較的自由な方法論が重視されるようになり，何が『フィールド／研究分野』で，何が『フィールドワーク』の実践なのか」という地理学一般における議論が盛んになってきた（Aitken, 2005：235. Keighren, 2012 も参照）。歴史地理学において様々なフィールド／研究分野がみられるようになったのも，適切な資料（ソース）についての定義がより広くなったからである。資料の多様性はまた，それを検討する新しい手法の使用（そこには前章で議論したテキスト分析，言説分析，記号論的分析のような質的な方法論が多く含まれている。Hannam, 2002b；Shurmer-Smith, 2002；Black,

2003 も参照）を促すものだった。

　マイルズ・オグボーンが指摘するように，歴史の情報は，多様な形式の「文書・統計資料」，「オーラル・ヒストリー」，「年輪年代」，「視覚資料」，「地図」など「多岐に」わたっており（Ogborn, 2003：101），歴史地理学は，そういった文書・視覚・口述・モノなど，幅広い資料を使うことができる。ケヴィン・ハナム（Hannam, 2002a）は，資料を公式な（formal）ものと非公式な（informal）ものとに区別している（公的な（official）資料と非公的な（unofficial）資料に区別する者もいる（Cloke et al., 2004））。ハナムのいう公式な資料とは，国立公文書館所蔵の資料，統計記録，政府出版物，他の公的な政府文書や公的領域にある組織の文書などである。一方，非公式な資料には自叙伝や年代記，伝記のような出版されたものや，手紙，日記，写真のような公開用に作られたものではない非出版の資料を含む。公式な記録には表れない（あるいは現れない）過去の地理を復原する試みにおいて，公式資料とは別のものがあることを思い起こさせるためだけでも，ハナムの実用的な分類は役に立つ。実際，公式資料だけを使った研究には限界がある。そのため，歴史地理研究者はクロークら（Cloke et al., 2004：93）の言う想像資料（imaginative source）を次第に活用するようになり，今では文学，旅行記，新聞，映画，写真，電子メディアのような資料の想像的な使用は当たり前になっている。

　いかなる資料を使用するにしても，歴史地理学者はその使い方に注意しなければならない。すなわち，資料を使用する前には，その資料批判が不可欠である。イアン・ブラック（Black, 2003：479-480）は留意すべき点として，①資料が本物であるか，②資料の正確さ，③情報の元々の目的，④資料保管にあたってその時々の文脈の中で分類・整理がどうなされるか，の4点を挙げている。全ての資料に関して，正確さ，真正さ，政治的・イデオロギー的背景，（表面に現れていないことの多い）権力関係のような問題を考えることは，歴史地理学にとって必須の作業である。一方で資料の不完全さ，不十分さ，不在という問題も常に存在する。よって，効果的な研究をおこなうには可能な限り多くの資料を参照すること（cross-referencing）が必要である。例えばハナム（Hannam, 2002b：191）は，あらゆる資料は「程度の差はあれ，不正確，不完全で，偏っている」ので，「ある出来事や表象の重要性を理解する」最適な方法は「可能な限り幅広い資料」を評価することだと述べている。また，視覚資料について扱った前章で概観したように，いかなる資料でもそれを効果的に検討するには，歴史や空間の中でその文脈や意味をとらえるような注意深い解釈が必要である。

解釈

　資料は部分的にしか残らず，また偏りがある。歴史地理学者はこの避けがたい問題について長い間考察してきた。例えば，ジェームズ・ダンカン（Duncan, 1990）は19世紀スリランカのキャンディ王国における官僚機構，権力関係，権限強化と土地の没収の大要を明らかにしようとする中で，資料の解釈によって生じる問題を指摘している。他の研究者たちも，政府の公文書記録に表れる有力なエリート層の声と周縁化された弱い人々の声との間には，歴史叙述上の不均衡があることを指摘している（Withers, 2002；Ogborn, 2003；Morrissey, 2004b）。この問題を無視すると，ハナムが指摘するシナリオに陥りやすい。つまり，「知の源泉として政府「公」文書を無批判に採用すると，研究者は支配階層である政府側の見方を受け入れてしまいがちになる。そして，周縁化された人々の声は無視するか，よくて副次的に扱うに留まってしまう」（Hannam, 2002a：115）。

　多くの歴史地理学者たちが指摘するように，植民地の文脈の中で，支配的権力に対抗する人々の政治，社会，文化的営み（つまり，支配者に押しつけられた営みと対立する被支配者の営み）を検討することは難しい（Wishart, 1997；Nash and Graham, 2000；Black, 2003）。例えば，支配に対する抵抗活動についての公的な文献資料が残されていないからといって，反対の意思が示されなかったことを意味するわけではない。その一方で，ダンカンの「極端に野心的な理論化は，その土地に深く根差した知識や慣習を見えなくし，葬ってしまう」（Duncan, 1999：127）という警告を念頭におくことも重要である。結局のところ，多様な資料（例えば，日記や詩，オーラル・ヒストリー）を相互に参照し合うことが，公文書から出てきた歪んだ歴史像を解き明かすためのより効果的な方法なのであろう。

　伝統的な歴史地理学に対する批判でよく耳にするのは，支配的だった経験主義的な研究の伝統の多くが没理論的だったという点である（第22章参照）。例えば，景観や文化といった主要概念はほとんど理論化されないまま，自明なものとして説明されがちだった。そして，場所や出来事の経験が階級，人種，ジェンダー，障がいなどの多様な問題によって常に込み入って複雑なものとなることは，多くの場合否定されてきた。しかし，伝統的な歴史地理学を没理論的だと決めつけるのは必ずしも公平ではないし，有益でもない。歴史地理学は地理学の他の下位分野やより広い社会理論から理論的な影響を受けてきた伝統がある。こうした影響は時とともに変化しながら継続してきた。実際，ハナムがいうように，「文書調査に基づいた歴史文化地理学は，理論的展開という点で（近年の）地理学をほぼ

間違いなく牽引している」(Hannam, 2002a：113)。

　理論への幅広い関心は，資料を解釈する上で常に不可欠である。経験主義的に，その立場は自明だと主張する人にしたところで，実のところ実証主義の立場を取っている。結局のところ，経験主義とて理論なのである。近年，様々な理論的立場が様々な方法で歴史地理学にもたらされ，特定の文書解釈の枠組みや関心を刺激した。例えば，マルクス主義は過去の階級の権力関係や資本主義経済下で起きる流動性の構造的枠組みの問題を明らかにするための資料発掘を促進させた。またフェミニズムによって，ジェンダー化，人種化，そして性化された過去の空間に対して関心が集まることになり，それが歴史地理学による知の生産やその認識論，そして調査手法に関する重大な疑問を提起することにつながった。さらに，ポスト植民地主義も公文書に充満する要約的言説を問題化する上で役に立った。ポスト植民地主義に依拠してこうした資料を解釈することで，社会は科学的かつ自然に秩序づけられているという感覚は誤りで，実際には権力，政治，そして先入見に依存した秩序であることが明らかにされた。

語 り

　歴史研究の締めくくりとなる作業は，知識の提供もしくは知の表現である。それは世界を過去から蘇らせる作業であり，その物語を書く作業であるとも言える。調査を終え，その研究テーマの中心にあった歴史地理を可視的に描写できたとき，それはとても満足感の得られる作業となり，思慮，情熱，共感に満ちたものとなる。しかし，このような語り（narration）にもまた問題が潜んでいる。とはいえ，その問題は先送りされてきた。

　まず忘れてはならないのが，私たちの「表現の仕方」は「自然の摂理」では決してなく，「状況づけられた地理的想像力の中での慣例」に従っているという点である（Duncan and Ley, 1993：13）。すなわち，私たちの語る物語は真実の断片（partial truth）でしかなく，自分たちの知のコミュニティや理論的立場，方法論的手法，語りの中でおこなわれる取捨選択を反映した叙述に過ぎない。デヴィッド・ウィシャートが指摘するように「語りやその他の方法によって事実が」決定されているのであって，「語りの『正しさ』を判断する客観的方法などない」のである（Wishart, 1997：114, 116）。さらに言えば，もし私たちが語りに際しての選択性や主観性を回避できないことを受け入れるならば，「客観主義者の誤謬をただし，より理にかなった過去の解釈に接近できる道を開くことができるだろう」(Wishart, 1997：117)。

1970年代以来,地理学は表象をめぐる力強い批判に遭遇し,表面上より相対化し流動化したポストモダン世界における表象の危機（crisis of representation）が論じられるようになった。さらにその後は,空間を理解する際の表象の優越性を否定し,社会的に生み出された日常的な実践や行為遂行性（performativity）に焦点を当てる,非表象（non-representational）研究が登場した（Thrift, 1996 ; Somdahl-Sands, 2008）。このような状況をふまえ,オラ・ゼーダストレームは「地理学において表象の時代は終わりを迎えたのだろうか」と問いかけている（Söderström, 2005:14）。しかし,彼自身は「絶対にそうではない」と述べている。というのも,表象をめぐる批判は一部の地理学者には全く伝わらないままであり,彼らは今なお「(地理的世界の)単一で「正しい」イメージを生み出す……デカルト流の知の概念」でもって論述をおこなっているからである。

　ただ,全体的にみれば,「地図や写真,映画といった空間の表象の多様な形態と,行動パターンといった日常実践のフィールド領域」との相互関係を分析しようとする地理学者が次第に増えてきたというのは確かであろう（Söderström, 2005:14）。歴史地理学にとって重要なのは,表象資料を無批判に利用したり,それらの説明力を叙述の中で特権的に扱ったりしないことである。日常的な実践や行為,またそれらが繰り広げられる光景の証拠を記録の中に見つけることは難しいかもしれない。しかし,それらは過去の空間の機能に関する私たちの理解をより豊かなものにしてくれるのである。

　過去の世界を記述するに当たり,歴史地理学が培ってきた強みは,より広い文脈の中で地域特有の調査を位置づけられる点である（これは調査プロジェクトに乗り出す歴史地理学者の誰もが重要と考える点だろう）。「歴史地理学は広い空間スケールで起きた広範なプロセスの中にローカルな研究を位置づけるという長い伝統をもつ。地域の特性と,より広い範囲の経済的,文化的,政治的プロセスとに等しく注目できるのだ」（Nash and Graham, 2000:1）。私たちの表象を地域的な文脈に位置づけることは,単なる相対主義につながるわけでも,歴史に対する敗北主義的な観念に陥るわけでも決してない。例えばアンドリュー・セイヤーとマイケル・ストーパーが論じたように,文脈コンテクストに敏感になれと要求することは,「個別主義や相対主義を求めることと同等では決してない……状況づけられた普遍主義を規範理論の一形態として理解することは可能である」（Sayer and Storper, 1997:11）。また,ゲイリー・ブリッジが述べるように,「地域的な,もしくは状況づけられた知や文化は,普遍的に理解されうる。ただし,それは状況づけられた知の構造の中に示される方法によってである……意識的な社会行動という概念

第 24 章 証拠と表象 219

が出てきた今こそ，自らの知が部分的で局所的であることを認識し，それらを明確にしていく時なのだ」（Bridge, 1997：633, 638. Katz, 1996 も参照のこと）。

おわりに

　ここまで歴史的表象における語りの実践について検討してきた。最後に，研究の読者に自分たちの立場性（positionality）をどの程度知らせるのがよいかという点への考察をもって，本章を締めくくることにしたい。イアン・クック（Cook, 2005：22）は「研究者のアイデンティティと実践には，大きなずれがある」という。そして，調査や表象の「政治性や倫理体系」をふまえれば，自分たち自身のバイアスや公平性を知らせることについて「なぜもっと思慮をめぐらさないのか」と疑問を投げかけている。またウィシャート（Wishart, 1997：115）は，これは「いかなる有意味な方法において達成」できるのかと嘆じている。確かに，歴史的表象の選択性や主観性を認識することで，研究者は調査における自らの立場や文脈を位置づける必要が生じる。クックと同じく，デニス・コスグローブとモナ・ドモシュも，研究者が語りをなすにあたっては「自らの個人的，文化的なアジェンダを明確に認識せねばならない」（Cosgrove and Domosh, 1993：37）と述べているが，実際のところ，バイアスの明確な提示には「自らの歴史に関する十分な解釈が不可欠であり，しかもそれを全くバイアスなくおこなうことは不可能」であるため，そのような提示は「想定されているよりもはるかに難しい」（Wishart, 1997：115）。そのためウィシャートは，研究者が読者に対して過度なヒントを与えることなく，読者は自ら分析内容を判断できると信用せねばならないと主張している。彼曰く，読者は「いずれにせよ，そうするのだ」（Wishart, 1997：115）。

　もちろん，だからと言って，（本章全体で言及したように）自らの状況づけられた歴史的表象を文脈的に理解すべきではないということでは決してない。自らの知的生産を位置づけることや，方法論的関心の輪郭を際立たせること，そして広範な理論的潮流の導入を示すことは，批判的で魅力的，そして有意義な歴史地理を語っていく上で極めて重要となるのである。

キーポイント

・近年は，自然や文化に関する知の生産を理論化しようとする人文地理学全体の関心に共鳴した新しい視角やテーマが，歴史地理学の中に登場している。
・地理的フィールドにおける状況づけられた知という概念は，歴史地理学でも探究

され，知の生産に対する理論や方法論がいっそう区別的，文脈的，内省的になっていった。
- 広範な理論分野の展開にともなって，正当な資料とみなされる範囲が拡大した。資料の多様性が，そのような資料の効果的な吟味についての新しい技術の利用を促した。
- 全ての資料に関して，正確さ，真正さ，政治的・イデオロギー的背景，権力関係のような問題を考えることは，歴史地理学にとって必須の作業である。理論への幅広い関心も，資料を解釈する上で常に不可欠である。
- 記述に際して，私たちの語る物語は真実の断片でしかなく，自分たちの知のコミュニティや理論的立場，方法論的手法，語りの中でおこなわれる取捨選択を反映した叙述に過ぎない。
- 知的生産を位置づけることや，方法論的関心の輪郭を際立たせること，そして広範な理論的潮流の導入を示すことは，批判的で魅力的，そして有意義な歴史地理を語っていく上で極めて重要となる。

さらなる理解のために
Duncan, 1999；Nash and Graham, 2000［ナッシュ，グレアム，2005］；Ogborn, 2003；Wishart, 1997

（訳：阿部美香・網島聖・上杉和央・春日あゆか・島本多敬）

参考文献

Abraham, J. (1991) *Food and Development: The Political Economy of Hunger and the Modern Diet*. London: Kogan Page.

Agamben, G. (1998 [1995]) *Homo Sacer: Sovereign Power and Bare Life* (trans. D. Heller-Roazen). Stanford, CA: Stanford University Press.（ジョルジョ・アガンベン（高桑和巳訳）『ホモ・サケル──主権権力と剥き出しの生──』以文社，2003 年）

Agamben, G. (2001) 'On security and terror', *Frankfurter Allgemeine Zeitung*, 20 September.

Agamben, G. (2002) *Remnants of Auschwitz: The Witness and the Archive* (trans. D. Heller-Roazen). New York: Zone Books.（ジョルジョ・アガンベン（上村忠男他訳）『アウシュヴィッツの残りのもの──アルシーヴと証人──』月曜社，2001 年）

Agamben, G. (2004) *The Open: Man and Animal*. Stanford, CA: Stanford University Press.（ジョルジョ・アガンベン（岡田温司他訳）『開かれ──人間と動物──』平凡社，2002 年）

Agamben, G. (2005) *State of Exception* (trans. K. Attell). Chicago: University of Chicago Press.（ジョルジョ・アガンベン（上村忠男他訳）『例外状態』未来社，2007 年）

Agnew, J.A. (1994) 'The territorial trap: the geographical assumptions of international relations theory', *Review of International Political Economy*, 1(1): 53-80.

Agnew, J.A. (1997) *Political Geography: A Reader*. London: Arnold.

Agnew, J. (1998) 'European landscape and identity', in B. Graham (ed.) *Modern Europe: Place, Culture and Identity*. London: Arnold, pp.213-235.

Agnew, J. (2003) 'American hegemony into American empire? Lessons from the invasion of Iraq', *Antipode*, 35(5): 871-885.

Agnew, J. and Corbridge S. (1995) *Mastering Space: Hegemony, Territory and International Political Economy*. London: Routledge.

Aitchison, C., Macleod, N.E. and Shaw, S.J. (2000) *Leisure and Tourism Landscapes*. London: Routledge.

Aitken, S. (2005) 'Textual analysis: reading culture and context', in R. Flowerdew and D. Martin (eds) *Methods in Human Geography* (2nd edn). Harlow: Pearson, pp.233-249.

Aitken, S. and Craine, J. (2005) 'Visual methodologies: what you see is not always what you get', in R. Flowerdew and D. Martin (eds) *Methods in Human Geography* (2nd edn). Harlow: Pearson, pp.250-269.

Alderman, D.H. and Inwood, J. (2013) 'Street naming and the politics of belonging: spatial injustices in the toponymic commemoration of Martin Luther King Jr', *Social & Cultural Geography*, 14(2): 211-233.

Althusser, L. (1971) *Lenin and Philosophy and Other Essays* (trans. B. Brewster). London: New Left Books.（ルイ・アルチュセール（西川長夫訳）『レーニンと哲学』人文書院，1970 年）

Alvarado, M., Buscombe, E. and Collins, R. (eds) (2000) *Representation and Photography: A Screen Education Reader*. New York: Palgrave.

Amin, A. (2012) *Land of Strangers*. Cambridge: Polity Press.

Amin, A. and Thrift, N. (eds) (2013) *Arts of the Political*. Durham, NC: Duke University Press.

Anderson, B. (1990) *Imagined Communities*. London: Verso.

Anderson, B. (1991) *Imagined Communities: Reflections on the Origins and Spread of Nationalism* (2nd ed). London: Verso.（ベネディクト・アンダーソン（白石隆他訳）『定本想像の共同体――ナショナリズムの起源と流行――』書籍工房早山，2007 年）

Anderson, K. (2003) 'White natures: Sydney's Royal Agricultural Show in post-humanist perspective', *Transactions of the Institute of British Geographers* NS28, 422-441.

Aplin, G. (2002) *Heritage: Identification, Conservation and Management*. Oxford: Oxford University Press.

Appadurai, A. (1996) *Modernity at Large: Cultural Dimensions of Globalization*. Minneapolis: University of Minnesota Press.（アルジュン・アパデュライ（門田健一訳）『さまよえる近代――グローバル化の文化研究――』平凡社，2004 年）

Arendt, H. (1968) *Men in Dark Times*. New York: HBJ Book.（ハンナ・アーレント（阿部斉訳）『暗い時代の人々』筑摩書房，1995 年）

Arendt, H. (1976) *The Origins of Totalitarianism*. New York: Harcourt.（ハナ・アーレント（大久保和郎他訳）『全体主義の起源』1～3 巻，みすず書房，1981 年）

Arrighi, G. (1994) *The Long Twentieth Century: Money, Power, and the Origins of Our Times*. London: Verso.（ジョバンニ・アリギ（土佐弘之監訳）『長い 20 世紀――資本，権力，そして現代の系譜――』作品社，2009 年）

Arts Council of Northern Ireland (2006) *Reimagining Communities Programme: Creating a Welcoming Environment for Everyone*. Belfast: Arts Council.

Ashcroft, B., Griffiths, G. and Tiffin, H. (2002 [1998]) *Key Concepts in Post-Colonial Studies*. London: Routledge.

Atkinson, P. (1999) 'Representations of conflict in the western media: the manufacture of a barbaric periphery', in T. Skelton and T. Allen (eds) *Culture and Global Change*. London: Routledge, pp.102-108.

Atkinson, D. and Cosgrove, D. (1998) 'Urban rhetoric and embodied identities: city, nation and empire at the Vittorio Emanuele II monument in Rome, 1870-1945', *Annals of the Association of American Geographers*, 88(1): 28-49.

Atkinson, D., Cosgrove, D. and Notaro, A. (1999) 'Empire in modern Rome: shaping and remembering an imperial city', in F. Driver and D. Gilbert (eds) *Imperial Cities: Landscape, Display and Identity*. Manchester: Manchester University Press, pp.40-63.

Auster, M. (1997) 'Monument in a landscape: the question of "meaning"', *Australian Geographer*, 28(2): 219-227.

Azaryahu, M. (1997) 'German reunification and the politics of street names: the case of East Berlin', *Political Geography*, 16(6): 479-493.

Azaryahu, M. and Golan, A. (2001) '(Re)naming the landscape: formation of the Hebrew man of Israel, 1949-1960', *Journal of historical Geography*, 27(1): 178-195.

Badcock, B. (2002) *Making Sense of Cities*. London: Arnold.

Baker, A.R.H. (1987) 'Editorial: the practices of historical geography', *Journal of Historical Geography*, 13(1): 1-2.

Baker, A.R.H. (1992) 'Introduction: on ideology and landscape' in A. R. H. Baker and G. Biger (eds) *Idelogy and Landscape in Historical Perspective*. Cambridge: Cambridge University Press.

Baker, A.R.H. (1997) '"The dead don't answer questionnaires": researching and writing historical

geography', *Journal of Geography in Higher Education*, 21(2): 231-243.
Baker, A.R.H. (2003) *Geography and History: Bridging the Divide*. Cambridge: Cambridge University Press.（アラン・ベイカー（金田章裕監訳）『地理学と歴史学――分断への架け橋――』原書房，2009 年）
Baldwin, A. (2009) 'Carbon nullius and racial rule: race, nature and the cultural politics of forest carbon in Canada', *Antipode*, 41(2): 231-255.
Baldwin, E., Longhurst, B., McCracken, S., Ogborn, M. and Smith, G. (1999) *Introducing Cultural Studies*. London: Prentice Hall.
Barnett, C. (1995) 'Awakening the dead: who needs the history of geography?', *Transactions of the Institute of British Geographers*, 20: 417-419.
Barnes, P. (2006) *Capitalism 3.0: A Guide to Reclaiming the Commons*. San Francisco: Berrett-Koehler.
Barnes, T. and Duncan, J. (eds) (1992) *Writing Worlds: Discourse, Text and Metaphor in the Representation of Landscape*. London: Routledge.
Bartram, R. (2003) 'Geography and the interpretation of visual imagery', in N. Clifford and G. Valentine (eds) *Key Methods in Geography*. London: Sage, pp.149-159.
Bassett, K. (2008) 'Thinking the event: Badiou's philosophy of the event and the example of the Paris Commune', *Environment and Planning D: Society and Space*, 26: 895-910.
Bassin, M. (1999) *Imperial Visions: Nationalist Imagination and Geographical Expansion in the Russian Far East 1840-1865*. Cambridge: Cambridge University Press.
Bassin, M. (2005) 'Brood or soil? The volkisch movement, the Nazis, and the legacy of Geopolitik', in F.-J. Brüggemeier, M. Cioc and T. Zeller (eds) *How Green Were the Nazis? Nature, Environment, and Nation in the Third Reich*. Athens, OH: Ohio University Press, pp.204-242.
Bassin, M. and Berdoulay, V. (2004) 'Historical Geography: locating time in the spaces of modernity', in G. Benko and U. Strohmayer (eds) *Human Geography: A History for the 21st Century*. London: Arnold, pp.64-82.
Basu, P. (2007) *Highland Homecomings: Genealogy and Heritage Tourism in the Scottish Diaspora*. London: Routledge.
Baydar, G. (2003) 'Spectral returns of domesticity', *Environment and Planning D: Society and Space*, 21(1): 27-45.
Beckingham, D. (2012) 'Gender, space and drunkenness: Liverpool's licensed premises, 1860-1914', *Annals of the Association of American Geographers*, 102(3): 647-666.
Benjamin, W. (1992) *Illuminations* (edited with an introduction by Hannah Arendt; trans. Z. Harry). London: Fontana Press.（ヴァルター・ベンヤミン（浅井健二郎他訳）『ベンヤミン・コレクション 1　近代の意味』筑摩書房，1995 年）
Bentham, J. (1843) 'Panopticon; or the Inspection house', in J. Bowring (ed.) *The Works of Jeremy Bentham Published under the Superintendence of his Executor John Bowring, Volume 4*. Edinburgh: William Tait, pp.37-172.
Berman, M. (2010) *All That Is Solid Melts into Air: The Experience of Modernity*. London: Verso.
Bhabha, H. (1990) 'Introduction: narrating the nation', in H. Bhabha (ed.) *Nation and Narration*. London: Routledge, pp.1-7.
Bhabha, H. (1994) *The Location of Culture*. London: Routledge.（ホミ・K・バーバ（本橋哲也他訳）『文化の場所――ポストコロニアリズムの位相――』法政大学出版局，

2012 年)

Bialasiewicz, L., Campbell, D., Elden, S., Graham, S., Jeffrey, A. and Williams, A.J. (2007) 'Performing security: the imaginative geographies of current US strategy', *Political Geography*, 26(4): 405-422.

Bigler, W. (2005) 'Using GIS to investigate fine-scale spatial patterns in historical American Indian agriculture', *Historical Geography*, 33: 14-32.

Billig, M. (1995) *Banal Nationalism*. London: Sage.

Billinge, M. (1982) 'Reconstructing societies in the past: the collective biography of local communities', in A. Baker and M. Billinge (eds) *Period and Place: Research Methods in Historical Geography*. Cambridge: Cambridge University Press, pp.19-32.

Black, I. (1989) 'Geography, political economy and the circulation of finance capital in early industrial England', *Journal of Historical Geography*, 15(4): 366-384.

Black, I. (1995) 'Money, information and space: banking in early-nineteenth century England and Wales', *Journal of Historical Geography*, 21(4): 398-412.

Black, I. (2003) 'Analysing historical and archive sources', in N.J. Clifford and G. Valentine (eds) *Key Methods in Geography*. London: Sage, pp.475-500.

Blaut, J.M. (1993) *The Colonizer's Model of the World: Geographical Diffusionism and Eurocentric History*. New York: Guilford Press.

Blunt, A. (2003) 'Geography and the humanities tradition', in S.L. Holloway, S.P. Price and G. Valentine (eds) *Key Concepts in Geography*. London: Sage, pp.73-91.

Blunt, A. and McEwan, C. (eds) (2002) *Postcolonial Geographies*. London: Continuum.

Blunt, A. and Rose, G. (eds) (1994) *Writing Women and Space: Colonial and Postcolonial Geographies*. London: Guilford.

Boltanski, L. and Chiapello, E. (2005) *The New Spirit of Capitalism* (trans. G. Elliot). London: Verso.

Bondi, L. and Davidson, J. (2003) 'Troubling the place of gender', in K. Anderson, M. Domosh, S. Pile and N. Thrift (eds) *Handbook of Cultural Geography*. London: Sage, pp.325-343.

Bondi, L. and Domosh, M. (1998) 'On the contours of public space: a tale of three women', *Antipode*, 30(3): 270-289.

Bonnemaison, S. (1998) 'Moses/Marianne parts the Red Sea: allegories of liberty in the bicentennial of the French Revolution', *Environment and Planning D: Society and Space*, 16(3): 347-365.

Bonnett, A. (1997) 'Geography, "race" and whiteness: invisible traditions and current challenges', *Area*, 29(3): 193-199.

Bonnett, A. (2000) *White Identities: Historical and International Perspectives*. Harlow: Prentice Hall.

Bonney, R. (2001) 'France and the first European paper money experiment', *French History*, 15(3): 254-272.

Bourdelais, P. (1984) 'L'industrialisation et ses mobilités', *Annales: Economies, Societés et Civilisations*, 39(5): 1009-1019.

Bowles, P. (2007) *Capitalism*. Harlow: Pearson.

Brace, C. (1999) 'Finding England everywhere: regional identity and the construction of national identity, 1890-1940', *Ecumene*, 6(1): 90-109.

Brady, J. and Simms, A. (eds) (2001) *Dublin through Space and Time*. Dublin: Four Courts.

Braun, B. (2000) 'Producing vertical territory: geology and governmentality in late Victorian

Canada', *Cultural Geographies*, 7(1): 7-46.
Braun, B. and Castree, N. (eds) (1998) *Remaking Reality: Nature at the Millenmum*. London: Routledge.
Brenner, N. (1997) 'Between fixity and motion: accumulation, territorial organization, and the historical geography of spatial scales', *Environment and Planning D:Society and Space*, 16(4): 459-481.
Brenner, N. (1998) 'Between fixity and motion: accumulation, territorial organization, and the historical geography of spatial scales', *Environment and Planning D: Society and Space*, 16(4): 459-481.
Bridge, G. (1997) 'Guest editorial essay: towards a situated universalism: on strategic rationality and "local theory"', *Environment and Planning D: Society and Space*, 15(6): 633-639.
Broun, D., Finlay, R.J. and Lynch, M. (eds) (1998) *Image and Identity: The Making and Re-Making of Scotland Through the Ages*. Edinburgh: J. Donald.
Brown, M. (2000) *Closet Space: Geographies of Metaphor from the Body to the Globe*. London: Routledge.
Brown, M. (2009) 'Public health as urban politics, urban geography: venereal biopower in Seattle 1943-1983', *Urban Geography*, 30(1): 1-29.
Browne, K. (2004) 'Genderism and the bathroom problem: (re)materialising sexed sites, (re)creating sexed bodies', *Gender, Place and Culture*, 11(3): 331-346.
Buckley, A. (1998) 'Introduction: daring us to laugh: creativity and power in Northern Irish symbols', in A. Buckley (ed.) *Symbols in Northern Ireland*. Belfast: Institute of Irish Studies, pp.1-22.
Buell, F. (2004) *From Apocalypse to Way of Life: Environmentalism in the American Century*. London: Routledge.
Bulmer, M. (1984) *The Chicago School of Sociology; Institutionalisation, Diversity and the Role of Sociological Research*. Chicago: University of Chicago Press.
Burgess, E.W. (1925) 'The growth of the city: an introduction to a research project', in R.E. Park, E.W. Burgess and R.D. McKenzie (eds) *The City*. Chicago: University of Chicago Press, pp.47-62.(アーネスト・バージェス「都市の発展――調査計画序論――」,鈴木広編『都市化の社会学［増補版］』（誠真書房，1978年))
Burgess, E.W. (1927) 'The determination of gradients in the growth of the city', *Publications of the American Sociological Society*, 21: 178-184.
Bury, J. B. (1920) *The Idea of Progress: An Inquiry into its Origin and Growth*. London: Macmillan.
Busteed, M. (2005) 'Parading the green: procession as subaltern resistance in Manchester in 1867', *Political Geography*, 24(8): 903-933.
Busteed, M. and Hodgson, R. (1994) 'Irish migration and settlement in early nineteenth century Manchester, with special reference to the Angel Meadows district in 1851', *Irish Geography*, 27(1): 1-13.
Butler, J. (1986) 'Sex and gender in Simone de Beauvoir's Second Sex', *Yale French Studies*, 72: 35-49.
Butler, J. (1999) *Gender Trouble: Feminism and the Subversion of Identity*. New York: Routledge.（ジュディス・バトラー（竹村和子訳）『ジェンダー・トラブル――フェミニズムとアイデンティティの攪乱――』青土社，1999年))
Butlin, R.A. (1993) *Historical Geography: Through the Gates of Space and Time*. London:

Edward Arnold.

Buttimer, A. (1998) 'Geography's contested stories: changing states-of-the-art', *Tijdschrift voor Economische en Sociale Geografie*, 89(1): 90-99.

Butzer, K. (2002) 'French wetland agriculture in Atlantic Canada and its European roots: different avenues to historical diffusion', *Annals of the Association of American Geographers*, 82(3): 451-470.

Calasso, R. (1994) *The Ruin of Kasch* (trans. W. Weaver and S. Sartarelli). Harvard: Carcanet Press.

Carnes, M. (ed.) (1996) *Past Imperfect: History According to the Movies*. London: Cassell.

Carswell, G. (2006) 'Multiple historical geographies: responses and resistance to colonial conservation schemes in East Africa', *Journal of Historical Geography*, 32 (2): 398-421.

Cassidy, J. (2012) 'Memo to Mitt: The Palestinians' problems aren't all cultural', *New Yorker*, 30 July. www.newyorker.com/online/blogs/johncassidy/2012/07/memo-to-mitt-the-palestinians-problems-arent-all-cultural.html#ixzz2A9iA09Lj (accessed 1 October 2012).

Castells, M. (1996) *The Rise of the Network Society*. Oxford: Blackwell.

Castells, M. (1997) *The Power of Identity*. Oxford: Blackwell.

Castree, N. (1995) 'The nature of produced nature', *Antipode*, 27: 12-48.

Castree, N. (2001) 'Marxism, capitalism and the production of nature' in N Castree and B. Braun (eds) *Social Nature: Theory, Practice, and Politics*. Oxford: Blackwell, pp.189-207.

Castree, N. and Braun, B. (eds) (2001) *Social Nature: Theory, Practice, and Politics*. Oxford: Blackwell.

Cawley, M. (1980) 'Aspects of rural-urban integration in western Ireland', *Irish Geography*, 13: 20-32.

Cento Bull, A. and Gilbert, M. (2001) *The Lega Nord and the Northern Question in Italian Politics*. New York: Palgrave.

Chakrabarty, D. (2009) 'The climate of history: four theses', *Critical Inquiry*, 35: 197-222.

Chandrasekaran, R. (2006) *Imperial Life in the Emerald City: Inside Iraq's Green Zone*. New York: Alfred A. Knopf.

Chang, H.J. (2008) *Bad Samaritans: The Myth of Free Trade and the Secret History of Capitalism*. New York: Bloomsbury.

Chapman, M. (1992) *The Celts: The Construction of a Myth*. Basingstoke: Macmillan.

Chomsky, N. (2003a) *Pirates and Emperors, Old and New: International Terrorism in the Real World*. Cambridge, MA: South End Press. (ノーム・チョムスキー（海輪由香子他訳）『テロの帝国アメリカ——海賊と帝王——』明石書店，2003 年)

Chomsky, N. (2003b) *Hegemony or Survival: America's Quest for Global Dominance*. New York: Hamish Hamilton.（ノーム・チョムスキー（鈴木主税訳）『覇権か，生存か——アメリカの世界戦略と人類の未来——』集英社，2004 年)

Clarke, D.B. and Doel, M. (2005) 'Engineering space and time: moving pictures and motionless trips', *Journal of Historical Geography*, 31(1): 41-60.

Clayton, D. (2000) 'The creation of imperial space in the Pacific Northwest', *Journal of Historical Geography*, 26(3): 327-350.

Clayton, D. (2003) 'Critical imperial and colonial geographies', in K. Anderson, M. Domosh, S. Pile and N. Thrift (eds) *Handbook of Cultural Geography*. London: Sage, pp.354-368.

Clayton, D. (2004) 'Imperial geographies', in J. S. Duncun, N. C. Johnson and R. H. Schein (eds) *A Companion to Cultural Geography*. Oxford: Blackwell, pp.449-468.

Clayton, D. (2008) 'Le passé colonial/imperial et l' approache postcoloniale de la géographie Anglophone', in P. Singaravélou (ed.) *L'Empire des Géographes: Géographie, Exploration et Colonisation*, XIXe-XXe Siécle. Paris: Berlin, pp.219-234.

Clayton, D. (2009a) 'Empire', in D. Gregory, R. Jhonston, G. Pratt, M. Watts and S. Whatmore (eds) *The Dictionary of Human Geography* (5th edn). Chichester: Wiley-Blackwell, pp.189-190.

Clayton, D. (2009b) 'Imperialism' in D. Gregory, R. Jhonston, G. Pratt, M. Watts and S. Whatmore (eds) *The Dictionary of Human Geography* (5th edn). Chichester: Wiley-Blackwell, pp.373-374.

Clayton, D. (2009c) 'Colonialism', in D. Gregory, R. Johnston, G. Pratt, M. Watts and S. Whatmore (eds) *The Dictionary of Human Geography* (5th edn). Chichester: Wiley-Blackwell, pp.94-98.

Clayton, D. (2013) 'Militant tropicality: war, revolution and the reconfiguration of "the tropics"', *Transactions of the Institute of British Geographers*, 38(1): 180-192.

Cloke, P., Cook, I., Crang, P., Goodwin, M., Painter, J. and Philo, C. (eds) (2004) *Practising Human Geography*. London: Sage.

Cohen, M. (1990) 'Peasant differentiation and proto-industrialisation in the Ulster countryside: Tullylish 1690-1825', *Journal of Peasant Studies*, 17(3): 413-432.

Coleman, M. (2004) 'The naming of terrorism and evil outlaws: geopolitical placemaking after 11 September', in S. Brunn (ed.) *11 September and Its Aftermath: The Geopolitics of Terror*. London: Frank Cass, pp.87-104.

Collier, P. and Inkpen, R. (2003) 'The Royal Geographical Society and the development of surveying 1870-1914', *Journal of Historical Geography*, 29(1): 93-108.

Colley, L. (2005) *Britons: Forging the Nation, 1707-1837* (2nd edn). New Haven, CT: Yale University Press. （リンダ・コリー（川北稔監訳）『イギリス国民の誕生』名古屋大学出版会，2009 年）

Commander, S. (1986) 'Malthus and the theory of "unequal powers": population and food production in India 1800-1947', *Modern Asian Studies*, 204(4): 661-701.

Condon, J. (2000) 'The patriotic children's treat: Irish nationalism and children's culture at the twilight of empire', *Irish Studies Review*, 8(2): 167-178.

Connolly, W. (1996) 'Tocqueville, territory and violence', in M. Shapiro and H. Alker (eds) *Challenging Boundaries: Global Flows, Territorial Identities*. Minneapolis: University of Minnesota Press, pp.141-164.

Conrad, J. (1999) *Heart of Darkness* (ed. D.C.R.A Goonetilleke, 2nd edn). Peterborough, ON: Broadview Literary Texts. （ジョゼフ・コンラッド（中野好夫訳）『闇の奥』岩波書店，2010 年）

Conzen, M.R.G. (1958) 'The growth and character of Whitby', in G.H.J. Daysh (ed.) *A Survey of Whitby and the Surrounding Area*. Eton: Shakespeare Head Press, pp.39-49.

Conzen, M.R.G. (1960) *Alnwick, Northumberland: A Study in Town-Plan Analysis*, Institute of British Geographers Publication, 27. London: George Philip.

Conzen, M.R.G. (1962) 'The plan analysis of an English city centre', in K. Norborg (ed.) *Proceedings of the IGU Symposium in Urban Geography Lund 1960*. Lund: Gleerup.

Conzen, M.R.G. (1968) 'The use of town plans in the study of urban history', in H.J.Dyos (ed.) *The Study of Urban History*. London: Arnold, pp.13-30.

Conzen, M.R.G. (1988) 'Morphogenesis, morphological regions and secular human agency in the historic townscape, as exemplified by Ludlow', in D. Denecke and G. Shaw (eds) *Urban Historical Geography: Recent Progress in Britain and Germany*. Cambridge: Cambridge University Press, pp.252-272.

Cook, I. (2005) 'Positionality/situated knowledge', in D. Atkinson, P. Jackson, D. Sibley and N. Washbourne (eds) *Cultural Geography: A Critical Dictionary of Key Concepts*. London: I.B. Tauris, pp.16-26.

Cooke, S. (2000) 'Negotiating memory and identity: the Hyde Park holocaust memorial, London', *Journal of Historical Geography*, 26(3): 449-465.

Cooper, A., Law, A., Malthus, J. and Wood, P. (2000) 'Rooms of their own: public toilets and gendered citizens in a New Zealand city, 1860-1940', *Gender, Place and Culture*, 7(4): 417-433.

Corbridge, S. (1987) 'Industrialisation, internal colonialism and ethnoregionalism: the Jharkhand, India, 1880-1980', *Journal of Historical Geography*, 13(3): 249-266.

Corbridge, S. (1998) '"Beneath the pavement only soil": the poverty of post-development', *Journal of Development Studies*, 34(6): 138-148.

Cosgrove, D. (1984) *Social Formation and Symbolic Landscape*. London: Croom Helm.

Cosgrove, D. (1993) *The Palladian Landscape: Geographical Change and its Cultural Representations in 16th Century Italy*. University Park, PA: Pennsylvania State University Press.

Cosgrove, D. (2001) *Apollo's Eye: A Cartographic Genealogy of the Earth in the Western Imagination*. Baltimore, MD: Johns Hopkins University Press.

Cosgrove, D. and Daniels, S. (eds) (1988) *The Iconography of Landscape: Essays on the Symbolic Representation, Design and Use of Past Environments*. Cambridge: Cambridge University Press. (D. コスグローブ, S. ダニエルズ共編（千田稔他監訳）『風景の図像学』地人書房, 2001 年)

Cosgrove, D. and Domosh, M. (1993) 'Author and authority: writing and the new cultural geography', in J. Duncan and D. Ley (eds) *Place / Culture / Representation*. London: Routledge, pp.25-38.

Cosgrove, D. and Jackson, P. (1987) 'New directions in cultural geography', *Area*, 19(2): 95-101.

Crampton, J. (2007) 'The biopolitical justification for geosurveillance', *Geographical Review*, 97(3): 389-403.

Crampton, J and Elden, S. (eds) (2007) *Space, Knowledge and Power: Foucault and Geography*. Farnam: Ashgate.

Cresswell, T. (1996) *In Place/ Out of Place*. Minneapolis: University of Minnesota Press.

Cresswell, T. (2004) *Place*. Oxford: Blackwell.

Cresswell, T. and Dixon, D. (2002) 'Introduction: engaging film', in T. Cresswell and D. Dixon (eds) *Engaging Film: Geographies of Mobility and Identity*. Oxford: Rowman & Littlefield, pp.1-10.

Cronin, M. and Adair, D. (2001) *The Wearing of the Green: A History of St. Patrick's Day*. London: Routledge.

Cronon, W. (1991) *Nature's Metropolis: Chicago and the Great West*. New York: Norton.

Crosby, A.W. (1972) *The Columbian Exchange: Biological and Cultural Consequences of 1492*. Westport, CT: Greenwood Press.

Crosby, A.W. (1986) *Ecological Imperialism: The Biological Expansion of Europe, 900-1900*. Cambridge: Cambridge University Press. (アルフレッド・W・クロスビー（佐々木昭

夫訳)『ヨーロッパ帝国主義の謎——エコロジーから見た 10 〜 20 世紀——』岩波書店, 1998 年)
Crossgrove, W., Egilman, D., Heywood, P., Kasperson, J.X., Messer, E. and Wessen A. (1990) 'Colonialism, international trade, and the nation-state', in L. Newman (ed.) *Hunger in History: Food Shortage, Poverty and Deprivation*. Oxford: Basil Blackwell, pp.215-240.
Croteau, D. and Hoynes, W. (2003) *Media Society: Industries, Images and Audiences*. London: Sage.
Crowley, U. and Kitchin, R. (2008) 'Producing "decent girls": governmentality and the moral geographies of sexual conduct in Ireland (1922-1937)', *Gender, Place and Culture*, 15(4): 355-372.
Cullather, N. (2010) *The Hungry World: America's Cold War Battle Against Poverty in Asia*. Cambridge, MA: Harvard University Press.
Curry, M. (1995) 'Rethinking the rights and responsibilities of geographic information systems: beyond the power of the image', *Cartography and Geographic Information Systems*, 22(1): 58-69.
Curtis Jr., L.P. (1997) *Apes and Angels: The Irishman in Victorian Caricature*. London: Smithsonian Institution Press.
Dalby, S. (2006) 'Geopolitics, grand strategy and the Bush doctrine: the strategic dimensions of U.S. hegemony under George W. Bush', in C.-P. David and D. Grondin (eds) *Hegemony or Empire? The Redefinition of American Power under George W. Bush*. Aldershot: Ashgate, pp.33-49.
Dalby, S. (2007a) 'Ecology, security, and change in the Anthropocene', *Brown Journal of World Affairs*, 13(2): 155-164.
Dalby, S. (2007b) 'Anthropocene geopolitics: globalisation, empire, environment and critique', *Geography Compass*, 1(1): 103-118.
Dalby, S. (2007c) 'The Pentagon's new imperial cartography: tabloid realism and the war on terror', in D. Gregory and A. Pred (eds) *Violent Geographies: Fear, Terror and Political Violence*. New York: Routledge, pp.295-308.
Dalby, S. (2013) 'Biopolitics and climate security in the Anthropocene' *Geoforum*, 49: 184-192.
Dalby, S. (2014) 'Rethinking geopolitics: climate security in the Anthropocene', *Global Policy*, 5(1), 1-9.
Daniel, P. and Hopkinson, M. (1989) *The Geography of Settlement*. Harlow: Oliver & Boyd.
Darby, H.C. (1973) 'The age of the improver: 1600-1800', in H. C. Darby (ed.) *A New Historical Geography of England*. Cambridge: Cambridge University Press, pp.302-388.
Darin, M. (1998) 'The study of urban form in France', *Urban Morphology*, 2: 63-76.
Davenport, R. (1995) 'Thomas Malthus and maternal bodies politic: gender, race, and empire', *Women's History Review*, 4(4): 415-439.
David, C.-P. and Grondin, D. (eds) (2006) *Hegemony or Empire? The Redefinition of American Power under George W. Bush*. Aldershot: Ashgate.
Davies, J.B. (ed.) (2008) *Personal Wealth from a Global Perspective*. Oxford: Oxford University Press.
Davis, M. (2001) *Late Victorian Holocausts: El Niño Famines and the Making of the Third World*. London: Verso.
Davis, N. Z. and Starn, R. (1989) 'Introcuction: memory and counter-memory', *Representation*, 26(1): 1-6.

de Beauvoir, S. (1989) *The Second Sex* (Introduction by Deirdre Bair and translated by H. M Parshley). New York: Vintage Books.（シモーヌ・ド・ボーヴォワール（井上たか子他訳）『第二の性：決定版』1〜2巻，新潮社，1997年）

de Certeau, M. (1984) *The Practice of Everyday Life*. Berkeley: University of California Press.

Dear, M. (1988) 'The postmodern challenge: reconstructing human geography', *Transactions of the Institute of British Geographers*, 13(3): 262-27 4.

Debarbieux, B. (1998) 'The mountain in the city: social uses and transformations of a natural landform in urban space', *Ecumene*, 5(4): 399-431.

DeBats, D.A. and Lethbridge, M. (2005) 'GIS and the American city: nineteenth century residential patterns', *Historical Geography*, 33: 78-98.

Delaney, D. (2005) *Territory*. Oxford: Blackwell.

Demeritt, D (1994) 'Ecology, objectibity and critique in writings on nature and human societies', *Journal of Historical Geography*, 20: 22-37.

Demeritt, D. (2001) 'Being constructive about nature', in N. Castree and B. Braun (eds) *Social Nature. Theory, Practice and Politics*. Oxford: Blackwell, pp.22-40.

Diamond, J. (1997) *Guns, Germs, and Steel: The Fates of Human Societies*. New York: Norton.（ジャレド・ダイアモンド（倉骨彰訳）『銃・病原菌・鉄』上・下巻，草思社，2012年）

Diamond, J. (2012) 'Romney hasn't done his homework', *New York Times*, 1 August. www.nytimes.com/2012/08/02/opinion/mitt-romneys-search-for-simple-answers.html (accessed 1 October 2012).

Dodds, K. (2005) *Global Geopolitics: A Critical Introduction*. Harlow: Pearson.

Dodds, K. (2007) *Geopolitics: A Very Short Introduction*. Oxford: Oxford University Press.（クラウス・ドッズ（野田牧人訳）『地政学とは何か』NTT出版，2012年）

Dodge, T. (2003) *Inventing Iraq: The Failure of Nation Building and a History Denied*. New York: Columbia University Press.

Dodgshon, R. (1998) *Society in Time and Space: A Geographical Perspective on Change*. Cambridge: Cambridge University Press.

Domosh M. (1991) 'Toward a feminist historiography of geography', *Transactions of the Institute of British Geographers*,16(1): 95-104.

Domosh, M. (1998) 'Those "gorgeous Incongruities": polite politics and public space on the streets of nineteenth-century New York', *Annals of the Association of American Geographers*, 88(2): 209-226.

Domosh, M. and Seager, J. (2001) *Putting Women in Place: Feminist Geographers Make Sense of the World*. New York: Guilford Press.

Dorling, D. and Fairbairn, D. (1997) *Mapping: Ways of Representing the World*. Harlow: Longman.

Drayton, R. (2002) 'The collaboration of labour: slaves, empires, and globalizations in the Atlantic World', in A. G. Hopkins (ed.) *Globalization in World History*. London: Pimlico, pp.98-114.

Driver, F. (1985) 'Power, space, and the body: a critical assessment of Foucault's Discipline and Punishment', *Environment and Planning D: Society and Space*, 3: 425-446.

Driver, F. (1989) 'The historical geography of the workhouse system in England and Wales, 1834-1883', *Journal of Historical Geography*, 15: 269-286.

Driver, F. (1992) 'Geography's empire: histories of geographical knowledge', *Environment and Planning D: Society and Space*, 10(1): 23-40.

Driver, F. (1993) *Power and Pauperism: The Workhouse System, 1834-1884*. Cambridge: Cambridge University Press.
Driver, F. (2001) *Geography Militant: Cultures of Exploration and Empire*. London: Blackwell.
Driver, F. (2004) 'Imagining the Tropics: views and visions of the tropical world', *Singapore Journal of Tropical Geography*, 25(1): 1-17.
Driver, F. (2006) 'Editorial: historical geography and the humanities: more than a footnote', *Journal of Historical Geography*, 32(1): 1-2.
Driver, F. and Martins, L. (eds) (2003) *Tropical Visions in an Age of Empire*. Chicago: Chicago University Press.
D'Souza, R. (2006) *Drowned and Dammed: Colonial Capitalism and Flood Control in Eastern India*. Oxford: Oxford University Press.
du Plessix Gray, F. (2010) 'Dispatches From the Other', *New York Times*, 27 May. http://www.nytimes.com/2010/05/30/books/review/Gray-t.html?pagewanted=all&_r=0 (Accessed 11 January 2013).
Duffield, M. (2001) *Global Governance and the New Wars: the Merging of Development and Security*. London: Zed Books.
Duffield, M. and Hewitt, V. (eds) (2009) *Empire, Development and Colonialism: The Past in the Present*. Woodbridge: James Currey.
Duncan, J.S. (1990) *The City as Text: The Politics of Landscape Interpretation in the Kandyan Kingdom*. Cambridge: Cambridge University Press.
Duncan, J.S. (1999) 'Complicity and resistance in the colonial archive: some issues of method and theory in historical geography', *Historical Geography*, 27: 119-128.
Duncan, J.S. (2000) 'The struggle to be temperate: climate and "moral masculinity" in mid-nineteenth-century Ceylon', *Singapore Journal of Tropical Geography*, 21(1): 34--47.
Duncan, J.S. (2002) 'Embodying colonialism? Domination and resistance in nineteenth century Ceylonese coffee plantations', *Journal of Historical Geography*, 28(3): 317-338.
Duncan, J.S. (2007) *In the Shadows of the Tropics: Climate, Race and Biopower in Nineteenth Century Ceylon*. Aldershot: Ashgate.
Duncun, J. and Cosgrove, D. (1995) 'Editorial: colonialism and postcolonialism in the former British Empire', *Ecumene*, 2(2): 127-128.
Duncan, J. and Ley, D. (1993) 'Representing the place of culture', in J. Duncan and D. Ley (eds) *Place / Culture / Representation*. London: Routledge, pp.1-21.
Duncan, N. (1996) *Body Space: Destabilising Geographies of Gender and Sexuality*. London: Routledge.
Dussel, E. (1998) 'Beyond Eurocentrism: the world-system and the limits of modernity', in F. Jameson and M. Miyoshi (eds) *The Cultures of Globalization*. Durham, NC: Duke University Press, pp.3-31.
Dustin, H. (2013) 'Jimmy Savile report: this must mark a turning point', *Guardian*,11 January. www.guardian.co.uk/commentisfree/2013/jan/11/jimmy-savile-report-turning-point (accessed 11 January 2013).
Dwyer, O.J. (2002) 'Location, politics, and the production of civil rights memorial landscapes', *Urban Geography*, 23(1): 31-56.
Dwyer, O.J. (2004) 'Symbolic accretion and commemoration', *Social and Cultural Geography*, 5(3): 413-435.
Eagleton, T. (2000) *The Idea of Culture*. Oxford: Blackwell.（テリー・イーグルトン（大橋洋

一訳)『文化とは何か』松柏社, 2006 年)
Eagleton, T. (2010) *On Evil*. London: Yale University press.
Eagleton, T. (2011) *Why Marx Was Right*. New Haven, CT: Yale University Press. (テリー・イーグルトン (松本潤一郎訳)『なぜマルクスは正しかったのか』河出書房新社, 2011 年)
Ealham, C. (2005) 'An imagined geography: ideology, urban space, and protest in the creation of Barcelona's "Chinatown", c. 1835-1936', *International Review of Social History*, 50(3): 373-397.
Edkins, J. (2003) *Trauma and the Memory of Politics*. Cambridge: Cambridge University Press.
Edney, M. (1997) *Mapping an Empire: The Geographical Construction of British India, 1765-1843*. Chicago: University of Chicago Press.
Eisenstein, E. (1979) *The Printing Press as an Agent of Change: Communications and Cultural Transformation in Early Modern Europe* (2 volumes), Cambridge: Cambridge University Press.
Elden, S. (2002) 'The war of race and the Constitution of the State: Foucault's "Il faut défendre la société" and the politics of calculation', *Boundary 2*, 29(1): 125-151.
Ell, P.S. and Gregory, I.N. (2005) 'Demography, depopulation and devastation: exploring the geography of the Irish Potato Famine', *Historical Geography*, 33: 54-75.
Ell, P.S. and Gregory, I.N. (2008) *Historical GIS: Technologies, Methodologies, and Scholarship*. Cambridge: Cambridge University Press.
Escobar, A. (2010) 'Planning' in W. Sachs (ed.) *The Development Dictionary: A Guide to knowledge as Power (2nd edn)*. London: Zed Books, pp.145-160.
Escobar, A. (1995) *Encountering Development: The Making of the Third World*. Princeton, NJ: Princeton University Press.
Esposito, R. (2008) *Bios: Biopolitics and Philosophy*. Minneapolis: University of Minnesota Press.
Evenden, M. (2004) 'Social and environmental change at Hell's Gate, British Columbia', *Journal of Historical Geography*, 30(1): 130-153.
Fabian, J. (1983) *Time and the Other: How Anthropology Makes it Object*. New York: Columbia University Press.
Fanon, F. (1967) *Black Skin, White Mask* (trans. C. L. Markmann) New York: Grove Press. (フランツ・ファノン (海老坂武他訳)『黒い皮膚・白い仮面』みすず書房, 1998 年)
Farish, M. (2003) 'Disaster and decentralization: American cities and the Cold War', *Cultural Geographies*, 10(2): 125-148.
Farish, M. (2007) 'Targeting the inner landscape', in D. Gregory and A. Pred (eds) *Violent Geographies: Fear, Terror, and Political Violence*. New York: Routledge, pp.255-271.
Featherstone, D. (2005) 'Atlantic networks, antagonisms and the formation of subaltern political identities', *Social and Cultural Geography*, 6(3): 387-404.
Featherstone, D. (2008) *Resistance, Space and Political Identities: The Making of Counter-Global Networks*. Oxford: Blackwell.
Ferguson, N. (2002) *Empire: How Britain Made the Modern World*. London: Allen Lane.
Ferguson, N. (2004) *Colossus: The Price of America's Empire*. New York: Penguin.
Finnegan, D. (2004) 'The work of ice: glacial theory and scientific culture in early Victorian England', *British Journal for the History of Science*, 37: 29-52.
Fitzsimmons, M. (1989) 'The matter of nature', *Antipode*, 21: 106-120.
Fitzsimmons, M. and Goodman, D. (1998) 'Incorporating nature: environmental narratives and

the reproduction of food', in B. Braun and N. Castree (eds) *Remaking Reality: Nature at the Millennium*. London: Routledge, pp.193-219.

Flint, C. (ed.) (2005) *The Geography of War and Peace: From Deathcamps to Diplomats*. Oxford: Oxford University Press.

Fluri, J. (2009) '"Foreign passports only": geographies of (post)conflict work in Kabul, Afghanistan', *Annals of the Association of American Geographers*, 99(5): 986-994.

Foote, K.E. and Azaryahu, M. (2007) 'Towards a geography of memory: geographical dimensions of public memory and commemoration', *Journal of Political and Military Sociology*, 35(1): 125-144.

Forty, A. and Kuchler, S. (eds) (2001) *The Art of Forgetting*. Oxford: Berg.

Foster, J.B. (1999) *The Vulnerable Planet: A Short Economic History of the Environment*. New York: The Monthly Review Press.

Foster, J.B., Clark, B. and York, R. (2010) *The Ecological Rift: Capitalism's War on the Earth*. New York: Monthly Review Press.

Foucault, M. (1977) [1975, 1979] *Discipline and Punish: The Birth of the Prison* (trans. S. Alan). New York: Vintage.（ミシェル・フーコー（田村俶訳）『監獄の誕生――監視と処罰――』新潮社，1977 年）

Foucault, M. (1980) *The History of Sexuality. Vol. 1: An Introduction* (trans. R. Hurley). New York: Vintage Books.（ミシェル・フーコー（渡辺守章他訳）『性の歴史』1～3 巻，新潮社，1986-1987 年）

Foucault, M. (1984) 'Space, knowledge and power', in P. Rabinow(ed.) *The Foucault Reader*. Harmondsworth: Penguin, pp.239-256.（ミシェル・フーコー（八東はじめ訳）「空間・知そして権力」，蓮實重彦他監修『ミシェル・フーコー思考集成Ⅸ　1982・1983　自己／統治性／快楽』筑摩書房，2001 年）

Foucault, M. (1994a) 'Governmentality', in J.D. Faubion (ed.) *Essential Works of Foucault 1954-1984, Volume Three: Power*. New York: The New York Press, pp.201-222.（ミシェル・フーコー「「統治性」」，蓮實重彦他監修『ミシェル・フーコー思考集成Ⅶ　1978　知／身体』筑摩書房，2000 年）

Foucault, M. (1994b) 'Questions of method', in J.D. Faubion (ed.) *Essential Works of Foucault 1954-1984, Volume Three: Power*. New York: The New York Press, pp.223-238.

Foucault, M. (2003) *Society Must Be Defended: Lectures at the Collège de France, 1975-1976* (ed. Arnold I. Davidson, trans. D. Macey). New York: Picador.（ミシェル・フーコー（石田英敬他訳）『社会は防衛しなければならない――コレージュ・ド・フランス講義 1975-1976 年度――』筑摩書房，2007 年）

Foucault, M. (2004) *Abnormal: Lectures at the Collège de France, 1974-1975* (ed. Arnold I. Davidson, trans. G. Burchell). New York: Picador.（ミシェル・フーコー（慎改康之訳）『異常者たち――コレージュ・ド・フランス講義 1974-1975 年度――』筑摩書房，2002 年）

Foucault, M. (2007a) 'Questions on geography', in J. Crampton and S. Elden (eds) *Space, Knowledge and Power*. Farnham: Ashgate, pp.173-184.（ミシェル・フーコー（國分功一郎訳）「地理学に関するミシェル・フーコーへの質問」，小林康夫他編『フーコー・コレクション　4　権力・監禁』筑摩書房，2006 年）

Foucault, M. (2007b) 'The incorporation of the hospital in modern technology', in J. Crampton and S. Elden (eds) *Space Knowledge and Power*. Farnham: Ashgate, pp.141-152.（ミシェル・フーコー「近代テクノロジーへの病院の組み込み」，蓮實重彦他監修『ミシェル・フーコー思考集成Ⅶ　1978　知／身体』筑摩書房，2000 年）

Foucault, M. (2007c) *Security, Territory, Population: Lectures at the Collége de France 1977-1978*. New York: Palgrave Macmillan. （ミシェル・フーコー（高桑和巳訳）『安全・領土・人口――コレージュ・ド・フランス講義 1977-1978 年度――』筑摩書房，2007 年）

Foucault, M. (2008) *The Birth of Biopolitics: Lectures at the Collége de France, 1978-1979* (trans. G. Burchell). Basingstoke: Palgrave Macmillan. （ミシェル・フーコー（慎改康之訳）『生政治の誕生――コレージュ・ド・フランス講義 1978-1979 年度――』筑摩書房，2008 年）

Frances, R. and Scates, B. (1989) 'Honouring the Aboriginal dead', *Arena*, 86:72-80.

Frank, A.G. and Gills, B.K. (eds) (1993) *The World System: Five Hundred Years or Five Thousand?* (foreword by William H. McNeill). New York: Routledge.

Friedman, T.L. (2005) *The World is Flat: The Globalized World in the Twenty-First Century*. New York: Penguin. （トーマス・フリードマン（伏見威蕃訳）『フラット化する世界――経済の大転換と人間の未来――』日本経済新聞社，2006 年）

Fukuyama, F. (1992) *The End of History and the Last Man*. New York: The Free Press. （フランシス・フクヤマ（渡部昇一訳）『歴史の終わり』上・下巻，三笠書房，1992 年）

Fukuyama, F. (2003) *Our Posthuman Future: Consequences of the Biotechnology Revolution*. New York: St. Martin's Press. （フランシス・フクヤマ（鈴木淑美訳）『人間の終わり――バイオテクノロジーはなぜ危険か――』ダイヤモンド社，2002 年）

Fyfe, G. and Law, J. (1988) *Picturing Power: Visual Depictions and Social Relations*. London: Routledge.

Gagen, E., Lorimer, H. and Vasudevan, A. (eds) (2007) *Practicing the Archive: Reflections on Method and Practice in Historical Geography*. London: HGRG, Royal Geographical Society.

Gandy, M. (2006) 'Zones of indistinction: bio-political contestations in the urban arena', *Cultural Geographies*, 13(4): 497-516.

Gellner, E. (1983) *Nations and Nationalism*. Oxford: Blackwell.

Gandy, M. (2002) *Concrete and Clay: Reworking Nature in New York City*. Cambridge, MA: MIT Press.

Garcia-Ramon, M.-D. (2003) 'Gender and the colonial encounter in the Arab world: examining women's experiences and narratives', *Environment and Planning D:Society and Space*, 21(6): 653-672.

George, H. (1966) *Progress and Poverty*. London: The Howarth Press.

George, S. (1992) *The Debt Boomerang: How Third World Debt Harms Us All*. London: Pluto Press. （スーザン・ジョージ（佐々木建他訳）『債務ブーメラン――第三世界債務は地球を脅かす――』朝日新聞社，1995 年）

George, S. (2004) *Another World Is Possible If ...* London: Verso. （スーザン・ジョージ（杉村昌昭他訳）『オルターグローバリゼーション宣言――もうひとつの世界は可能だ！もし……――』作品社，2004 年）

Gibson-Graham, J.K. (1994) 'Stuffed if I know!': reflections on post-modern feminist social research', *Gender, Place and Culture*, 1(2): 205-224.

Gibson-Graham, J.K. and Roelvink, G. (2009) 'An economic ethics for the Anthropocene', *Antipode*, 41(S1): 320-346.

Giddens, A. (2009) *The Politics of Climate Change*. Cambridge: Polity.

Gilbert, D. (1999) '"London in all its glory-or how to enjoy London": guidebook representations of imperial London', *Journal of Historical Geography*, 25(3): 279-297.

Gilbert, D. and Hancock, C. (2006) 'New York City and the transatlantic imagination: French and English tourism and spectacle of the modern metropolis, 1893-1939', *Journal of Urban History*, 33(1): 77-107.

Gills, B.K. and Thompson, W.R. (2006) *Globalization and Global History*. New York: Routledge.

Giordano, B. (2000) 'Italian regionalism or "Padanian" nationalism-the political project of the Lega Nord in Italian politics', *Political Geography*, 19(4): 445-471.

Giordano, B. (2001) 'The contrasting geographies of "Padania": the case of the Lega Nord in northern Italy', *Area*, 33(1): 27-37.

Glacken, T. (1990) *Traces on the Rhodian Shore. Nature and Culture in Western Thought from Ancient Times to the End of the Eighteenth Century*. Berkeley, CA:University of California Press.

Glennie, P. and Thrift, N. (2005) 'Clocks and the temporal structures of everyday life', in D. Livingstone and C. Withers (eds) *Geography and Revolution*. Chicago: University of Chicago Press, pp.160-198.

Godlewska, A. (2003) 'Resisting the cartographic imperative: Giuseppe Bagetti's landscapes of war', *Journal of Historical Geography*, 29(1): 22-50.

Godlewska, A. and Smith, N. (eds) (1994) *Geography and Empire*. Oxford: Blackwell.

Goheen, P. (1993a) 'Parading: a lively tradition in early Victorian Toronto', in A. R. H. Baker and B. Gideon (eds) *Ideology and Landscape in Historical Perspective*. Cambridge: Cambridge University Press, pp.330-351.

Goheen, P. (1993b) 'The ritual of the streets in mid-19th-century Toronto', *Environment and Planning D: Society and Space*, 11(2): 127-145.

Goheen, P. (1998) 'Public space and the geography of the modern city', *Progress in Human Geography*, 22(4): 479-496.

Goheen, P. (2003) 'The assertion of middle-class claims to public space in late Victorian Toronto', *Journal of Historical Geography*, 29(1): 73-92.

Gold, D. (1988) *America, the Gulf and Israel: CENTCOM (Central Command) and Emerging US Regional Security Policies in the Middle East*, Jaffee Center for Strategic Studies. Jerusalem: The Jerusalem Post.

Goldberg, D.T. (2000) 'Racial knowledge', in Les Back and John Solomos (eds) *Theories of Race and Racism: A Reader*. London: Routledge, pp.154-180.

Goodwin, M. (2012) 'Wade Michael Page and the rise of violent far-right extremism', *Guardian*, 8 August. www.guardian.co.uk/world/2012/aug/08/wade-michael-page-violent-far-right (accessed 1 October 2012).

Gregory, D. (1994) *Geographical Imaginations*. Oxford: Blackwell.Gregory, D. (2004) *The Colonial Present: Afghanistan, Palestine, Iraq*. Oxford: Blackwell.

Gregory, D. (2001)'(Post) colonialism and the production of nature', in N. Castree and B. Braun (eds) *Social Nature*. Oxford: Blackwell, pp.84-111.

Gregory, D. (2005) 'Geographies, publics and politics', *Progress in Human Geography*, 29(2): 182-193.

Goldberg, D.T. (2003) *Racist Culture: Philosophy and the Politics of Meaning*. Cambridge, MA: Blackwell.

Gorlizki, Y. (2000) 'Class and nation in the Jewish settlement of Palestine: the case of Merhavia, 1910-30', *Journal of Historical Geography*, 26(4): 572-588.

Gould, P. and Strohmayer, U. (2004) 'Geographical visions: the evolution of human geographic thought in the twentieth century', in G. Benko and U. Strohmayer (eds) *Human Geography: A History for the 21st Century*. London: Arnold, pp.1-25.

Graham, B. (1997a) 'The imagining of place: representation and identity in contemporary Ireland', in B. Graham (ed.) *In Search of Ireland: A Cultural Geography*. London: Routledge, pp.192-212.

Graham, B. (ed.) (1997b) *In Search of Ireland: a Cultural Geography*. London: Routledge.

Graham, B. (2000) 'The past in place: historical geographies of identity', in B. Graham and C. Nash (eds) *Modern Historical Geographies*. Harlow: Longman, pp.70-99.（ブライアン・グレアム「アイデンティティの歴史地理——記憶の場所」, ブライアン・グレアム, キャサリン・ナッシュ編（米家泰作他訳）『モダニティの歴史地理』上巻, 古今書院, 2005 年, 85-122 頁）

Graham, B. (2002) 'Heritage as knowledge: capital or culture?', *Urban Studies*, 39(5-6): 1003-1017.

Graham, B. (2007) 'The past and present of the Great Irish Famine', *Journal of Historical Geography*, 33(1): 200-206.

Graham, B., Ashworth, G.J. and Tunbridge, J.E. (2000) *A Geography of Heritage*. London: Arnold.

Graham, B. and Howard, P. (eds) (2008) *The Ashgate Research Companion to Heritage and Identity*. Aldershot: Ashgate.

Graham, B. and Shirlow, P. (2002) 'The Battle of the Somme in Ulster memory and identity', *Political Geography*, 21(7): 881-904.

Graham, S. (2005) 'Remember Fallujah: demonising place, constructing atrocity', *Environment and Planning D: Society and Space*, 23(1): 1-10.

Green, N. (1990) *The Spectacle of Nature: Landscape and Bourgeois Culture in Nineteenth-century France*. Manchester: University of Manchester Press.

Greenblatt, S. (1991) *Marvelous Possessions: The Wonder of the New World*. Chicago: University of Chicago Press.（S. グリーンブラット（荒木正純訳）『驚異と占有——新世界の驚き——』みすず書房, 1994 年）

Gregory, D. (1982) *Regional Transformation and Industrial Revolution: A Geography of the Yorkshire Woollen Industry*. London: Macmillan.

Gregory, D. (1984) 'Contours of crisis? Sketches for a geography of class struggle in the Early Industrial Revolution', in D. Gregory and A. Baker (eds) *Explorations in Historical Geography*. Cambridge: Cambridge University Press, pp.68-117.

Gregory, D. (1991) 'Interventions in the historical geography of modernity: social theory, spatiality and the politics of representation', *Geografiska Annaler*, 73(B)(1): 17-44.

Gregory, D. (1994) *Geographical Imaginations*. Oxford: Blackwell.

Gregory, D. (2001) '(Post)colonialism and the production of nature', in N. Castree and B. Braun (eds) *Social Nature: Theory, Practice and Politics*. London: Blackwell, pp.84-111.

Gregory, D. (2004) *The Colonial Present: Afghanistan, Palestine, Iraq*. Oxford: Blackwell.

Gregory, D. (2005) 'Geographies, publics and politics', *Progress in Human Geography*, 29(2): 182-193.

Gregory, D. (2007) 'Vanishing points: law, violence and exception in the global war prison', in D. Gregory and A. Pred (eds) *Violent Geographies: Fear, Terror and Political Violence*. New York: Routledge, pp.205-236.

Gregory, D. and Ley, D. (1988) 'Culture's geographies', *Environment and Planning D: Society*

and Space, 6(1): 115-116.
Gregory, D. and Pred, A. (eds) (2007) *Violent Geographies: Fear, Terror and Political Violence*. New York: Routledge.
Gronemeyer, M. (2010) 'Helping', in W. Sachs (ed.) *The Development Dictionary: A Guide to Knowledge as Power* (2nd edn). London: Zed Book, pp.55-73.
Grosby, S. (2005) 'Territoriality: the transcendental primordial feature of modern societies', *Nations and Nationalism*, 1(2): 143-162.
Grove, R.H. (1995) *Green Imperialism: Colonial Expansion, Tropical Island Edens and the Origins of Environmentalism, 1600-1860*. Cambridge: Cambridge University Press.
Gruffudd, P. (1995) 'Remaking Wales: nation-building and the geographical imagination', *Political Geography*, 14(3): 219-239.
Hagen, J. (2004) 'The most German of towns: creating an ideal Nazi community in Rothenburg ob der Tauber', *Annals of the Association of American Geographers*, 94(1): 165-182.
Habermas, J. (1987) *The Philosophical Discourse of Modernity: Twelve Lectures*. Cambridge, MA: MIT Press.（ユルゲン・ハーバマス（三島憲一他訳）『近代の哲学的ディスクルス　I・II』岩波書店，1999 年）
Habermas, J. (1991) *The Structural Transformation of the Public Sphere*. Cambridge, MA: MIT Press.（ユルゲン・ハーバーマス（細谷貞雄他訳）『公共性の構造転換――市民社会の一カテゴリーについての探究――』未来社，1994 年）
Habermas, J. (2003) *The Future of Human Nature*. Cambridge: Polity.（ユルゲン・ハーバーマス（三島憲一訳）『人間の将来とバイオエシックス』法政大学出版局，2004 年）
Hagen, J. (2004) 'The most German of towns: creating an ideal Nazi community in Rothenburg ob der Tauber', *Anuals of the Association of American Geographers*, 94(1): 207-227.
Hägerstrand, T. (1968) *Innovation Diffusion as a Spatial Process*. Chicago: University of Chicago Press.
Haggard, S. and Noland, M. (2007) *Famine in North Korea: Markets, Aid, and Reform*. New York: Columbia University Press.
Hall, S. (1997) 'The work of representation', in S. Hall (ed.) *Representation: Cultural Representations and Signifying Practices*. London: Sage, pp.13-74.
Hannah, M. (1993) 'Space and social control in the administration of the Oglala Lakota ("Sioux"), 1871-1879', *Journal of Historical Geography*, 19(4): 412-432.
Hannah, M. (2000) *Governmentality and the Mastery of Territory in Nineteenth-Century America*. Cambridge: Cambridge University Press.
Hannah, M. (2009) 'Calculable territory and the West German census boycott movements of the 1980s', *Political Geography*, 28(1): 66-75.
Hannam, K. (2002a) 'Coping with archival and textual data', in P. Shurmer-Smith (ed.) *Doing Cultural Geography*. London: Sage, pp.189-197.
Hannam, K. (2002b) 'Using archives', in P. Shurmer-Smith (ed.) *Doing Cultural Geography*. London: Sage, pp.113-120.
Haraway, D. (1991) *Simians, Cyborgs and Women: The Reinvention of Nature*. London: Free Association Books.（ダナ・ハラウェイ（高橋さきの訳）『猿と女とサイボーグ――自然の再発明――』青土社，2000 年）
Haraway, D. (1992) 'The promises of monsters: a regenerative politics for inappropriate/d others', in L. Grossberg, C. Nelson and P.A. Treichler (eds) *Cultural Studies*. New York: Routledge, pp.295-337.

Harcourt, B.E. (2011) *The Illusion of the Free Markets: Punishment and the Myth of Natural Order*. Cambridge, MA: Harvard University Press.

Hardt, M. and Negri, A. (2000) *Empire*. Cambridge, MA: Harvard University Press. （アントニオ・ネグリ，マイケル・ハート（水島一憲他訳）『＜帝国＞——グローバル化の世界秩序とマルチチュードの可能性——』以文社，2003 年）

Hardy, D. (1988) 'Historical Geography and Heritage Studies', *Area*, 20(4): 333-338.

Harley, J.B. (1988) 'Maps, knowledge and power', in D. Cosgrove and S. Daniels (eds) *The Iconography of Landscape: Essays on the Symbolic Representation, Design and Use of Past Environments*. Cambridge: Cambridge University Press, pp.277-312. （J.B. ハーリー「地図と知識，そして権力」，D. コスグローブ , S. ダニエルス共編（千田稔他訳）『風景の図像学』地人書房，2001 年，395-441 頁）

Harley, J.B. (1989a) 'Deconstructing the map', *Cartographica*, 26(2): 1-20.

Harley, J.B. (1989b) 'Historical geography and the cartographic illusion', *Journal of Historical Geography*, 15(1): 80-91.

Harman, C. (2009) *Zombie Capitalism*. London: Bookmarks.

Harreld, D.J. (2003) 'Trading places: the public and private spaces of merchants in sixteenth-century Antwerp', *Urban History*, 29(6): 657-669.

Harris, C. (1991) 'Power, modernity and Historical Geography', *Annals of the Association of American Geographers*, 81(4): 671-683.

Harris, C. (2004) 'How did colonialism dispossess? Comments from an edge of Empire', *Annals of the Association of American Geographers*, 94(1): 165-182.

Harris, C.D. (1997) '"The nature of cities" and urban geography in the last half-century', *Urban Geography*, 18: 15-35.

Harris, C.D. and Ullmann, E.L. (1945) 'The nature of cities', *Annals of the American Academy of Political and Social Science*, 242: 7-17.

Harris, R. and Sendbuehler, M. (1994) 'The making of a working-class suburb in Hamilton's East End, 1900-1945', *Journal of Urban History*, 20(4): 486-511.

Harvey, D. (1979) 'Monument and myth: the building of the Basilica of the Sacred Heart', *Annals of the Association of American Geographers*, 69(3): 362-381.

Harvey, D. (1985a) *The Urbanization of Capital: Studies in the History and Theory of Capitalist Urbanization, Volume 2*. Oxford: Blackwell. （デヴィッド・ハーヴェイ（水岡不二雄監訳）『都市の資本論——都市空間形成の歴史と理論——』青木書店，1991 年）

Harvey, D. (1985b) *Consciousness and the Urban Experience: Studies in the History and Theory of Capitalist Urbanisation*. Oxford: Blackwell.

Harvey, D. (1989) *The Urban Experience*. Baltimore, MD: Johns Hopkins University Press.

Harvey, D. (1990) *The Condition of Postmodernity: An Enquiry into the Origins of Cultural Change*. Cambridge, MA: Blackwell. （デヴィッド・ハーヴェイ（吉原直樹監訳）『ポストモダニティの条件』青木書店，1999 年）

Harvey, D. (1996) *Justice, Nature and the Geography of Difference*. Oxford: Blackwell.

Harvey, D. (2003) *The New Imperialism*. Oxford: Oxford University Press. （デヴィッド・ハーヴェイ（本橋哲也訳）『ニュー・インペリアリズム』青木書店，2005 年）

Harvey, D. (2004) 'Geographical knowledges/political powers', *Proceedings of the British Academy*, 122: 87-115.

Harvey, D. (2005a) *Paris, Capital of Modernity* (2nd edn). London: Routledge. （デヴィッド・ハーヴェイ（大城直樹他訳）『パリ——モダニティの首都——』青土社，2006 年）

Harvey, D. (2005b) *A Brief History of Neoliberalism*. Oxford: Oxford University Press.（デヴィッド・ハーヴェイ（森田成也他訳）『新自由主義――その歴史的展開と現在――』作品社，2007年）

Harvey, D. (2009) *Cosmopolitanism and the Geographies of Freedom*. New York: Columbia University Press.（デヴィッド・ハーヴェイ（大屋定晴他訳）『コスモポリタニズム――自由と変革の地理学――』作品社，2013年）

Harvey, D.C. (2003) '"National" identities and the politics of ancient heritage: continuity and change at ancient monuments in Britain and Ireland, c. 1675-1850', *Transactions of the Institute of British Geographers*, 28(4): 473-487.

Haslanger, S. (1995) 'Ontology and social construction', *Philosophical Topics*, 23(2): 95-125.

Hastings, A. (1997) *The Construction of Nationhood: Ethnicity, Religion and Nationalism*. Cambridge: Cambridge University Press.

Hedges, C. (2003) *War is a Force that Gives us Meaning*. New York: Anchor Books.（クリス・ヘッジズ（中谷和男訳）『戦争の甘い誘惑』河出書房新社，2003年）

Heffernan, M. (1995) 'For ever England: the western front and the politics of remembrance in Britain', *Ecumene*, 2(3): 293-323.

Heffernan, M. (1997) 'Editorial: the future of historical geography', *Journal of Historical Geography*, 23(1): 1-2.

Heffernan, M. (2000) 'Fin de siècle, fin du monde: on the origins of European geopolitics, 1890-1920', in K. Dodds and D. Atkinson (eds) *Geopolitical Traditions: A Century of Geopolitical Thought*. London: Routledge, pp.27-51.

Heffernan, M. (2001) 'History, geography, and the French national space: the question of Alsace-Lorraine', *Space and Polity*, 5(1): 27-48.

Heffernan, M. (2003) 'Histories of geography', in S.L. Holloway, S.P. Price and G. Valentine (eds) *Key Concepts in Geography*. London: Sage, pp.3-22.

Heffernan, M. (2014) 'Geography and the Paris Academy of Sciences: politics and patronage in early 18th-century France', *Transactions of the Institute of British Geographers*, 39(1): 62-75.

Helleiner, E. (1999) 'Historicizing territorial currencies: monetary space and the nation-state in North America', *Political Geography*, 18(3): 309-339.

Henderson, G. (1998) 'Review article: "Landscape is dead, long live landscape": a handbook for sceptics', *Journal of Historical Geography*, 24(1): 94-100.

Herbert, S. (1996) 'The geopolitics of the police: Foucault, disciplinary power and the tactics of the Los Angeles Police Department', *Political Geography*, 15(1): 47-59.

Hetherington, K. (1998) *Expressions of Identity: Space, Performance, Politics*. London: Sage.

Hewison, R. (1987) *The Heritage industry*. London: Methuen.

Hiebert, D. (1995) 'The social geography of Toronto in 1931: a study of residential differentiation and social structure', *Journal of Historical Geography*, 21(1): 55-74.

Himmelfarb, G. (1977) 'The Age of Philanthropy', *The Wilson Quarterly*, 21(2): 48-55.

Himmelfarb, G. (1985) *The Idea of Poverty: England in the Early Industrial Age*. New York: Vintage Books.

Hinchliffe, S. (2007) *Geographies of Nature*. London: Sage.

Hobsbawm, E. (1984) 'Introduction: inventing traditions', in E. Hobsbawm and T. Ranger (eds) *The Invention of Tradition*. Cambridge: Cambridge University Press, pp.1-14.（エリック・ホブズボウム「序論――伝統は創り出される――」，エリック・ホブズボウム，テ

レンス・レンジャー編(前川啓治他訳)『創られた伝統』紀伊国屋書店,1992年)
Hobsbawm, E. (1992) *Nations and Nationalism Since 1780: Programme, Myth, Reality*. Cambridge: Cambridge University Press. (E.J. ホブズボーム(浜林正夫他訳)『ナショナリズムの歴史と現在』大月書店,2001年)
Hobsbawm, E.J. (2007) *Globalisation, Democracy and Terrorism*. London: Abacus.
Hochschild, A. (1999) *King Leopold's Ghost: A Story of Greed, Terror and Heroism in Colonial Africa*. Boston: Houghton Mifflin Company.
Hoelscher, S. (1999) 'From sedition to patriotism: performance, place and the reinterpretation of American ethnic identity', *Journal of Historical geography*, 25(4): 534-558.
Hoelscher, S.D. and Alderman, D.H. (2004) 'Memory and place: geographies of a critical relationship', *Social and Cultural Geography*, 5(3): 347-355.
Holdsworth, D.W. (1997) 'Landscape and archives as texts', in P. Groth and T. Bressi (eds) *Understanding Ordinary Landscapes*. New Haven, CT: Yale University Press, pp.44-55.
Holdsworth, D. (2002) 'Historical geography: the ancients and the moderns-generational vitality', *Progress in Human Geography*, 26: 671-678.
Holdsworth, D. (2004) 'Historical geography: the octopus in the gardens and in the fields', *Progress in Historical Geography*, 28: 528-535.
Holt, T.C. (1992) *The Problem of Freedom: Race, Labor, and Politics in Jamaica and Britain, 1832-1938*. Baltimore, MD: Johns Hopkins University Press.
Hoogvelt, A. (2001) *Globalization and the Postcolonial World: The New Political Economy of Development* (2nd edn). Basingstoke: Palgrave.
Hopkins, A.G. (ed.) (2002) *Globalization in World History*. New York: W.W. Norton.
Horrell, S. and Humphries, J. (1995) 'Women's labour force participation and the transition of the male-breadwinner family, 1790-1865', *Economic History Review*, 48(1): 89-117.
Howell, P. (1993) 'Public space and public sphere: political theory and the historical geography of modernity', *Environment and Planning D: Society and Space*, 11(3): 303-322.
Howell, P. (2007) 'Foucault, sexuality, geography', in J. Crampton and S. Elden (eds) *Space, Knowledge and Power: Foucault and Geography*. Farnham: Ashgate.
Howell, P. (2009a) 'Sexuality', in R. Kitchin and N. Thrift (eds) *International Encyclopedia of Human Geography, Volume 10*. Oxford: Elsevier, pp.119-124.
Howell, P. (2009b) *Geographies of Regulation: Policing Prostitution in Nineteenth-Century Britain and the Empire*. Cambridge: Cambridge University Press.
Hoyt, H. (1939) *The Structure and Growth of Residential Neighborhoods in American Cities*. Washington, DC: Federal Housing Administration.
Hubbard, P. (2006) *City*. London: Routledge.
Hubbard, P., Faire, L. and Lilley, K. (2003) 'Memorials to modernity? Public art in the "city of the future"', *Landscape Research*, 28(2): 147-169.
Hugill, P. (1995) *Geography, Technology and Capitalism. World Trade since 1432*. Baltimore, MD: Johns Hopkins University Press.
Huntington, S.P. (1993) 'The clash of civilizations', *Foreign Affairs*, 72(3): 22-49.
Huntington, S.P. (1996) *The Clash of Civilizations and the Remaking of world Order*. New York: Simon & Schuster. (サミュエル・ハンチントン(鈴木主税訳)『文明の衝突』集英社,2004年)
Hyndman, J. (2007) 'Feminist geopolitics revisited: body counts in Iraq', *The Professional Geographer*, 59(1): 35-46.

I. B. Tauris Publishers (2009) 'Tauris hisotical geography series', www.ibtauris.com/pdf/historicalgeographyflyer.pdf (accessed 14 July 2009).

Ignatieff, M. (1999) 'The stories we tell: television and humanitarian aid,' *The Social Contract*, 10(1): 1-8.

Ignatieff, M. (2003) *Empire Lite: Nation-Building in Bosnia, Kosovo and Afghanistan.* Toronto: Penguin.

Ignatieff, M. (2004) *The Lesser Evil: Political Ethics in an Age of Terror.* Princeton, NJ: Princeton University Press.

Ingham, G. (1999) 'Capitalism, money and banking: a critique of recent historical sociology', *British Journal of Sociology*, 50(1): 76-96.

Jacobs, J.M. (1993) 'The city unbound: qualitative approaches to the city', *Urban Studies*, 30: 827-848.

Jameson, F. (1981) *The Political Unconscious: Narratives as a Socially Symbolic Act.* Ithaca, NY: Cornell University Press.（フレドリック・ジェイムソン（大橋洋一他訳）『政治的無意識――社会的象徴行為としての物語――』平凡社，1989年）

Jarman, N. (1998) 'Painting landscape: the place of murals in the symbolic construction of urban space', in A. Buckley (ed.) *Symbols in Northern Ireland.* Belfast: Institute of Irish Studies, pp.81-98.

Jarman, N. and Bryan, D. (1998) *From Riots to Rights: Nationalist Parades in the North of Ireland.* University of Ulster: Centre for the Study of Conflict.

Jenkins, L. (2006) 'Utopianism and urban change in Perreymond's plans for the rebuilding of Paris', *Journal of Historical Geography*, 32: 336-351.

Jerram, L. (2006) 'Kitchen sink dramas: women, modernity and space in Weimar Germany', *Cultural Geographies*, 13(4): 538-556.

Jezernik, B. (1998) 'Monuments in the winds of change', *International Journal of Urban and Regional Research*, 22(4): 582-588.

Jhaveri, N. (2004) 'Petroimperialism: US oil interests and the Iraq War', *Antipode*, 36(1): 2-11.

Johnson, C. (2000) *Blowback: The Costs and Consequences of American Empire.* New York: Metropolitan.

Johnson, C. (2004) *The Sorrows of Empire: Militarism, Secrecy, and the End of the Republic.* New York: Metropolitan.（チャルマーズ・ジョンソン（村上和久訳）『アメリカ帝国の悲劇』文藝春秋，2004年）

Johnson, N. (1996) 'Where geography and history meet: heritage tourism and the Big House in Ireland', *Annals of the Association of American Geographers*, 86(3): 551-566.

Johnson, N. (1999) 'Framing the past: time, space and the politics of heritage tourism in Ireland', *Political Geography*, 18(2): 187-207.

Johnson, N. (2000) 'Historical geographies of the present', in B. Graham and C. Nash (eds) *Modern Historical Geographies.* Harlow: Prentice Hall, pp.251-272.（ヌアラ・ジョンソン「現在の歴史地理」，ブライアン・グレアム，キャサリン・ナッシュ編（米家泰作他訳）『モダニティの歴史地理』下巻，古今書院，2005年，295-319頁）

Johnson, N. (2003) *Ireland, the Great War and the Geography of Remembrance.* Cambridge: Cambridge University Press.

Johnson, N.C. (1994) 'Sculpting heroic histories: celebrating the centenary of the 1789 rebellion in Ireland', *Transactions of the Institute of British Geographers*, 19(1): 78-93.

Johnson, N.C. (1995) 'Cast in stone: monuments, geography, and nationalism', *Environment and*

Planning D: Society and Space, 13(1): 51-65.
Johnston, R. (2001) 'Out of the "moribund backwater": territory and territoriality in political geography', *Political Geography*, 20: 677-693.
Johnston, R.J. (1971) *Urban Residential Patterns: An Introductory Review*. London: George Bell.
Jones, M. (2009) 'Phase space: geography, relational thinking, and beyond progress', *Progress in Human Geography*, 33(4): 487-506.
Jones, R. (2004) 'What time human geography?', *Progress in Human Geography*, 28(3): 287-304.
Jones, R. and Fowler, C. (2007) 'Placing and scaling the nation', *Environment and Planning D: Society and Space*, 25: 332-354.
Jowett, G. and Linton, J.M. (1989) *Movies as Mass Communication*. London: Sage.
Joyce, J. (1992 [1922]) *Ulysses*. London: Penguin.（ジェイムス・ジョイス（丸谷才一訳）『ユリシーズ』集英社，2012 年）
Kaplan, R. (2000) *The Coming Anarchy: Shattering the Dreams of the Post Cold War*. New York: Vintage Books.
Kaplan, R. (2012) *The Revenge of Geography: What the Map Tells Us About Coming Conflicts and the Battle Against Fate*. New York: Random House.（ロバート・D・カプラン（櫻井祐子訳）『地政学の逆襲――「影の CIA」が予測する覇権の世界地図――』朝日新聞出版，2014 年）
Kapoor, I. (2008) *The Postcolonial Politics of Development*. New York: Routledge.
Katz, C. (1996) 'Towards minor theory', *Environment and Planning D: Society and Space*, 14: 487-499.
Katz, C. (2003) 'Social formations: thinking about society, identity, power and resistance', in S.L. Holloway, S.P. Price and G. Valentine (eds) *Key Concepts in Geography*. London: Sage, pp.249-265.
Kaufman, E. and Nelson, L. (2012) 'Malthus, gender and the demarcation of "dangerous" bodies in 1996 US Welfare Reform', *Gender, Place and Culture*, 19(4): 429-448.
Kaye, H. (2000) 'Fanning the spark of hope in the past: the British Marxist historians', *Rethinking History: The Journal of Theory and Practice*, 4(3): 281-294.
Kearns, G. (1997) 'The imperial subject: geography and travel writing in the work of Halford Mackinder and Mary Kingsley', *Transactions of the Institute of British Geographers*, 22: 450-472.
Kearns, G. (1984) 'Closed space and political practice: Frederick Jackson Turner and Halford Mackinder', *Environment and Planning D: Society and Space*, 22: 23-34.
Kearns, G. (1998) 'The virtuous circle of facts and values in the New Western History', *Annals of the Association of American Geographers*, 88(3): 377-409.
Kearns, G. (2006a) 'The spatial poetics of James Joyce', *New Formations*, 57: 107-125.
Kearns, G. (2006b) 'Naturalising empire: echoes of Mackinder for the next American century?', *Geopolitics*, 11(1): 74-98.
Kearns, G. (2007) 'The history of medical geography after Foucault', in J. Crampton and S. Elden (eds) *Space, Knowledge and Power: Foucault and Geography*. Farnham: Ashgate, pp.205-222.
Kearns, G. (2009) *Geopolitics and Empire: The Legacy of Halford MacKinder*. Oxford: Oxford University Press.
Kearns, G. and Withers, C. (eds) (1991) *Urbanising Britain: Essays on Class and Community in*

the Nineteenth Century. Cambridge: Cambridge University Press.
Keen, D. (1994) *The Benefits of Famine: A Political Economy of Famine and Relief of Southwestern Sudan, 1993-1989*. Princeton, NJ: Princeton University Press.
Keighren, I.M. (2012) 'Fieldwork in the archive', in R. Phillips and J. Johns (eds) *Fieldwork for Human Geography*. London: Sage, pp.138-140.
Kelly, T. (2001) *Murals: the Bogside Artists*. Derry: Guildhall Press.
Kelleher, M (2002) 'Commemorating the Great Irish Famine', *Textual Practice*, 16(2): 249-276.
Kern, S. (1983) *The Culture of Space and Time, 1880-1918*. Cambridge, MA: Harvard University Press. (スティーヴン・カーン（浅野敏夫他訳）『時間と空間の文化——1880-1918年——』上・下巻，法政大学出版局，1993年)
Kiernan, V.G. (2005) *America: The New Imperialism*. London: Verso.
Kincaid, S. (2003) 'Democratic ideals and the urban experience', *Philosophy and Geography*, 6(2): 145-152.
Kingsnorth, P. (2005) *Your Countryside, Your Choice*. London: Campaign to Protect Rural England.
Kiple, K. (2007) *A Movable Feast: Ten Millennia of Food Globalization*. Cambridge: Cambridge University Press.
Kirsch, S. (1995) 'The incredible shrinking world? Technology and the production of space', *Environment and Planning D: Society and Space*, 13(5): 529-555.
Kneafsey, M. (1998) 'Tourism and place identity: a case-study in rural Ireland', *Irish Geography*, 31(2): 111-123.
Klein, N. (2004) 'Kerry and the gift of impunity', *The Nation*, 13 December.
Klein, N. (2007) *The Shock Doctrine: The Rise of Disaster Capitalism*. London: Allen Lane. (ナオミ・クライン（幾島幸子他訳）『ショック・ドクトリン——惨事便乗型資本主義の正体を暴く——』岩波書店，2011年)
Knowles, A.K. (2000) 'Introduction: historical GIS: the spatial turn in social science history', *Social Science History*, 24(3): 451-470.
Kobayashi, A. (2001) 'The nature of race', in N. Castree and B. Braun (eds) *Social Nature: Theory, Practice and Politics*. London: Blackwell, pp.64-83.
Kobayashi, A. and Peake, L. (2000) 'Racism out of place: thoughts on whiteness and an antiracist geography in the new millennium', *Annals of the Association of American Geographers*, 90(2): 392-403.
Kong, L. (1993) 'Political symbolism of religious building in Singapore', *Environment and Planning D: Society and Space*, 11(1): 23-45.
Kong, L. (1997) 'A "new" cultural geography? Debates about invention and reinvention', *Scottish Geographical Magazine*, 113(3): 177-185.
Kong, L. and Yeoh, B. (1996) 'Social construction of nature in urban Singapore', *Southeastern Asian Studies*, 34: 402-423.
Kong, L. and Yeoh, B. (1997) 'The construction of national identity through the production of ritual and spectacle', *Political Geography*, 16(3): 213-239.
Konvitz, J. (1990) 'The nation-state, Paris and cartography in eighteenth- and nineteenth century France', *Journal of Historical Geography*, 16(1): 3-16.
Kumar, S. (2006) 'The census and women's work in Rangoon, 1872-1931', *Journal of Historical Geography*, 32(2): 377-397.
Kuper, H. (1972) 'The language of sites in the politics of space', *American Anthropologist*, 74:

411-425.

Kuruvilla, C. (2012) 'Pope Benedict denounces gay marriage during his annual Christmas message', *New York Daily News*, 22 December. www.nydailynews.com/ news/world/ pope-denounces-gay-marriage-annual-xmas-message-article-1.1225960#ixzz2GjSPokCO (accessed 22 December 2012).

Lacey, N. (1998) *Image and Representation: Key Concepts in Media Studies*. New York: Palgrave.

Lambert, D. and Lester, A. (2004) 'Geographies of colonial philanthropy', *Progress in Human Geography*, 28(3): 320-341.

Lambert, D. (2005) *White Creole Culture, Politics and Identity during the Age of Abolition*. Cambridge: Cambridge University Press.

Landzelius, M. (2003) 'Commemorative dis(re)membering: erasing heritage, spatializing disinheritance?', *Environment and Planning D: Society and Space*, 21(2): 195-121.

Larsen, N. (2005 [2000]) 'Imperialism, colonialism, postcolonialism', in H. Schwarz and S. Ray (eds) *A Companion to Postcolonial Studies*. Oxford: Blackwell, pp.23-52.

Latour, B. (1998) *The Pasteurization of France*. Cambridge, MA: Harvard UniversityPress.

Law, J. (1987) 'On the social explanation of technical change: the case of Portuguese maritime expansion', *Technology and Culture*, 28: 227-252.

Lawton, R. (ed.) (1989) *The Rise and Fall of Great Cities: Aspects of Urbanisation in the Western World*. London: Belhaven Press.

Lawton, R. and Pooley, C.G. (1992) *Britain. An Historical Geography 1740-1950*. London: Arnold.

Lebow, N. (1976) *White Britain and Black Ireland: The Influence of Racial Stereotypes on Colonial Policy*. Philadelphia: ISHI.

Lefebvre, H. (1991) *The production of Space* (trans. D. Nicholson-Smith). Oxford: Blackwell.（アンリ・ルフェーブル（斎藤日出治訳）『空間の生産』青木書店，2000 年）

Legg, S. (2005) 'Foucault's population geographies: classifications, biopolitics and governmental spaces', *Population, Space and Place*, 11(3): 137-156.

Legg, S. (2006) 'Governmentality, congestion and calculation in colonial Delhi', *Social &Cultural Geography*, 7(5): 709-729.

Legg, S. (2007) *Spaces of Colonialism: Delhi's Urban Governmentalities*. London: Blackwell.

Legg, S. (2010a) 'Transnationalism and the scalar politics of imperialism', *New Global Studies*, 4(1): 1-7.

Legg, S. (2010b) 'An intimate and imperial feminism: Meliscent Shephard and the regulation of prostitution in colonial India', *Environment and Planning D: Society and Space*, 28(1): 68-94.

Lenin, V.I. (1969 [1916]) *Imperialism: The Highest Stage of Capitalism*. New York: International Publishing Company.（ウラジミール・レーニン（宇高基輔訳）『帝国主義――資本主義の最高の段階としての――』岩波書店, 1956 年）

Leslie, D. and Reimer, S. (2003) 'Gender, modern design, and home consumption', *Environment and Planning D: Society and Space*, 21: 293-316.

Lester, A. (2000) 'Historical geographies of imperialism', in B. Graham and G. Valentine (eds) *Key Thinkers on Space and Place*. London: Sage, pp.237-244.

Lester, A. (2001) *Imperial Networks: Creating Identities in Nineteenth Century South Africa and Britain*. London: Routledge.

Lester, A. (2002) 'Constructing colonial discourse: Britain, South Africa, and the Empire in the nineteenth century', in A. Blunt and C. McEwan (eds) *Postcolonial Geographies*. London: Continuum, pp.29-45.

Lester, A. (2012) 'Humanism, race and the colonial frontier', *Transactions of the Institute of British Geographers*, 37(1): 132-148.

Lester, A. (2013) 'Benevolent empire? Protecting indigenous peoples in British Australasia', in R. Crane, A. Johnston, and C. Vijayasree (eds) *Empire Calling: Administering Colonial Australasia and India*. New Delhi: Cambridge University Press, pp.3-23.

Lewis, P. (1983) 'Learning from looking: geographic and other writing about the American cultural landscape', *American Quarterly*, 35: 242-261.

Ley, D. (1983) *A Social Geography of the City*. New York: Harper & Row.

Ley, D. and Olds, K. (1988) 'Landscape as spectacle: world's fairs and the culture of heroic consumption', *Environment and Planning D: Society and Space*, 6(2): 191-212.

Li, T.M. (2007) *The Will to Improve: Governmentality, Development, and the Practice of Politics*. Durham, NC: Duke University Press.

Liao, S.M., Sandberg, A. and Roache, R. (2012) 'Human engineering and climate change', *Ethics, Policy and the Environment*, 15(2): 206-221.

Lilley, K.D. (2000) 'Mapping the medieval city: plan analysis and urban history', *Urban History*, 27(1): 5-30.

Lilley, K.D. (2004) 'Mapping cosmopolis: moral topographies of the medieval city', *Environment and Planning D: Society and Space*, 22(5): 681-698.

Linehan, D. (2000) 'An archaeology of dereliction: poetics and policy in the governing of depressed industrial districts in interwar England and Wales', *Journal of Historical Geography*, 26(1): 99-113.

Livingstone, D. (1990) 'Geography, tradition and the Scientific Revolution: an interpretative essay', *Transactions of the Institute of British Geographers*, 15: 359-373.

Livingstone, D. (1992) *The Geographical Tradition :Episodes in the History of a Contested Enterprise*. Oxford: Blackwell.

Livingstone, D. (2000) 'Making space for science', *Erdkunde*, 54(4): 285-296.

Livingstone, D. (2002) 'Race, Space and Moral Climatology: Notes Toward a Genealogy', *Journal of Historical Geography*, 28(2): 159-180.

Livingstone, D. (2005) 'Text, talk and testimony: geographical reflections on scientific habits. An afterward', *British Journal for the History of Science*, 38: 93-100.

Livingstone, D. and Withers, C. (2005) 'On geography and revolution', in D. Livingstone and C. Withers (eds) *Geography and Revolution*. Chicago: University of Chicago Press, pp.1-21.

Llewellyn, M. (2004) '"Urban village" or "white house": envisioned spaces, experienced places, and everyday life at Kensal House, London in the 1930s', *Environment and Planning D: Society and Space*, 22: 229-249.

Lloyd, J. and Johnson, L. (2004) 'Dream stuff: the postwar home and the Australian housewife, 1940-60', *Environment and Planning D: Society and Space*, 22: 251-272.

Logan, W.S. (2000) *Hanoi: Biography of a City*. Sydney: University of New South Wales Press.

Loomba, A. (1998) *Colonialism / Postcolonialism*. London: Routledge.

Lorimer, H. (2002) 'Sites of authenticity: Scotland's new parliament and official representations of the nation', in D.C. Harvey, R. Jones, N. McInroy and C. Milligan (eds) *Celtic Geographies: Old Cultures, New Times*. London: Routledge, pp.91-109.

Lorimer, H. (2003) 'Telling small stories: spaces of knowledge and the practice of geography', *Transactions of the Institute of British Geographers* (new series), 28(2): 197-217.

Lorimer, H. and Spedding, N. (2005) 'Locating field science: a geographical family expedition to Glen Roy, Scotland', *British Journal for the History of Science*, 38(1): 13-33.

Losurdo, D. (2011) *Liberalism: A Counter-history*. London: Verso.

Loughlin, J. (2007) *The British Monarchy and Ireland*. Cambridge: Cambridge University Press.

Lowenthal, D. (1994) 'Identity, heritage and history', in J.R. Gillis (ed.) *Commemorations: the Politics of National Identity*. Princeton, NJ: Princeton University Press, pp.41-57.

Lowenthal, D. (1998) *The Heritage Crusade and the Spoils of History*. Cambridge: Cambridge University Press.

Maalouf, A. (2001) *In the Name of Identity: Violence and the Need to Belong*. New York: Arcade.

MacCannell, D. (1992) *Empty Meeting Grounds: the Tourist Papers*. London: Routledge.

MacKenzie, D. (1984) 'Marx and the machine', *Technology and Culture*, 25(3): 473-502.

Maddrell, A. (1998) 'Discourses of race and gender and the comparative method in geography school texts 1830-1918', *Environment and Planning D: Society and Space*, 16(1): 81-103.

Madley, B. (2005) 'From Africa to Auschwitz: how German South West Africa incubated ideas and methods adopted and developed by the Nazis in Eastern Europe', *European History Quarterly*, 35(3): 429-464.

Malthus, T.R. (1989) *An Essay on the Principle of Population Volume II* (ed. Patricia James). Cambridge: Cambridge University Press. （トマス・ロバート・マルサス（斉藤悦則訳）『人口論』光文社，2011 年）

Mamdani, M. (1982) 'Karamoja: colonial roots of famine in north-east Uganda', *Review of African Political Economy*, 9(25): 66-73.

Mann, M. (2003) 'Mapping the country: European cartography and the cartographic construction of India, 1760-1790', *Science, Technology and Society*, 8(1): 25-46.

Marotti, A.F. (1997) 'Southwell's remains: Catholicism and anti-Catholicism in Early Modern England', in C.C. Brown and A. F. Marotti (eds) *Texts and Cultural Change in Early Modern England*. Basingstoke: Macmillan, pp.37-65.

Márquez, G.G. (1988) *Love in the Time of Cholera*. New York: Alfred A. Knopf. （ガブリエル・ガルシア＝マルケス（木村榮一訳）『コレラの時代の愛』新潮社，2006 年）

Marsh, G.P. (1864) *Man and Nature, or, Physical geography as Modified by Human Action*. New York: Charls Scribner.

Martin, G. (2005) *All Possible Worlds: A History of Geographical Ideas*. Oxford: Oxford University Press.

Martin, J. (2005) 'Identity', in D. Atkinson, P. Jackson, D. Sibley and N. Washbourne (eds) *Cultural Geography: A Critical Dictionary of Concepts*. London: I.B.Tauris, pp.97-102.

Marx, K. (1979 [1852]) *The Eighteenth Brumaire of Louis Napoleon*, in K. Marx and F. Engels, *Collected Works, XI*. London: Lawrence & Wishart. （カール・マルクス（植村邦彦訳）『ルイ・ボナパルトのブリュメール 18 日［初版］』平凡社，2008 年）

Marzot, N. (2002) 'The study of urban form in Italy', *Urban Morphology*, 6: 59-73.

Matless, D. (1992) 'An occasion for geography: landscape, representation, and Foucault's corpus', *Environment and Planning D: Society and Space*, 10(1): 41-56.

Matless, D. (1993) 'One man's England: W. G. Hoskins and the English culture of landscape', *Rural History*, 4(2): 187-207.

Matless, D. (1995) 'Effects of history', *Transactions of the Institute of British Geographers*,

20(4): 405-409.
Matless, D. (1996) 'Visual culture and geographical citizenship: England in the 1940s', *Journal of Historical Geography*, 22: 424-439.
Mayhew, R. (2001) 'The effacement of early modern geography (c. 1600-1850)', *Progress in Human Geography*, 25(3): 383-401.
Mayhew, R. (2005) 'Mapping science's imagined community: geography as a Republic of Letters', *British Journal for the History of Science*, 38: 73-92.
Mayhew, R. (2009) 'Historical Geography 2007-2008: Foucault's avatars - still in (the) Driver's seat', *Progress in Human Geography*, 33(3): 387-397.
Mbembe, A. (2003) 'Necropolitics', *Public Culture*, 15(1): 11-40.
McClintock, A. (1995) *Imperial Leather: Race, Gender and Sexuality in the Colonial Context*. London: Routledge.
McDowell, L. (1999) *Gender, Identity and Place*. Cambridge: Polity.
McDowell, L. and Sharp, J. (eds) (1997) *Space, Gender and Knowledge: Feminist Readings*. London: Arnold.
McEwan, C. (1998) 'Cutting power lines within the palace? Countering paternity and Eurocentrism in the "geographical tradition"', *Transactions of the Institute of British Geographers*, 23(3): 371-384.
McEwan, C. (2000) *Gender, Geography and Empire: Victorian Women Travellers in West Africa*. London: Ashgate.
McEwan, C. (2001) 'Postcolonialism, feminism and development: intersections and dilemmas', *Progress in Development Studies*, 1(2): 93-111.
McGurty, E. (1998) 'Trashy women: gender and the politics of garbage in Chicago, 1890-1917', *Journal of Historical Geography*, 26: 27-43.
McKibben, B. (2006) *The End of Nature*. New York: Random House.（ビル・マッキベン（鈴木主税訳）『自然の終焉――環境破壊の現在と近未来――』河出書房新社，1990 年）
Meinig, D.W. (ed.) (1979) *The Interpretation of Ordinary Landscapes*. New York: Oxford University Press.
Meinig, D.W. (2004) *The Shaping of America: A Geographical Perspective on 500 Years of History. Volume 4: Global America 1915-2000*. New Haven, CT: Yale University Press.
Merchant, C. (1980) *The Death of Nature: Women, Ecology, and the Scientific Revolution*. London: Harper & Row.（キャロリン・マーチャント（団まりな他訳）『自然の死――科学革命と女・エコロジー――』工作舎，1985 年）
Mies, M. (1986) *Patriarchy and Accumulation on a World Scale*. London: Zed Books.（ミース・マリア（奥田暁子訳）『国際分業と女性――進行する主婦化――』日本経済評論社，1997 年）
Mill, J.S. (1869) *The Subjection of Women*. New York: D. Appleton Co.（J.S. ミル（大内兵衛他訳）『女性の解放』岩波書店，1957 年）
Mills, S. (1999) 'Gender and colonial space', *Gender, Place and Culture*, 3(2): 125-147.
Minca, C. (2005) 'The return of the camp', *Progress in Human Geography*, 29(4): 405-412.
Mintz, S.W. (1986) *Sweetness and Power: the Place of Sugar in Modern History*. New York: Penguin Books.（シドニー・W・ミンツ（川北稔他訳）『甘さと権力――砂糖が語る近代史――』平凡社，1988 年）
Mirzoeff, N. (2005) *Watching Babylon: The War in Iraq and Global Visual Culture*. New York: Routledge.

Mitchell, D. (2000) *Cultural Geography: A Critical Introduction*. Oxford: Wiley-Blackwell.

Mitchell, D. (2003) 'Cultural landscapes: just landscapes or landscapes of justice?', *Progress in Human Geography*, 27(6):787-796.

Mitchell, K. (2005) 'Hybridity', in D. Atkinson, P. Jackson, D. Sibley and N. Washbourne (eds) *Cultural Geography: A Critical Dictionary of Concepts*. London: I.B.Tauris, pp.188-193.

Mitchell, T. (1991) *Colonizing Egypt*. Berkeley: University of California Press.

Mitchell, T. (2002) *Rule of Experts: Egypt, Techno-politics, Modernity*. Berkeley: University of California Press.

Moeckli, J. and Braun, B. (2001) 'Gendered natures: feminism, politics and social nature,' in N. Castree and B. Braun, *Social Nature: Theory, Practice and Politics*. London: Blackwell, pp.112-133.

Monty Python's Life of Brian (1979) Dir. Terry Jones, Cinema International Corp.

Moore, J. W. (2000) 'Sugar and the expansion of the early modern world-economy: commodity frontiers, ecological transformation, and industrialization', *Review*, 23(3): 409-433.

Moore, J.W. (2002) 'Remaking work, remaking space: spaces of production and accumulation on the reconstruction of American capitalism, 1865-1929', *Antipode*, 34(2): 176-204.

Moran, D. (2006) 'Soviet cartography set in stone: the "map of industrialisation"', *Environment and Planning D: Society and Space*, 24(5): 671-689.

Morgan, P. (1984) 'From a death to a view: the hunt for the Welsh past in the Romantic period', in E. Hobsbawm and T. Ranger (eds) *The Invention of Tradition*. Cambridge: Cambridge University Press, pp.43-100. (プリス・モルガン（前川啓治訳）「死から展望へ——ロマン主義時代におけるウェールズ的過去の探求——」, エリック・ホブズボウム, テレンス・レンジャー編（前川啓治他訳）『創られた伝統』紀伊国屋書店, 1992年)

Morin, K. (2004) 'Edward W. Said', in P. Hubbard, R. Kitchin and G. Valentine (eds) *Key Thinkers on Space and Place*. London: Sage, pp.237-244.

Morin, K. and Berg, L. (2001) 'Gendering resistance: British colonial narratives of wartime New Zealand', *Journal of Historical Geography*, 27(2): 196-222.

Morrissey, J. (2003) *Negotiating Colonialism*. London: HGRG, Royal Geographical Society.

Morrissey, J. (2004a) 'Geography militant: resistance and the essentialisation of identity in Colonial Ireland', *Irish Geography*, 37(2): 166-176.

Morrissey, J. (2004b) 'Contours of colonialism: Gaelic Ireland and the early colonial subject', *Irish Geography*, 37(1): 88-102.

Morrissey, J. (2005a) 'Cultural geographies of the contact zone: Gaels, Galls and overlapping territories in late medieval Ireland', *Social and Cultural Geography*, 6(4): 551-566.

Morrissey, J. (2005b) 'A lost heritage: the Connaught Rangers and multivocal Irishness', in M. McCarthy (ed.) *Ireland's Heritages: Critical Perspectives on Memory and Identity*. Aldershot: Ashgate, pp.71-87.

Morrissey, J. (2006) 'Ireland's Great War: representation, public space and the place of dissonant heritages', *Journal of Galway Archaeological and Historical Society*, 58: 98-113.

Morrissey, J. (2009) 'The geoeconomic pivot of the global war on terror: US Central Command and the war in Iraq', in D. Ryan and P. Kiely (eds) *America and Iraq: Policy-Making, Intervention and Regional Politics*. New York: Routledge, pp.103-122.

Morrissey, J. (2011a) 'Closing the neoliberal gap: risk and regulation in the long war of securitization', *Antipode*, 43(3): 874-900.

Morrissey, J. (2011b) 'Liberal lawfare and biopolitics: US juridical warfare in the war on terror',

Geopolitics, 16(2): 280-305.
Moudon, A.V. (1997) 'Urban morphology as an emerging interdisciplinary field', *Urban Morphology*, 1: 3-10.
Mulligan, A. (2002) 'A forgotten "Greater Ireland": the transatlantic development of Irish nationalism', *Scottish Geographical Journal*, 118(3): 219-234.
Mumford, L. (1961) *The City in History*. Harmondsworth: Penguin.（ルイス・マンフォード（生田勉訳）『歴史の都市 明日の都市』新潮社，1969 年）
Nally, D. (2004) 'Incorrigible Venice and the war against cliché', *Environment and Planning D: Society and Space*, 22(1): 295-312.
Nally, D. (2008) '"That coming storm": the Irish Poor Law, colonial biopolitics, and the Great Famine', *Annals of the Association of American Geographers*, 98(3): 714-741.
Nally, D. (2009) 'Historical Geographies of Ethnicity and Resistance', in Rob Kitchin and Nigel Thrift (eds) *International Encyclopedia of Human Geography, Volume 3*. Oxford: Elsevier, pp.620-625.
Nally, D. (2011a [2010]) 'The biopolitics of food provisioning', *Transactions of the Institute of British Geographers*, 36(1): 37-53.
Nally, D. (2011b) *Human Encumbrances: Political Violence and the Great Irish Famine*, Notre Dame, IN: University of Notre Dame Press.
Nally, D. (2012) 'Trajectories of development, modalities of enclosure: land grabs and the struggle over geography', in P. J. Duffy and W. Nolan (eds) *At the Anvil: Essays in Honour of William J. Smyth*. Dublin: Geography Publications, pp.653-676.
Nally, D. and Kearns, G. (2011) 'A closer look at famine: drought is only part of what's happening in East Africa', *Chronicle of Higher Education*, 58(9): 10-12.
Nash, C. (1993) '"Embodying the nation": the West of Ireland landscape and Irish identity', in B. O'Connor and M. Cronin (eds) *Tourism in Ireland: A Critical Analysis*. Cork: Cork University Press, pp.86-112.
Nash, C. (2000a) 'Historical geographies of modernity', in B. Graham and C. Nash (eds) *Modern Historical Geographies*. Harlow: Prentice Hall, pp.13-37.（キャサリン・ナッシュ「モダニティの歴史地理」ブライアン・グレアム，キャサリン・ナッシュ編（米家泰作他訳）『モダニティの歴史地理』上巻，古今書院，2005 年，15-48 頁）
Nash, C. (2000b) 'Environmental history, philosophy and difference', *Journal of Historical Geography*, 26(1): 23-27.
Nash, C. and Graham, B. (2000) 'The making of modern historical geographies', in B. Graham and C. Nash (eds) *Modern Historical Geographies*. Harlow: Prentice Hall, pp.1-9.（キャサリン・ナッシュ，ブライアン・グレアム「モダンな歴史地理ができあがるまで」，ブライアン・グレアム，キャサリン・ナッシュ編（米家泰作他訳）『モダニティの歴史地理』上巻，古今書院，2005 年，1-12 頁）
Nash, R. (1967) *Wilderness and the American Mind*. Yale, CT: Yale University Press.（R.F. ナッシュ（松野弘監訳）『原生自然とアメリカ人の精神』ミネルヴァ書房，2015 年）
Nayak, A. and Jeffrey, A. (2011) *An Introduction to Geographical Thought*. Harlow: Pearson.
Naylor, S. (2005) 'Historical geography: knowledge, in place and on the move', *Progress in Human Geography*, 29: 626-633.
Nixon. R. (2011) *Slow Violence and the Environmentalism of the Poor*. Cambridge, MA: Harvard University Press.
Ó Tuathail, G. (1993) 'The effacement of place: US foreign policy and the spatiality of the Gulf

Crisis', *Antipode*, 25(1): 4-31.
Ó Tuathail, G. (1996) *Critical Geopolitics: The Politics of Writing Global Space*. Minneapolis: University of Minnesota Press.
Ó Tuathail, G. (2003) '"Just out looking for a fight": American affect and the invasion of Iraq', *Antipode*, 35(5): 856-870.
Ogborn, M. (1996) 'History, memory and the politics of landscape and space: work in historical geography from autumn '94 to autumn '95', *Progress in Human Geography*, 2(2): 222-229.
Ogborn, M. (1998) *Spaces of Modernity. London's Geographies, 1680-1780*. New York: Guilford Press.
Ogborn, M. (2000) 'Historical geographies of globalisation, C. 1500-1800', in B. Graham and C. Nash (eds) *Modern Historical Geographies*. Harlow: Prentice Hall, pp.43-69.（マイルズ・オグボーン「グローバリゼーションの歴史地理」，ブライアン・グレアム，キャサリン・ナッシュ編（米家泰作他訳）『モダニティの歴史地理』上巻，古今書院，2005 年，51-84 頁）
Ogborn, M. (2002) 'Writings travels: power, knowledge and ritual on the English East India Company's early voyages', *Transactions of the Institute of British Geographers*, 27: 155-171.
Ogborn, M. (2003) 'Finding historical data', in N.J. Clifford and G. Valentine (eds) *Key Methods in Geography*. London: Sage, pp.101-115.
Ogborn, M. (2004) 'Geographia's pen: writing, geography and the arts of commerce, 1660-1760', *Journal of Historical Geography*, 30: 294-315.
Ogborn, M. (2007) *Indian Ink: Script and Print in the Making of the English East India Company*. Chicago: University of Chicago Press.
Ogborn, M. (2008) *Global Lives: Britain and the world 1550-1800*. Cambridge: Cambridge University Press.
Olund, E. (2002) 'From savage space to governable space: the extension of the United States judicial sovereignty over Indian country in the nineteenth century', *Cultural Geographies*, 9(2): 129-157.
Osborne, B.S. (1998) 'Constructing landscapes of power: the George Etienne Cartier monument, Montreal', *Journal of Historical Geography*, 24(4): 431-458.
Paasi, A. (1991) 'Deconstructing regions: notes on the scales of spatial life', *Environment and Planning A*, 23: 239-254.
Paasi, A. (1996) *Territories, Boundaries and Consciousness: The Changing Geographies of the Finnish-Russian Border*. Chichester: Wiley.
Pacione, M. (2005) *Urban Geography: A Global Perspective*. London: Routledge.
Parenti, C. (2011) *Tropic of Chaos: Climate Change and the New Geography of Violence*. New York: Nation Books.
Peet, R. (1998) *Modern Geographic Thought*. Oxford: Blackwell.
Peet, R. (2009) *Unholy Trinity: The IMF, World Bank and WTO* (2nd edn). London: Zed Press.
Pelling, M. (2001) 'Natural disasters?', in N. Castree and B. Braun (eds) *Social Nature: Theory, Practice and Politics*. London: Blackwell, pp.170-188.
Perkins, C. (2003) 'Cartography and graphicacy', in N.J. Clifford and G. Valentine (eds) *Key Methods in Geography*. London: Sage, pp.343-368.
Perkins, J. (1997) *Geopolitics and the Green Revolution: Wheat, Genes, and the Cold War*. Oxford: Oxford University Press.

Phillips, R. (1999) 'Writing travel and mapping sexuality: Richard Burton's sotadic zone', in J. Duncan and D. Gregory (eds) *Writes of Passage: Reading Travel Writing*. London: Routledge, pp.70-91.

Philo, C. (1987) '"Fit localities for an asylum": the historical geography of the nineteenth-century "mad business" in England as viewed through the pages of the Asylum Journal', *Journal of Historical Geography*, 13: 398-415.

Philo, C. (1992) 'Foucault's geography', *Environment and Planning D: Society and Space*, 10(2): 137-161.

Philo, C. (1998) 'A "lyffe in pyttes and caves": exclusionary geographies of the West Country tinners', *Geoforum*, 29(2): 159-172.

Philo, C. (2000a) 'Foucault's Geography', in M. Crang and N. Thrift (eds) *Thinking Space*. London: Routledge, pp.205-238.

Philo, C. (2000b) '"The Birtit of the Clinic": an unknown work of medical geography', *Aeea*, 32(1): 11-19.

Philo, C. (2004) *A Geographical History of Institutional Provision for the Insane from Medieval Times to the 1860s in England and Wales: 'The Space Reserved for Insanity'*. Lampeter: Edwin Mellen Press.

Pickles, J. (1992) 'Text, hermeneutics and propaganda maps', in T. Barnes and J. Duncan (eds) *Writing Worlds: Discourse, Text and Metaphor*. London: Routledge, pp.193-230.

Pickles, J. (ed.) (1995) *Ground Truth: The Social Implications of Geographic Information Systems*. New York: Guilford Press.

Pinard, J. (1988) 'The impact of industrialization on the development of the rural environment of the Poitou-Charentes district in the 19th and 20th centuries', *Geografiska Annaler B*, 70(1): 219-225.

Pinder, D. (2000) '"Old Paris is no more": geographies of spectacle and anti-spectacle', *Antipode*, 32(4): 357-386.

Pittock, M. (1991) *The Invention of Scotland*. London: Routledge.

Ploszajska, T. (2000) 'Historiographies of geography and empire', in B. Graham and C. Nash (eds) *Modern Historical Geographies*. Harlow: Prentice Hall, pp.121-145.（テリーサ・パシャウスカ「地理と帝国の歴史」，ブライアン・グレアム，キャサリン・ナッシュ編（米家泰作他訳）『モダニティの歴史地理』上巻，古今書院，2005年，145-174頁）

Pogge, T. (2002) *World Poverty and Human Rights: Cosmopolitan Responsibilities and Reforms*. Polity: Cambridge.

Polanyi, K. (2001) *The Great Transformation: The Political and Economic Origins of Our Times*. Boston: Beacon Press.（カール・ポラニー（野口建彦他訳）『［新訳］大転換——市場社会の形成と崩壊——』東洋経済新報社，2009年）

Pomeranz, K. (2000) *The Great Divergence: China, Europe, and the Making of the Modern World Economy*. Princeton NJ: Princeton University Press.（K・ポメランツ（川北稔監訳）『大分岐——中国，ヨーロッパ，そして近代世界経済の形成——』名古屋大学出版会，2015年）

Pope Benedict XVI (2012) 'Address of His Holiness Benedict XVI on the occasion of Christmas greetings to the Roman Curia', Clementine Hall, 21 December. www.vatican.va/holy_father/benedict_xvi/speeches/2012/december/documents/hf_ben_xvi_spe_20121221_auguri-curia_en.html (accessed 21 December 2012).

Powell, J.M. (2000) 'Historical geographies of the environment', in B. Graham and C. Nash (eds)

Modern Historical Geographies. London: Pearson, pp.169-192.（J・M・パウエル「環境の歴史地理」, ブライアン・グレアム, キャサリン・ナッシュ編（米家泰作他訳）『モダニティの歴史地理』下巻, 古今書院, 2005年, 203-225頁）

Power, M. (2001) 'Geo-politics and the representation of Portugal's African colonial wars: examining the limits of "Vietnam Syndrome"', *Political Geography*, 20(4):461-491.

Prakash, G. (1999) *Another Reason: Science and the Imagination of Modern India*. Princeton, NJ: Princeton University Press.

Pratt, M.L. (1992) *Imperial Eyes: Travel Writing and Transculturation*. London: Routledge.

Pratt, M.L. (1994) 'Transculturation and autoethnography: Peru, 1615-1980', in F. Barker, P. Hulme and M. Iversen (eds) *Colonial Discourse / Postcolonial Theory*. Manchester: Manchester University Press, pp.24-46.

Pred, A. (1990) *Lost Words and Lost Worlds: Modernity and the Language of Everyday Life in Later Nineteenth-Century Stockholm*. Cambridge: Cambridge University Press.

Pred, A. (1995) *Recognizing European Modernities: A Montage of the Present*. London: Routledge.

Prince, M. and Lewis, M. (1993) 'The reinvention of cultural geography', *Annals of the Association of American Geographers*, 83(1): 1-17.

Proudfoot, L. (2000) 'Hybrid space? Self and Other in narratives of landownership in nineteenth century Ireland', *Journal of Historical Geography*, 26(2): 203-221.

Pugin, A. (1836) *Contrasts: Or, A Parallel Between the Noble Edifices of the Fourteenth and Fifteenth Centuries and Similar Buildings of the Present Day. Shewing the Present Decay of Taste*. London: James Moyes.

Rabinow, P. (1995) *French Modern: Norms and Forms of the Social Environment*. Chicago: University of Chicago Press.

Rahnema, M. (ed.) (1997) *The Post-Development Reader*. London: Zed.

Raivo, P.J. (1997) 'The limits of tolerance: the Orthodox milieu as an element in the Finnish cultural landscape, 1917-1939', *Journal of Historical Geography*, 23(3): 327-339.

Raju, S., Kumar, M.S. and Corbridge, S. (eds) (2006) *Colonial and Post-Colonial Geographies of India*. New Delhi: Sage.

Renan, E. (1990) 'What is a nation?', in H. Bhabha (ed.) *Nation and Narration*. London: Routledge, pp.8-22.

RETORT (2005) *Afflicted Powers: Capital and Spectacle in a New Age of War*. London: Verso.

Revill, G. (2005) 'Railway labour and the geography of collective bargaining: the Midland Railway strikes of 1879 and 1887', *Journal of Historical Geography*, 31(1): 17-40.

Ritchie, I. (2004) *The Spire*. London: Categorical Books.

Robbins, P. (1998) 'Population and pedagogy: the geography classroom after Malthus', *Journal of Geography*, 97(6): 241-252.

Robbins, P. and Moore, S.A. (2012) 'Ecological anxiety disorder: diagnosing the politics of the Anthropocene', *Cultural Geographies*, 20(1): 3-19.

Roberts, W. (2005) 'Sovereignty, biopower and the state of exception: Agamben, Butler and indefinite detention', *Journal for the Arts, Sciences, and Technology*, 3(1): 33-40.

Robertson, I. and Richards, P. (eds) (2003) *Studying Cultural Landscapes*. London: Hodder Arnold.

Rogoff, I. (2000) *Terra Inferma: Geography's Visual Culture*. London: Routledge.

Rolston, B. (1991) *Politics and Painting: Murals and Conflict in Northern Ireland*. Cranbury, NJ:

Associated University Presses.

Rolston, B. (1992) *Drawing Support: Murals in the North of Ireland*. Belfast: Beyond the Pale Publications.

Rolston, B. (1995) *Drawing Support 2: Murals of War and Peace*. Belfast: Beyond the Pale Publications.

Rolston, B. (2003) 'Changing the political landscape: murals and transition in Northern Ireland', *Irish Studies Review*, 11(1): 3-16.

Rose, G. (1993) *Feminism and Geography*. Cambridge: Polity Press.（ジリアン・ローズ（吉田容子他訳）『フェミニズムと地理学——地理学的知の限界——』地人書房, 2001 年）

Rose, G. (1996) 'Teaching visualised geographies: towards a methodology for the interpretation of visual materials', *Journal of Geography in Higher Education*, 20(3): 281-294.

Rose, G. (2007) *Visual Methodologies: An Introduction to the Interpretation of Visual Materials* (2nd edn). London: Sage.

Rose, M. (2002) 'The seductions of resistance: power, politics, and a performative style of systems', *Environment and Planning D: Society and Space*, 20: 383-400.

Rose, N. (1999) *Powers of Freedom: Reframing Political Thought*. Cambridge: Cambridge University Press.

Rose, N. (2007) *The Politics of Life Itself: Biomedicine, Power, and Subjectivity in the Twentieth-First Century*. Princeton, NJ: Princeton University Press.（ニコラス・ローズ（小倉拓也他訳）『生そのものの政治学——二十一世紀の生物医学，権力，主体性——』法政大学出版局，2014 年）

Rose-Redwood, R. (2005) 'Governmentality, geography and the geo-coded world', *Progress in Human Geography*, 30(4): 469-486.

Rose-Redwood, R. (2006a) 'Indexing the great ledger of the community: urban house numbering, city directories, and the production of spatial legibility', *Journal of Historical Geography*, 34(2): 286-310.

Rose-Redwood, R. (2006b) 'Governmentality, geography, and the geo-coded world', *Progress in Human Geography*, 30(4): 469-486.

Routledge, P. (1997) 'A spatiality of resistances: theory and practice in Nepal's revolution of 1990', in S. Pile and M, Keith (eds) *Geographies of Resistance*. London: Routledge, pp.68-86.

Royle, S. (1991) 'The socio-spatial structure of Belfast in 1837: evidence from the First Valuation', *Irish Geography*, 24(1): 1-9.

Ryan, J. (1994) 'Visualizing imperial geography: Halford Mackinder and the Colonial Office Visual Instruction Committee, 1902-1911', *Ecumene*, 1: 157-176.

Ryan, J. (2005) 'Photography, visual revolutions, and Victorian Geography', in D.N. Livingstone and C. Withers (eds) *Geography and Revolution*. Chicago: University of Chicago Press, pp.199-238.

Sachs, W. (ed.) (2010) *The Development Dictionary: A Guide to Knowledge as Power*. 2nd edition. London: Zed Books.

Sack, R.D. (1986) *Human Territoriality: Its Theory and History*. Cambridge: Cambridge University Press.（本書第 2・4・5 章の部分翻訳が次の雑誌に掲載されている．『空間・社会・地理思想』11，2007 年）

Sack, R.D. (1992) *Place, Modernity and the Consumer's World*. Baltimore, MD: Johns Hopkins University Press.

Said, E. (2003 [1978]) *Orientalism: Western Conceptions of the Orient*. New York: Pantheon.（エドワード・W・サイード（今沢紀子訳）『オリエンタリズム』上・下巻，平凡社，1993 年）

Said, E. (1983) *The World, the Text and the Critic*. Cambridge, MA: Harvard University Press.（エドワード・W・サイード（山形和美訳）『世界・テキスト・批評家』法政大学出版局，1995 年）

Said, E. (1993) *Culture and Imperialism*. New York: Vintage Books.（エドワード・W・サイード（大橋洋一訳）『文化と帝国主義』みすず書房，1998 年）

Said, E. (1997 [1981]) *Covering Islam: How the Media and the Experts Determine How We See the Rest of the World*. London: Vintage.（エドワード・W・サイード（浅井信雄他訳）『イスラム報道　[増補版]』みすず書房，2003 年）

Said, E. (2000) *Reflections on Exile and Other Essays*. Cambridge, MA: Harvard University Press.（エドワード・W・サイード（大橋洋一他訳）『故国喪失についての省察』上・下巻，みすず書房，2006-2009 年）

Santayana, G. (1980 [1905]) *The Life of Reason, Volume 1* (first published Chrales Scribner's Sons, New York). New York: Dover Publications.

Santiago-Valles, K. (2006) '"Bloody legislations", "entombment" and race making in the Spanish Atlantic: differentiated spaces of general(ized) confinement in Spain and Puerto Rico, 1750-1840', *Radical History Review*, 96: 33-57.

Sauer, C.O. (1963 [1925]) 'The morphology of landscape', in J. Leighly (ed.) *Land and Life: A Selection from the Writings of Carl Ortwin Sauer*. Berkeley: University of California Press, pp.315-350.

Sayer, A. and Storper, M. (1997) 'Guest editorial essay. Ethics unbound: for a normative turn in social theory', *Environment and Planning D: Society and Space*, 15(1): 1-17.

Schama, S. (1996) *Landscape and memory*. New York: Vintage.（サイモン・シャーマ（高山宏他訳）『風景と記憶』河出書房新社，2005 年）

Schein, R. (1993) 'Representing urban America: nineteenth century views of landscape, space and power', *Environment and Planning D: Society and Space*, 11(1): 7-21.

Schein, R. (2011) 'Life, liberty and the pursuit of historical geography', *Historical Geography*, 39: 7-28.

Schivelbusch, W. (1987) *The Railway Journey: the Industrialisation and Perception of Time and Space*. Berkeley: University of California Press.

Schmidt, A. (1971) *The Concept of Nature in Marx*. London: New Left Review.

Schmiechen, J.A. (1988) 'The Victorians, the historians, and the idea of modernism', *American Historical Review*, 93(2): 287-316.

Schouten, F.F.J. (1995) 'Heritage as historical reality', in D.T. Herbert (ed.) *Heritage, Tourism and Society*. London: Mansell, pp.21-31.

Schwarz, J. (1996) 'The geography lesson: photographs and the construction of imaginative geographies', *Journal of Historical Geography*, 22: 16-45.

Schwartz, J. and Ryan, J. (eds) (2003) *Picturing Place: Photography and the Geographical Imagination*. London: I.B. Tauris.

Scobey, D. (1992) 'Anatomy of the promenade: the politics of bourgeois sociability in nineteenth-century New York', *Social History*, 17(2): 203-227.

Scott, D. (1995) 'Colonial governmentality', *Social Text*, 43: 191-220.

Scott, J. (1998) *Seeing Like a State: How Certain Schemes to Improve the Human Condition*

Have Failed. New Haven, CT: Yale University Press.
Sen, A. (2006) *Identity and Violence: The Illusion of Destiny*. New York: W.W. Norton and Company.（アマルティア・セン（東郷えりか訳）『アイデンティティと暴力――運命は幻想である――』勁草書房，2011年）
Shapin, S. (1998) 'Placing the view from nowhere: historical and sociological problems in the location of science', *Transactions of the Institute of British Geographers*, 23: 5-12.
Shapin, S. and Schaffer, S. (1985) *Leviathan and the Air-pump: Hobbes, Boyle, and the Experimental Life*. Princeton: Princeton University Press.（スティーヴン・シェイピン，サイモン・シャッファー（吉本秀之監訳）『リヴァイアサンと空気ポンプ――ホッブズ，ボイル，実験的生活――』名古屋大学出版会，2016年）
Shapiro, M.J. (1997) *Violent Cartographies: Mapping Cultures of War*. Minneapolis: University of Minnesota Press.
Sharp, J.P. (2009) *Geographies of Postcolonialism*. London: Sage.
Shaw, D. (2005) 'Mapmaking, science and state building in Russia before Peter the Great', *Journal of Historical Geography*, 31(3): 409-429.
Sheppard, E. (2006) 'David Harvey and dialectical space-time', in N. Castree and D. Gregory (eds) *David Harvey: a Critical Reader*. Oxford: Blackwell, pp.121-141.
Shiva, V. (2000) *Stolen Harvest: The Hijacking of the Global Food Supply*. Cambridge, MA: South End Press.（ヴァンダナ・シヴァ（浦本昌紀監訳）『食糧テロリズム――多国籍企業はいかにして第三世界を飢えさせているか――』明石書店，2006年）
Shiva, V. (2010) 'Resources', in W. Sachs (ed.) *The Development Dictionary: A Guide to Knowledge as Power* (2nd edn). London: Zed Books, pp.228-242.（ヴァンダナ・シヴァ「資源」，ヴォルフガング・ザックス編（三浦清隆他訳）『脱「開発」の時代――現代社会を解読するキイワード辞典――』晶文社，1996年）
Shurmer-Smith, P. (2002) 'Reading texts', in P. Shurmer-Smith (ed.) *Doing Cultural Geography*. London: Sage, pp.123-136.
Sibley, D. (1995) *Geographies of Exclusion. Society and Difference in the West*. London: Routledge.
Sidaway, J. (1998) 'What is in a Gulf? From the 'arc of crisis' to the Gulf War', in G. Ó Tuathail and S. Dalby (eds) *Rethinking Geopolitics*. London: Routledge, pp.224-239.
Silberstein, S. (2002) *War of Words: Language, Politics and 9/11*. London: Routledge.
Simmons, I.G. (1998) '"To civility and to man's use": history, culture, and nature', *Geographical Review*, 88(1): 114-126.
Simms, A. (1979) 'Medieval Dublin: a topographical analysis', *Irish Geography*, 12: 25-41.
Simms, A., Clarke, H.B. and Gillespie, R. (eds) (1986) *Irish Historic Towns Atlas*. Dublin: Royal Irish Academy.
Simms, A. (2000) 'Perspectives on Irish settlement studies', in T. Barry (ed.) *A History of Settlement in Ireland*. London: Routledge, pp.228-247.
Simms, A. and Kealy, L. (2007) 'The study of urban form in Ireland', *Urban Morphology*, 12(1): pp.37-45.
Skinner, R. and Lester, A. (2012) 'Humanitarianism and empire: new research agendas', *Journal of Imperial and Commonwealth History*, 40(5): 729-747.
Slater, T.R. (1990) 'Starting again: recollections of an urban morphologist', in T.R. Slater (ed.) *The Built Form of Western Cities: Essays for M.R.G. Conzen on the Occasion of his Eightieth Birthday*. Leicester: Leicester University Press, pp.3-22.

Smith, N. (1984) *Uneven Development*. Oxford: Blackwell.
Smith, N. (1992) 'History and philosophy of geography: real wars, theory wars', *Progress in Human Geography*, 16(2): 257-271.
Smith, N. (1993) 'Homeless/global: scaling places', in J. Bird, B. Curtis, T. Putman, G. Robertson and L. Tickner (eds) *Mapping the Futures: Local Cultures, Global Change*. London: Routledge, pp.87-119.
Smith, N. (2000) 'What happened to class?', *Environment and Planning A*, 32: 1011-1031.
Smith, N. (2003) *American Empire: Roosevelt's Geographer and the Prelude to Globalization*. Berkeley: University of California Press.
Smith, N. (2005) *The Endgame of Globalization*. New York: Routledge.
Smith, N. (2006) 'There's no such thing as a natural disaster', 11 June, http://understandingkatrina.ssrc.org/Smith/.
Smith, N. (2008a) *Uneven Development: Nature, Capital and the Production of Space* (3rd edn). Athens, GA: University of Georgia Press.
Smith, N. (2008b) 'What happend to class?', *Environment and Planning A*, 32:1011-1031.
Söderström, O. (2005) 'Representation', in D. Atkinson, P. Jackson, D. Sibley and N. Washbourne (eds) *Cultural Geography: A Critical Dictionary of Concepts*. London: I.B. Tauris, pp.11-15.
Soja, E. (1989) *Postmodern Geographies. The Reassertion of Space in Critical Social Theory*. London: Verso Press.（エドワード・ソジャ（加藤政洋他訳）『ポストモダン地理学――批判的社会理論における空間の位相――』青土社，2003 年）
Somdahl-Sands, K. (2008) 'Citizenship, civic memory, and urban performance: *Mission Wall Dances*', *Space and Polity*, 12(3): 329-353.
Sparke, M. (1998) 'A map that roared and an original atlas: Canada, cartography, and the narration of nation', *Annals of the Association of American Geographers*, 88(3): 463-495.
Sparke, M. (2007a) 'Everywhere but always somewhere: critical geographies of the Global South', *The Global South*, 1(1/2): 117-126.
Sparke, M. (2007b) 'Geopolitical fears, geoeconomic hopes, and the responsibilities of geography', *Annals of the Association of American Geographers*, 97(2): 338-349.
Sparke M. (2007c) 'Acknowledging responsibility for space', *Progress in Human Geography*, 31(3): 395-403
Spivak, G. (1987) *In Other Worlds: Essays in Cultural Politics*. New York: Methuen.（ガヤトリ・C・スピヴァック（鈴木聡他訳）『文化としての他者』紀伊國屋書店，2000 年）
Stoler, A. (1995) *Race and the Education of Desire: Foucault's History of Sexuality and the Colonial Order of Things*. Durham, NC: Duke University Press.
Steger, M.B. (2005) *Globalism: Market Ideology Meets Terrorism* (2nd edn). Lanham, MD; Oxford: Rowman & Littlefield.
Steger, M.B. (2009a) *Globalisms: The Great Ideological Struggle of the 21st Century* (3rd edn). Lanham, MD; Oxford: Rowman & Littlefield.
Steger, M.B. (2009b) *Globalization: A Very Short Introduction* (2nd edn). Oxford: Oxford University Press.（マンフレッド・B・スティーガー（櫻井公人他訳）『グローバリゼーション』岩波書店，2013 年）
Steinberg, P. (2000) 'Place, power, and paternalism: imagined histories and welfare capitalism in Burrillville, Rhode Island, 1912 to 1951', *Urban Geography*, 21(3): 237-260.
Stobbard, J. (1996) 'Geography and industrialisation: the space economy of northwestern

England, 1701-1760' *Transactions of the Institute of British Geographers*, 21(4): 681-696.
Stoler, A. (1995) *Race and the Education of Desire: Foucault's history of Sexuality and the Colonial Order of Things*. Durham, NC: Duke University Press.
Storey, D. (2001) *Territory: The Claiming of Space*. Harlow: Pearson Education.
Strohmayer, U. (1995) 'From Weimar to Nuremberg: Social legitimacy as a spatial process in Germany, 1923-1938', in G. Benko and U. Strohmayer (eds) *Geography, History and Social Science*. Dordrecht: Kluwer Academic Publishers, pp.143-170.
Strohmayer, U. (1997) 'Technology, modernity and the re-structuring of everyday geographies', *Geografiska Annaler (Series B)*, 79(3): 155-169.
Strohmayer, U. (2006) 'Urban design and civic spaces: nature at the Parc des Buttes-Chaumont in Paris', *Cultural Geographies*, 13(4): 557-576.
Strohmayer, U. (2007) 'Engineering vision: the Pont-Neuf in Paris and modernity', in A. Cowan and J. Steward (eds) *The City and the Senses: Urban Culture since 1500*. Basingstoke: Ashgate, pp.75-92.
Strohrnayer, U. (2009) 'Bridges: different conditions of mobile possibilities', in P. Merriman and C. Cresswell (eds) *Mobilities: Practices, Spaces, Subjects*. Farnham: Ashgate.
Sugg-Ryan, D. (2004) 'Performing heritage: the Irish Historical Pageant, New York, 1913', in M. McCarthy (ed.) *Ireland's Heritages*. Aldershot: Ashgate, pp.105-122.
Sullivan, S. (2013) 'Banking nature? The spectacular financialisation of environmental conservation', *Antipode*, 45(1): 198-217.
Swanton, D. (2010) 'Flesh, metal, road: tracing the machinic geographies of race', *Environment and Planning D: Society and Space*, 28(3): 447-466.
Swyngedouw, E. (1999) 'Modernity and hybridity: nature, regeneracionismo, and the production of the Spanish waterscape, 1890-1930' *Annals of the Association of American Geographers*, 89: 443-465.
Taylor, P.J. and Flint, C. (2000) *Political Geography: World-Economy, Nation-State and Locality* (4th edn). New York: Prentice Hall.
Taylor, J. and Flint, C. (2007) *Political Geography: World-Economy, Nation-State and Locality* (5th edu). Harlow: Pearson.
Tang, C. (2008) *The Geographic Imagination of Modernity: Geography, Literature, and Philosophy in German Romanticism*. Stanford, CA: Stanford University Press.
The Economist (2010) 'Genesis Redux', *The Economist*, 20 May.
The Economist (2011) 'Welcome to the Anthropocene', *The Economist*, 26 May.
Thomas, N. (1994) *Colonialism's Culture: Anthropology, Travel and Government*. Princeton, NJ: Princeton University Press.
Thompson, E.P. (1963) *The Making of the English Working Class*. London, V. Gollancz.（エドワード・P・トムスン（市橋秀夫他訳）『イングランド労働者階級の形成』青弓社，2003 年）
Thompson, E.P. (1967) 'Time, work-discipline, and industrial capitalism', *Past and Present*, 38(1): 56-97.
Thrift, N. (1996) *Spatial Formations*. London: Sage.
Thrift, N. and Williams, P. (eds) (1987) *Class and Space: the Making of Urban Society*. London: Routledge.
Thwaites, T., Davis, L. and Mules, W. (2002) *Introducing Cultural and Media Studies: A Semiotic Approach*. New York: Palgrave.

Todorov, T. (2000) 'Race and racism', in Les Back and John Solomos (eds) *Theories of Race and Racism: A Reader*. London: Routledge, pp.64-70.

Toulmin, S. (1990) *Cosmopolis: The Hidden Agenda of Modernity*. New York: Macmillan.

Townshend, C. (2006) 'County versus region? Migrational connections in the East Midlands, 1700-1830', *Journal of Historical Geography*, 32(2): 291-312.

Traverso, E. (2003) *The Origins of Nazi Violence* (trans. J. Lloyd). New York: New Press.

Trevor-Roper, H. (1984) 'The invention of tradition: the Highland tradition of Scotland', in E. Hobsbawm and T. Ranger (eds) *The Invention of Tradition*. Cambridge: Cambridge University Press, pp.15-41.（ヒュー・トレヴァー＝ローパー「伝統の捏造──スコットランド高地の伝統」，エリック・ホブズボウム，テレンス・レンジャー編（前川啓治他訳）『創られた伝統』紀伊國屋書店，1992 年）

Trigger, R. (2004) 'Irish politics on parade: the clergy, national societies, and St. Patrick's Day processions in nineteenth-century Montreal and Toronto', *Histoire Sociale-Social History*, 37(74): 159-199.

Tucker, A. (2009) *Queer Visibilities: Space, Identity and Interaction in Cape Town*. Oxford: Blackwell.

Tunbridge, J.E. and Ashworth, G.J. (1996) *Dissonant Heritage: the Management of the Past as a Resource in Conflict*. Chichester: Wiley.

Tyner, J.A. (2009) *War, Violence, and Population: Making the Body Count*. New York: Guilford Press.

Tyrrell, I. (2010) *Reforming the World: The Creation of America's Moral Empire*. Princeton: Princeton University Press.

Ullrich, O. (2010) 'Technology', in W. Sachs (ed.) *The Development Dictionary: A Guide to Knowledge as Power* (2nd edn). London: Zed Books, pp.308-322.

Urry J. (1990) *The Tourist Gaze: Leisure and Travel in Contemporary Societies*. London: Sage.（ジョン・アーリ（加太宏邦訳）『観光のまなざし──現代社会におけるレジャーと旅行』法政大学出版局, 1995 年）

Urry, J. (1995) *Consuming Places*. London: Routledge.（ジョン・アーリ（吉原直樹他監訳）『場所を消費する』法政大学出版局，2003 年）

US CENTCOM, *Shaping the Central Region for the 21st Century*, www.centcom.mil (accessed 20 April 2005).

US Department of Defense (2007) 'U.S. Africa Command. Briefing slide', 7 February, www .defenselink.mil/dodcmsshare/briefingslide/295/070207-D -6570C-00 1. pdf (accessed 26 June 2013).

US Senate Arms Services Committee (2006) *Statement of General John P. Abizaid, United States Army Commander, United States Central Command, before the Senate Arms Services Committee on the 2006 Posture of the United States Central Command*. 16 March.

Venn, C. (2009) 'Neoliberal political economy, biopolitics and colonialism: a transcolonial genealogy of inequality', *Theory, Culture & Society*, 26(6): 206-233.

Wacquant, L. (2009) *Punishing the Poor: The Neoliberal Government of Social Insecurity*. Durham, NC: Duke University Press.

Wallerstein, I. (1974) *The Modern World System: Capitalist Agriculture and the Origins of the European World-Economy in the Sixteenth Century*. New York: Academic Press.（I. ウォーラーステイン（川北稔訳）『近代世界システム I　農業資本主義と「ヨーロッパ世界経済」の成立』名古屋大学出版会，2013 年）

Wallerstein, I. (1983) *Historical Capitalism*. London, Verso.（イマニュエル・ウォーラーステイン（川北稔訳）『史的システムとしての資本主義』岩波書店，1985年）
Wallerstein, I. (1988) 'The inventions of Time Space realities: towards an understanding of our historical systems', *Geography*, 73(4): 289-297.
Wallerstein, I. (2001) *Unthinking Social Science: The Limits of 19th Century Paradigms*. Philadelphia, PA: Temple University Press.
Watts, M. (1983) *Silent Violence: Food, Famine, and Peasantry in Northern Nigeria*. Berkeley: University of California Press.
Watts, M. (2003) 'Development and governmentality', *Singapore Journal of Tropical Geography*, 24(1): 6-34.
Weber, C. (2003) 'The media, the "war on terrorism" and the circulation of nonknowledge', in D.K. Thussu and D. Freedman (eds) *War and the Media: Reporting Conflict 24/7*. London: Sage, pp.190-199.
Weis, T. (2007) *The Global Food Economy: The Battle for the Future of Farming*. New York: Zed Books.
Welzer, H. (2012) *Climate Wars: What People Will Be Killed For in the 21st Century*. Malden: Polity.
Wesseling, H. (1995) 'The expansion of Europe, the division of the world and the development of science and technology', *European Review*, 3(3): 257-263.
Westad, O.A. (2007) *The Global Cold War: Third World Interventions and the Making of Our Times*. Cambridge: Cambridge University Press.（O・A・ウェスタッド（佐々木雄太監訳）『グローバル冷戦史――第三世界への介入と現代世界の形成――』名古屋大学出版会，2010年）
Whatmore, S. (2002) *Hybrid Geographies: Natures, Cultures, Spaces*. London: Sage.
Whelan, Y. (2001a) 'Monuments, power and contested space: the iconography of Sackville Street, Dublin before Independence (1922)', *Irish Geography*, 34(1): 11-33.
Whelan, Y. (2001b) 'Symbolising the state: the iconography of O'Connell Street, Dublin after Independence (1922)', *Irish Geography*, 34(2): 135-156.
Whelan, Y. (2002) 'The construction and destruction of a colonial landscape: commemorating to British monarchs in Dublin before and after independence', *Journal of Historical Geography*, 28(4): 508-533.
Whelan, Y. (2005a) 'Performing power, demonstrating resistance: interpreting Queen Victoria's visit to Dublin in 1900', in L. Proudfoot. and M. Roche (eds) *(Dis-)placing Empire: Renegotiating British Colonial Geographies*. Farnham: Ashgate, pp.99-116.
Whelan, Y. (2005b) 'Procession and protest: the visit of Queen Victoria to Ireland, 1900', in L. Proudfoot and M. Roche (eds) *(Dis)Placing Empire: Renegotiating British Colonial Geographies*. Aldershot: Ashgate, pp.99-116.
Whelan, Y. and Harte, L. (2007) 'Placing geography in Irish studies', in L. Harte and Y. Whelan (eds) *Ireland Beyond Boundaries: Mapping Irish Studies in the 21st Century*. London: Pluto Press, pp.175-197.
Whitehand, J.W.R. (1967) 'Fringe belts: a neglected aspect of urban geography', *Transactions of the Institute of British Geographers*, 41: 223-233.
Whitehand, J.W.R. (1981) 'Background to the urban morphogenetic tradition', in J.W.R. Whitehand (ed.) *The Urban Landscape: Historical Development and Management*. London: Academic Press, pp.1-24.

Whitehand, J.W.R. (1992) 'Recent advances in urban morphology', *Urban Studies*, 29: 619-636.

Whitehand, J.W.R. (2001) 'British urban morphology: the Conzenian tradition', *Urban Morphology*, 5: 103-109.

Whitehand, J.W.R. and Larkham, P.J. (1992) (eds) *Urban Landscapes: International Perspectives*. London: Routledge.

Wilde, O. (1910) *The Soul of Man Under Socialism*. Boston: John W. Luce.

Williams, M. (1994) 'The relations of environmental history and historical geography', *Journal of Historical Geography*, 20: 3-21

Williams, M. (2013) 'Virgin mobile US takes down Christmas advert suggesting sexual assault', *Guardian*, 9 December.www.guardian.co.uk/media/2012/dec/09/virgin-mobile-us-holiday-ad (accessed 9 December 2012).

Williams, Z. (2013) 'Skivers v strivers: the argument that pollutes people's minds', *Guardian*, 9 January. www.guardian.co.uk/politics/2013/jan/09/skivers-v-strivers-argument-pollutes (accessed 9 January 2013).

Wilson, J. and Stapleton, K. (2005) 'Voices of commemoration: the discourse of celebration and confrontation in Northern Ireland', *Text and Talk*, 25(5): 633-644.

Wishart, D. (1997) 'The selectivity of historical representation', *Journal of Historical Geography*, 23(2): 111-118.

Wishart, D. (2004) 'Period and region', *Progress in Human Geography*, 28(3): 305-319.

Withers, C. (1996) 'Encyclopaedism, modernism, and the classification of geographical knowledge', *Transactions of the Institute of British Geographers*, 21(1): 275-298.

Withers. C. (2000) 'Authorising landscape: "authority", naming and the Ordnance Survey's mapping of the Scottish Highlands in the nineteenth century', *Journal of Historical Geography*, 26(4): 532-554.

Withers. C. (2001) *Geography, Science and National Identity: Scotland since 1520*. Cambridge: Cambridge University Press.

Withers, C. (2002) 'Constructing "the geographical archive"', *Area*, 34(3): 303-311.

Withers, C. (2005) 'Geography, science and the scientific revolution', in D. Livingston and C. Withers (eds) *Geography and Revolution*. Chicago, University of Chicago Press, pp.75-105.

Withers, C. (2007) *Placing the Enlightenment: Thinking Geographically about the Age of Reason*. Chicago: University of Chicago Press.

Wittayapak, C. (2008) 'History and geography of identifications related to resource conflicts and ethnic violence in Northern Thailand', *Asia Pacific Viewpoint*, 49(1): 111-127.

Wood, D. (1993) *The Power of Maps*. London: Routledge.

Wood, E.M. (2000) 'The agrarian origins of capitalism', in F. Magdoff, J. B. Foster and F. H. Buttel (eds) *Hungry for Profit: the Agribusiness threat to Farmers, Food, and the Environment*. New York: Monthly Review Press, pp.23-42.（E・M・ウッド「農業資本主義の発生」, F・マグドフ, J・B・フォスター, F・Hバトル編（中野一新監訳）『利潤への渇望——アグリビジネスは農民・食料・環境を脅かす——』大月書店, 2004 年）

Woodward, R. (2004) *Military Geographies*. Oxford: Blackwell.

Wollstonecraft, M. (1972) *A Vindication of the Rights of Woman with Strictures on Political and Moral Subjects* (Edited by Miriam Brody Kramnick). Harmondsworth: Penguin.（メアリ・ウルストンクラーフト（白井堯子訳）『女性の権利の擁護——政治および道徳問題の批判をこめて——』未來社, 1980 年）

Wright, E.O. (1985) *Classes*. London: Verso.

Wright, R. (2005) *A Short History of Progress*. New York: Carroll & Graf Publishers. (ロナルド・ライト（星川淳訳）『暴走する文明――「進歩の罠」に落ちた人類のゆくえ――』日本放送出版協会，2005年)
Wylie, J. (2007) *Landscape*. London: Routledge.
Wyly, E. (2009) 'Strategic positivism', *The Professional Geographer*, 61(3): 310-322.
Yeoh, B. (1996) *Contesting Space: Power Relations and the Urban Built Environment in Colonial Singapore*. Oxford: Oxford University Press.
Yiftachel, O. and Ghanem, A. (2004) 'Understanding "ethnocratic" regimes: the politics of seizing contested territories', *Nations and Nationalism*, 23(6): 647-676.
Young, R.J.C. (2001) *Postcolonialism: An Historical Introduction*. Oxford: Blackwell.
Zimmerer, J. (2005) 'Annihilation in Africa: the "race war" in German Southwest Africa (1904-1908) and its significance for a global history of genocide', *Bulletin of the German Historical Institute*, 37 (Fall): 51-57.
Zinn, H. (1980) *A People's History of the United States, 1492-Present*. New York: Harper & Row. (ハワード・ジン（猿谷要監訳）『民衆のアメリカ史――1492年から現代まで――』明石書店，2005年)
Žižek, S. (2009) *First as Tragedy, Then as Farce*. London: Verso. (スラヴォイ・ジジェク（栗原百代訳）『ポストモダンの共産主義――はじめは悲劇として，二度めは笑劇として――』筑摩書房，2010年)

索 引

[ア行]

アイデンティティ 6,8,47,48,51,52,54,56-58, 61-63,76,77,82,88,90,92,93,96,111,115,118,121, 122,125,128,129,132,136,137,219
アイリッシュ・ハンガー・メモリアル 60,130-132
アイルランド 8,83,84,114,129-132
新しい文化地理学 8,118,120
アーネスト・W・バージェス 108,109
アマルティア・セン 35,87,174,175
アメリカ中央軍（CENTCOM） 67-69
あらゆるものの商品化 146
ありふれたナショナリズム 55-57
異議申し立て／係争（性） 76,102,104
遺産 8,76,126-132
異種混交性 24
イスラーム 65
イスラム教徒 86
イノベーション 144,145
イマニュエル・ウォーラーステイン 146
インド 80,96
ヴァルター・ベンヤミン 29
E.P.トムスン 2,75
エスニック集団 45
エドワード・サイード 4,16,17,19,20,22,23,61, 87,166,205
M.R.G.コンツェン 8,110-115
援助 33,34
オリエンタリズム 16,17,27

[カ行]

カール・サウアー 111,118,125
階級 6,7,74-76,78,83,91,154,170
解釈 213,216,217,220
開発 5,29-40,127
科学 9,79,86,151-158,189,191

科学技術 157,158,160
学知 3
隔離→セグリゲーション
語り 136,203,204,213,217,219,220
環境決定論 82,85-87,185
還元主義 3,5,6,87
記憶 8,47,48,129,130,132,134-136
気候変動 189,193-196
記号表現 45,49,50
技術 151,152,154-156,162,195
北アイルランド 44,45,47,49,50
記念碑 46,47,121-124,127,130
規律 77,93
近代 151,158
近代化 157
近代性 182
空間性 5,6
労働の空間的分業 148
空間論的転回 151,202
グローバリゼーション 10,79,158,166-175
グローバル 146,148
軍事地理学 69
景観 43,49,75,99,100,102,111-114,118-130,132, 207,208,212
景観復原 200
経験主義 3,4,216,217
係争性→異議申し立て
計量革命 200
言説 5,6,11,81
建築構造 112,113,115
権力 44
行為遂行性 218
公共空間 6,45,62,92,93,134,135,139
公共圏 9,156,160-162
国民国家 5,14,18,43,158
コロニアリズム（植民地主義） 4,5,14,18,21-

27,153,158,181
コンタクトゾーン　25
コンテクスト　200,203

[サ行]
差異　7,74-76,78-81,83,84,86,87,93
差異の認識論　7
産業化　144,145
産業革命　9,36,106,146
産業資本主義　36,145
ジェンダー　6,7,17,19,74,77,78,83,84,88-96,102, 104,148,149,154
ジオエコノミクス（地経学）　6,64,67,71
視覚イメージ　208-212
視覚資料　99,205,207-212
シカゴ　108,109
シカゴ学派　107,108,110
自己民族誌　25
自然　7,80,82,98,100-104,153,185-187,189,191-193,195,196
自然保護海岸　127
実践　5,218,219
資本主義　74,151,153,155-158
資本主義の自己拡大　146
社会的自然　10
ジャレド・ダイアモンド　85
従属的社会集団　27,135
集合的記憶　129
ジュディス・バトラー　90,93
状況づけられた知　214,218,219
証拠　11,213,214,218
象徴的資本　137-139
情報革命　149
剰余価値　146
植民地　74,81,83,86,87,91,153
植民地言説　4,15-18,21,24,139,189
植民地実践　21,24
ジョルジョ・アガンベン　64,71,82,190
資料　213-217,220
資料批判　215

新救貧法　36,37
人種　6,7,74,77-87,91,94,180,182,183
人種主義　182,183
心象地理　6,17,64-66,69,70,72
人新世　193,194,196
新帝国主義（ネオ帝国主義）　15,16,19
進歩　29,30,32-35,38,39
図像学　118,120,123
スピヴァク　90
スペクタクル　8,9,134-140,149
政治的なもの（the political）　159,161,162
生政治　61,162,180,182,190
世界システム論　146
セグリゲーション（隔離）　45,48,49,108,109
世俗化　158,160
扇形モデル　109

[タ行]
大飢饉　8,129,130,132
対抗地理　6,70,72
第三空間　24
対テロ戦争　19,27,64,66,67,70-72
「第二の自然」　99,186-189,196
多核心モデル　109
他者化　21
他者性　17
立場性　219
ダナ・ハラウェイ　90,93,190
ダブリン　111
地経学→ジオエコノミクス
知識　9
地図　205,206
地図作製　205,206
地政学　6,64,66,67,69,71
中心と周辺　24,146
中世　111-114
中世都市　112
流動性　146
地理的想像力　5
創られた伝統　56

抵抗　76-78,92
帝国主義　4,5,14,16,18,19,30,79-82,87
デヴィッド・ハーヴェイ　75,156
テクスト　120,121,124,125,207,208,210
同心円モデル　108,109
統治性　10,160-163,176,179-182,184
都市　75,105-115
都市化　9,105-108,110
都市空間　8
都市形態　111-115
都市形態学　8,110,111,113,201
都市社会学　107,110
都市生態学　108
土地利用　105-107,111,113,115
トマス・ロバート・マルサス　80,94,95

[ナ行]
ナショナリズム　51,57-59,63,137
ナショナル・アイデンティティ　5,6,51-58,61-63
ニューヨーク　130,132
ネオ帝国主義→新帝国主義
ネットワーク　9

[ハ行]
ハイブリディティ　61-63
パウパー　37
場所　8
パフォーマンス　8,9,134,136
パレード　8,9,134-137
反グローバリゼーション　173,174
反植民地　25
反植民地主義　26
ハンナ・アーレント　82
批判政治地理学　44
批判地政学　69,72
批判歴史地理学　4
非表象　218
表象　77,82,91,114,115,218
表象の危機　218

貧困　30,85,94,95
フィールド／研究分野　213,214
フィールドワーク　7,11,214
風景　52,102,118-121,124,125,207,208,212
フェミニズム　89-93,96,115
物質性　6
ブルーノ・ラトゥール　153
プロト工業化　147
フロンティア　24,25
文化的帰属意識　17
文化論的転回　101,204
文明化の使命　15,22,34
ペイザージュ　118
ページェント　134-136,138
壁画　47-49
ベルファスト　47-49
ホーマー・ホイト　109
ホミ・バーバ　61,82
ポリティクス　159

[マ行]
まなざし（way of seeing）　121,125
マルクス主義　76
ミシェル・フーコー　10,77,82,161,162,176-184
民主主義　158,160
メタ物語　54,55,63
モダニティ　9,157-159,161-163

[ヤ行]
厄介ごと（The Troubles）　45,46
ユルゲン・ハーバーマス　160,161,163

[ラ行]
ラントシャフト　118
流動性　24,147,
領域　42-45,47-50
領域化と再領域化　147
領域性　5,42-44,49,50
歴史GIS　207,212
ロバート・E・パーク　108

訳者あとがき

本書は，John Morrissey, David Nally, Ulf Strohmayer, and Yvonne Whelan, *Key Concepts in Historical Geography*, SAGE, 2014 の日本語訳である。4 名の著者については，原著に的確な著者紹介が掲載されており，それについても訳出したので，そちらを参照していただきたい。SAGE 社からは 'Key Concepts in' を冠した多くの教科書が刊行されており，地理学についてもロブ・キッチンがシリーズ・エディターとなって，政治地理学や経済地理学に関する同様の書籍が刊行されている。経済地理学については古今書院よりすでに邦訳書が刊行されているので，ご存知の方も多いだろう（青山裕子ほか著，小田宏信ほか訳『経済地理学キーコンセプト』古今書院，2014）。その歴史地理学版の訳書が本書というわけである。

ただし，歴史地理学といいつつも，英語圏の Historical Geography と日本語圏の歴史地理学とは，その関心の方向性がやや異なる部分がある。本書をめくっていただくとすぐにわかるが，Historical Geography における基礎的な概念は，日本で言うところの歴史地理学のみならず，文化地理学や社会地理学，政治地理学といった諸分野にも大きく関わるものとなっている。また，社会学や歴史学とも密接にかかわる内容（コンセプト）が紹介されていることにも気が付くだろう。その意味で，歴史地理学の初学者向けの教科書という範疇を超え，広く人文社会科学を学ぶ人たちに，近現代の空間を読み解くために不可欠な概念に関する近年の研究動向を紹介する本として有益である。そのように感じたことが，この訳書を作る一つのきっかけであった。また，そのような思いから，訳書名は『近現代の空間を読み解く』としている。

本書の作成経緯について，少しだけ触れておきたい。それは，訳者の一人である網島が院生・若手研究者の集まりの中で，原著を紹介したところから始まった。その時は英語圏の動向を学ぶといった内容であったが，その後，上記のように翻訳書を作ることの意義を強く感じる者が集い，最終的に 5 名からなる翻訳作業チームが作られた。翻訳文とその内容についてはおよそ 2 週間に一度のペースで開催された研究会のなかで検討された。そこでは訳語の問題についても話し合われたが，それと同時に，訳出された内容をもとに英語圏と日本語圏の社会や学問の動向の異同についての議論を積極的におこなった。翻訳作業は大変な苦労を

伴うものではあったが，このような内容に関する議論が深められたのは，私たち訳者にとって幸せなことであった。

　訳者の一人である上杉は，ブライアン・グレアムとキャサリン・ナッシュが2000年に編んだ *Modern Historical Geographies* の翻訳に携わった経験を持つ（ブライアン・グレアムほか編，米家泰作ほか訳『モダニティの歴史地理』古今書院, 2005）。この本は1990年代の大きなうねりの中にあった地理学の動向が反映された教科書であったが，今回の本は，そのうねりが良い意味で落ち着きをみせた（もしくは，うねりの中にいることが慣れてしまった）2000年代の動向に基づいた主要概念が取り上げられたものとなっている。そのため，両書を読み比べていただくと，英語圏の近年の動向をより知ることができるだろう。どちらにも共通するのは，現在の空間を理解するために歴史的な視座がいかに有効となるのかといった問題意識，そして歴史的な視座そのものへの批判的まなざしである。現在を意識することもあり，必然的に「モダン」が中心的な課題となるが，この「モダン」への特化は英語圏の Historical Geography が持つ大きな特徴ともなっている。

　体裁上で『モダニティの歴史地理』と異なるのは，まさに本書がキーコンセプトを中心にまとめられており，事例を交えつつも，より概念的な議論が盛り込まれているという点である。だからこそ，本書に掲載されるコンセプトを自家薬籠中のものとするためには，記載されている事例のみならず，自分にとって身近な事例に即して考えていくことが重要となる。実際，私たち訳者も，先に述べたように，日本での事例に当てはめるとどうなるのかという視点で議論を繰り返すことが度々あった。本書を手にとった皆さんにも，ぜひそのような作業を勧めたい。

　また，本書は「批判歴史地理学」という立場からまとめられており，伝統的な歴史地理学の歩みについては，ほとんど触れられることはない。とはいえ，現在の視点からなお有効となる成果については適切に評価されており，批判を振りかざして終わるような薄い議論に陥っているわけでもない。本書が一つの立場からまとめられたものであり，絶対的な視角を提示するものではないという点は，念頭に置いておく必要があるが（そのような姿勢の重要性は，本書を読み進めていく中で，随所に語られている），近年の潮流をうまくとらえてまとめられた入門書という位置づけは，揺らぐことはないだろう。

　訳者のうち2名は海外留学の経験を持ち，また全員が国際歴史地理学会などの国際学会への参加を通じて，英語圏の動向にも関心を寄せている者たちである。単なる逐語訳にとどめず，各章で取り上げられているキーコンセプトについての理解を深め，原著の意を汲んだ訳文となるよう心掛けたが，24のコンセプトは

方向性が多岐にわたり，その中には日本の歴史地理学にはまだなじみのない概念も少なからずあり，翻訳が難しい部分もあった．また，原著者4名がそれぞれ個性あふれる英文の使い手であり，訳者全員で頭を悩ませることも多々あった．数回の訳出作業と研究会での討論を通じ，誤訳等のないよう細心の注意を払ったが，注意が行き届かなかった点が残された可能性もある．読者の皆様からの御叱正を賜れれば幸甚である．

　末尾となったが，出版事情の厳しい中，翻訳書の刊行による学術界の進展可能性について最大限の理解を示してくださった古今書院の橋本寿資社長，また担当いただいた鈴木憲子さんに，心からのお礼を申し上げたい．

2016年10月
訳者を代表して
上杉和央

訳者紹介 （＊は監訳者）

＊上杉和央（うえすぎ かずひろ）
京都府立大学文学部准教授　博士（文学）
1975年香川県生まれ．京都大学大学院文学研究科博士後期課程単位取得退学後，京都大学総合博物館助手・助教，京都府立大学文学部専任講師を経て，2010年より現職．知の歴史地理・地図史・景観史を専門とする．主要著書に『江戸知識人と地図』（京都大学学術出版会，2007年），『地図から読む江戸時代』（筑摩書房，2015年）などがある．

阿部美香（あべ みか）
専修大学文学部助教　博士（人間・環境学）
1981年北海道生まれ．京都大学大学院人間・環境学研究科博士課程修了後，英国レスター大学研究員，同志社大学，京都三大学教養教育研究・推進機構非常勤講師を経て，2017年より現職．風景論・名所論を専門とする．主要論文に「歌川広重『絵本江戸土産』における風景描写の特徴－『江戸名所図会』との比較を通して－」（歴史地理学54-2，2012年），「江戸時代後期の地誌類における耕地に関する記述の比較」（ランドスケープ研究（オンライン論文集）5，2012年）などがある．

網島　聖（あみじま たかし）
佛教大学歴史学部歴史文化学科講師　博士（文学）
1981年大阪府生まれ．京都大学大学院文学研究科博士後期課程単位取得退学後，京都大学総合博物館特定助教を経て，2017年4月より現職．歴史地理学・社会経済史・都市史を専門とする．主要論文に「近代における同業者町の存続とその意義－明治・大正期の大阪道修町と医薬品産業を事例として－」（人文地理64-2，2012年），「同業者組織の制度・慣習に立脚した調整機能の不全と同業者町の空間的再編成－明治～大正期の大阪における材木業同業者町を事例に－」（地理学評論89-6，2016年）などがある．

春日あゆか（かすが あゆか）
京都大学大学院文学研究科研修員，PhD（地理学）
1983年福井県生まれ．ノッティンガム大学博士課程修了後，2015年より現職．環境史・イギリス近代史を専門とする．主要論文に'Introduction of steam press: a court case on smoke and noise nuisances in a London mansion, 1824'（Urban History 42-3, 2015年），「イギリス産業革命期の煤煙対策」（西洋史学262，2017年）などがある．

島本多敬（しまもと かずゆき）
日本学術振興会特別研究員［京都府立大学大学院文学研究科博士後期課程］，修士（歴史学）
1990年兵庫県生まれ．京都府立大学大学院文学研究科史学専攻博士前期課程を経て，2015年より現職．地図史・治水史を専門とする．主要論文に「近世刊行大坂図の展開と小型図の位置付け」（人文地理65-5，2013年），「池尻田中家文書「河州狭山池水掛り口川筋土砂改之義ニ付鈴木飛騨守殿并岡部内膳正殿家来江往答之扣」」（洛北史学18，2016年）がある．

近現代の空間を読み解く

平成29（2017）年4月15日　初版第1刷発行

監訳者　上杉和央
発行者　株式会社古今書院　橋本寿資
印刷所　株式会社太平印刷社
製本所　株式会社太平印刷社
発行所　株式会社古今書院
〒101-0062　東京都千代田区神田駿河台2-10
Tel 03-3291-2757
振替 00100-8-35340
©2017　Uesugi Kazuhiro
ISBN978-4-7722-3184-8　C3025
〈検印省略〉　Printed in Japan

いろんな本をご覧ください
古今書院のホームページ

http://www.kokon.co.jp/

★ 800点以上の**新刊・既刊書**の内容・目次を写真入りでくわしく紹介
★ 地球科学やGIS，教育など**ジャンル別**のおすすめ本をリストアップ
★ 月刊『**地理**』最新号・バックナンバーの特集概要と目次を掲載
★ 書名・著者・目次・内容紹介などあらゆる語句に対応した**検索機能**

古今書院

〒101-0062　東京都千代田区神田駿河台 2-10
TEL 03-3291-2757　FAX 03-3233-0303

☆メールでのご注文は order@kokon.co.jp へ